408/QV 200 D289

Arbeitsmarkteffekte des demografischen Wandels

D1675228

Sozialökonomische Schriften

Herausgegeben von Bert Rürup

Band 30

PETER LANG

Frankfurt am Main · Berlin · Bern · Bruxelles · New York · Oxford · Wien

Martin Debus

Arbeitsmarkteffekte des demografischen Wandels

PETER LANG
Internationaler Verlag der Wissenschaften

2007

BV022 614 941

Bibliografische Information der Deutschen Nationalbibliothek
Die Deutsche Nationalbibliothek verzeichnet diese Publikation
in der Deutschen Nationalbibliografie; detaillierte bibliografische
Daten sind im Internet über <http://www.d-nb.de> abrufbar.

Zugl.: Kassel, Univ., Diss., 2007

Gedruckt auf alterungsbeständigem,
säurefreiem Papier.

D 34
ISSN 0172-1747
ISBN 978-3-631-56875-0

© Peter Lang GmbH
Internationaler Verlag der Wissenschaften
Frankfurt am Main 2007
Alle Rechte vorbehalten.

Das Werk einschließlich aller seiner Teile ist urheberrechtlich
geschützt. Jede Verwertung außerhalb der engen Grenzen des
Urheberrechtsgesetzes ist ohne Zustimmung des Verlages
unzulässig und strafbar. Das gilt insbesondere für
Vervielfältigungen, Übersetzungen, Mikroverfilmungen und die
Einspeicherung und Verarbeitung in elektronischen Systemen.

Printed in Germany 1 2 3 4 5   7

www.peterlang.de

Aus dem Buchbestand
der UBBT ausgeschieden

Univ. Bayreuth
Univ. Bibliothek
40/131406

Für meine Eltern und für Andrea

Danksagung

An dieser Stelle ist es mir ein besonderes Anliegen, einigen Personen ganz herzlich zu danken, ohne deren Hilfe und Unterstützung diese Dissertation nicht zu Stande gekommen wäre.

Mein Doktorvater, Prof. Dr. Jochen Michaelis, gab mir die Möglichkeit die Promotion in Angriff zu nehmen. Er führte mich in die ökonomische Analyse ein und weckte mein Interesse an der Arbeitsmarktökonomie. Darüber hinaus ermutigte er mich immerzu beim Durchlaufen diverser Produktivitäts- und Motivationstäler. Dass die vielen konstruktiven und erhellenden Diskussionen fruchtbar waren, wird an der vorliegenden Dissertation deutlich. Ohne Deine Hilfe und Deinen Einsatz wäre diese Arbeit so nicht entstanden, wofür ich Dir ganz herzlich Danke. Vielen Dank auch für die äußerst gute Arbeitsatmosphäre am Lehrstuhl, nicht nur in fachlicher Hinsicht. Auch die allmontaglichen Diskussionen über die Fußballergebnisse vom Wochenende sowie die morgendlichen Gespräche über alle interessanten Geschehnisse trugen zum guten Klima bei.

Mein herzlicher Dank geht auch an meinen Zweitgutachter, Prof. Dr. Hans G. Nutzinger, und zwar nicht nur für die Anfertigung des Zweitgutachtens. Insbesondere richtet sich der Dank auch an die überaus nette Fluratmosphäre und die vielen Gespräche, hauptsächlich am frühen Morgen, lange bevor der Rest der Uni sich mit Leben füllte. Ich werde die Gespräche mit Ihnen vermissen. Vielen Dank auch an die weiteren Teilnehmer der Promotions-Kommission, Prof. Dr. Georg von Wangenheim sowie Prof. Dr. Rainer Stöttner, für die angeregte und interessante Diskussion während der Disputation.

Ein besonderer Dank geht an alle meine Kollegen während meiner Zeit am Lehrstuhl von Prof. Dr. Jochen Michaelis. Es war mir ein Vergnügen mit jedem Einzelnen zusammenarbeiten zu dürfen. Dies gilt insbesondere für

Dr. Jörg Lingens und Dipl-Oec. Heike Minich. Leider hatte ich nur ein Jahr das Vergnügen mit Jörg zusammenarbeiten zu dürfen. Viel zu kurz, wie sich im Nachhinein herausstellte. Jörg zeigte mir, wie man an ein ökonomisches Problem herangeht und dieses theoretisch analysiert. Er war mir eine sehr große Einstiegshilfe zu Beginn meiner Promotion. Die Unterstützung endete jedoch nicht, nachdem Jörg unseren Lehrstuhl verließ, sondern verlagerte sich auf lange Telefongespräche. Wie bereits zu unserer gemeinsamen Zeit in Kassel beschränkten sich diese nicht nur auf die fachliche Seite. Vielen Dank für die vielen Gespräche und insbesondere auch für die vielen lustigen Momente.

Einen ganz großen Dank hat sich auch meine Bürokollegin Heike Minich erworben. Wir hatten bei der Zusammenarbeit so viel Spaß, dass des Öfteren sogar unsere Büronachbarn etwas davon hatten. Es war schön, mit Dir über alle Dinge (außer Fußball) reden zu können. Die Tatsache, dass wir beide einen ähnlichen Humor haben, machte unsere Zusammenarbeit so angenehm, dass ich mich oftmals mit Freude daran erinnern werde. Vielen Dank für die tolle Zeit und nochmals vielen Dank für den einmaligen Doktorhut sowie für die Organisation und Koordination rund um meine Disputation und die anschließenden Feierlichkeiten. Ich werde die Zeit vermissen.

Zum Schluss werden immer die wichtigsten Menschen genannt, was hier ebenso zutrifft. Der herzlichste Dank ist für meine Eltern bestimmt, die mich immer unterstützt haben und mir die Möglichkeit gegeben haben, das Studium zu absolvieren und meinen Weg zu gehen. Ohne Eure Unterstützung wäre diese Arbeit niemals entstanden. Dies gilt im gleichen Maße für meine Lebensgefährtin Andrea Fett, der mein größter Dank gebührt. Vielen herzlichen Dank für die Hilfe, Unterstützung und Zuneigung während der gesamten Zeit und natürlich auch vielen Dank für die äußerst kompetente Durchsicht meines Manuskripts und die vielen Anmerkungen. Von allen genannten Personen warst, bist und bleibst Du die wichtigste.

Kassel im Juni 2007   Martin Debus

Inhaltsverzeichnis

III Lohn- und Beschäftigungseffekte des demografischen Wandels: eine modelltheoretische Analyse

Abbildungsverzeichnis

Tabellenverzeichnis

Teil I

Einführung

Kapitel 1

Darstellung der Thematik

Die Volkswirtschaften der meisten Industriestaaten sind von einem tiefgreifenden demografischen Wandel ihrer Gesellschaften betroffen. In den kommenden Dekaden zählen die demografischen Veränderungen und deren Auswirkungen zu den wichtigsten gesellschaftlichen Herausforderungen. Unter den entwickelten Industriestaaten ist Deutschland in der Gruppe der am stärksten betroffenen Volkswirtschaften zu finden, zu der unter anderem Länder wie Italien, Spanien, Griechenland und Portugal gehören (siehe EU Kommission, 2005). Bevor in Kapitel 2 ausführlich auf die Ausprägungen des demografischen Wandels eingegangen wird, soll zunächst die Thematik der vorliegenden Arbeit dargestellt werden.

Der demografische Wandel erzeugt vielfältige Auswirkungen auf verschiedenste Bereiche der Ökonomie. In den vergangenen zwei Jahrzehnten wurden in der wissenschaftlichen Literatur ausführlich die finanzpolitischen Folgen der Alterung der Gesellschaft analysiert. Das Hauptaugenmerk lag dabei auf den Auswirkungen auf das soziale Sicherungssystem Deutschlands und dessen Zukunftsfähigkeit, da die gesetzlichen Sozialversicherungen einen starken Zusammenhang zwischen dem Alter und der Leistungserbringung aufweisen (siehe Arnds und Bonin, 2003). Diese ausführliche Diskussion soll an dieser Stelle nicht nachvollzogen werden, da die dort untersuchten Fragestellungen in der vorliegenden Arbeit nicht weiter thematisiert werden. Es wird hierbei lediglich auf die relevante Literatur verwiesen, wobei exemplarisch die Arbeiten von Börsch-Supan 1998a, 1998b, 1999, 2000; Raffelhüschen 1999, 2002; Gokhale und Raffelhüschen 1999; Sinn und Thum 1999, Sinn 2000 sowie Sinn und Uebelmesser 2002 genannt werden sollen.

Der Kapitalmarkt wird ebenfalls durch den demografische Wandel beeinflusst. Da nahezu alle Industriestaaten von der Alterung ihrer Gesellschaften betroffen sind, fällt die Möglichkeit der Diversifizierung der Kapitalanlagen inländischer Investoren in diese Länder mit dem Ziel der Vermeidung der Auswirkungen des demografischen Wandels auf die Rendite weg. In der Literatur ist unbestritten, dass es aufgrund des Rückgangs der Bevölkerung in den Industrieländern in der Zukunft zu einem Absinken des Zinssatzes für Kapitalanlagen kommen wird. Der Faktor Kapital wird relativ reichlicher zur Verfügung stehen, was zu einer Reduktion des Zinssatzes führen wird. Lediglich über den Umfang der Zinsreduktion herrscht keine einhellige Meinung. Die Reduktion der Rendite des Kapitals aufgrund des demografischen Wandels der Gesellschaften ist in der Literatur unter dem Begriff "Asset Meltdown" bekannt. Als Startpunkt für mittlerweile zahlreiche Beiträge zu dieser Thematik ist der Artikel von Mankiw und Weil (1989) zu nennen. In allen daran anschließenden Studien wird ein negativer Effekt einer Bevölkerungsreduktion auf die Rendite des Kapitals nachgewiesen, wobei jedoch über die Stärke des Effektes kein Konsens besteht (siehe beispielsweise Poterba 2001; Abel 2002; Börsch-Supan et al. 2003 sowie Börsch-Supan, Ludwig und Winter 2006).

Die Finanz- und Kapitalmärkte werden auch durch ein verändertes Anlageverhalten beeinflusst, da ältere Menschen ihr Vermögen in einer anderen Art und Weise anlegen als jüngere Personen. Darüber hinaus werden in den Industriestaaten vermehrt Rentenreformen durchzuführen sein, wobei der Anteil der privaten kapitalgedeckten Rentenversicherung ansteigen wird. Solche Reformen führen ebenfalls zu einer Beeinflussung der Finanz- und Kapitalmärkte. Das Kapital privater Rentenversicherungsfonds wird auf den Finanz- und Kapitalmärkten angelegt, was zu einer erhöhten Marktkapitalisierung führen wird (siehe Europäische Zentralbank, 2006).

Der demografische Wandel erzeugt ebenfalls Auswirkungen auf den Gütermarkt. Da sich die Konsumgewohnheiten mit dem Alter verändern, wird sich die aggregierte Konsumgüternachfrage in einer alternden Gesellschaft verändern. Die Nachfrage nach Gütern der Gruppe "Verkehr und Nachrichtenübermittlung" sinkt mit dem Alter, während die Ausgaben für Güter der Gruppe "Gesundheits- und Körperpflege" ebenso zunehmen wie die Ausgaben für Wohnungsmieten (siehe Börsch-Supan, 2003). Daraus ergeben sich Rückwirkungen auf die Arbeitsnachfrage in den jeweiligen Sektoren. Die Beschäftigung im Gesundheitssektor wird zunehmen, während die Beschäftigung im Verkehrssektor abnehmen wird. Groben Berechnungen zufolge wird in der Zukunft rund ein Sechstel aller Arbeitsplätze zwischen den Sektoren umgeschichtet, was eine wesentlich höhere Flexibilität des Faktors Arbeit im Vergleich zum Status quo erfordert (siehe Börsch-Supan, 2003).

Für die vorliegende Arbeit ist von besonderer Bedeutung, dass der demografische Wandel auch den Arbeitsmarkt beeinflusst. Zur Analyse der Arbeitsmarkteffekte ist indes nicht die Entwicklung der Gesamtbevölkerung ausschlaggebend, sondern die Entwicklung der Bevölkerung im erwerbsfähigen Alter von 18 bis 64 Jahren. Das Arbeitsangebot in einer Volkswirtschaft wird, wenn auch nicht ausschließlich, maßgeblich durch diese Altersgruppe determiniert.

Aussagen über die Entwicklung der Erwerbsbevölkerung sind wesentlich unsicherer als Prognosen über die Gesamtbevölkerungsentwicklung. Das aggregierte Arbeitsangebot in einer Volkswirtschaft wird nicht nur durch die Anzahl der Personen im erwerbsfähigen Alter determiniert, sondern auch durch die Entscheidungen über die Höhe des individuellen Arbeitsangebotes. Die meisten der in den kommenden 20 Jahren in den Arbeitsmarkt eintretenden Personen sind zwar bereits geboren, deren Entscheidung über ihr Arbeitsangebot lässt sich jedoch ungleich schwerer vorhersagen (siehe Arnds und Bonin, 2003).

Unter Zugrundelegung mit Unsicherheit behafteter Annahmen können Prognosen über die zukünftige Entwicklung der Erwerbsbevölkerung getroffen werden. Beispielsweise erwarten Zimmerman et al. (2002) bei einer unterstellten leichten Zunahme der Partizipationsrate der Personen im erwerbsfähigen Alter einen Rückgang der Erwerbspersonenzahl um lediglich 1,2 Millionen bis zum Jahr 2015. Ab 2020 treten dann zunehmend mehr geburtenschwache Jahrgänge in den Arbeitsmarkt ein, so dass ab dieser Zeit von einer jährlichen Reduktion des Arbeitskräftepotenzials um 500.000 bis 700.000 Personen ausgegangen wird.

Börsch-Supan (2003) unterstellt in seiner Modellrechnung unterschiedliche Szenarien. Das von ihm als das wahrscheinlichste bezeichnete Szenario geht von einem sukzessiven Anstieg der Frauenpartizipationsrate von 64% auf 74% aus, was eine Annäherung an die heutige Partizipationsrate von Männern mit rund 80% bedeutet. Das tatsächliche Rentenzugangsalter steigt in der Modellrechnung von 60 auf 62,5 Jahre, während die Arbeitslosigkeit bis zum Jahr 2030 auf 5% sinkt. Ausgehend von diesen Annahmen reduziert sich die Zahl der Erwerbstätigen vom Jahr 2000 (mit rund 36 Millionen Erwerbstätigen) bis zum Jahr 2050 um rund acht Millionen (auf rund 28 Millionen Erwerbstätige), wobei dieser Rückgang weitgehend im Zeitraum 2010 bis 2035 stattfindet. Die Prognose des Deutschen Instituts für Wirtschaftsforschung (DIW) (2000) liegt in einem ähnlichen Rahmen wie die Modellrechnungen bei Börsch-Supan (2003). Das DIW geht je nach unterstellten Annahmen von einem Rückgang der Erwerbsbevölkerung bis

zum Jahr 2050 auf zwischen 27,3 Millionen und 31 Millionen Erwerbstätige
aus.

Durch die dargestellte Entwicklung der Zahl der Erwerbstätigen entsteht
eine Sozialproduktslücke. Gemäß Börsch-Supan (2003) werden die Erwerbstätigen im Jahr 2035 pro Kopf rund 15% mehr produzieren müssen als im
Jahr 2010, um die gleiche Gütermenge pro Kopf der Gesamtbevölkerung
bereitzustellen. Dazu ist zwar lediglich ein Produktivitätszuwachs von rund
0,45 Prozentpunkten pro Jahr während dieser Zeit notwendig. Bleibt diese
Steigerung hingegen aus, so wird rund ein Drittel des langfristigen mitt-
leren Produktivitätswachstums von ca. 1,5 Prozentpunkten pro Jahr allein
dazu benötigt, die Reduktion der Erwerbstätigen auszugleichen. Um eine zusätzlich steigende Produktivität des Faktors Arbeit zu gewährleisten, sind
große Anstrengungen der Politik in Bezug auf Bildung und Weiterbildung
notwendig. Die politische Diskussion bewegt sich zunehmend in diese Richtung. Darüber hinaus könnte die entstehende Sozialproduktslücke durch eine erhöhte endogene Humankapitalbildung verkleinert werden (siehe Arnds
und Bonin, 2003). In Teil II der vorliegenden Arbeit wird deshalb die endogene Humankapitalbildung der Personen analysiert. Dazu wird ein Modell
überlappender Generationen (OLG-Modell) entwickelt, in dem die Personen über die Länge ihrer individuellen Ausbildungszeit entscheiden. Dabei
wird deutlich, dass die Ausbildungsentscheidung wesentlich von der Ausgestaltung des Sozialversicherungssystems determiniert wird, was in Übereinstimmung mit der Literatur steht (siehe beispielsweise Kemnitz und Wigger,
2000; Wigger, 2002 und Sinn, 2004). In Teil II werden zudem die weiteren
Determinanten der Ausbildungsentscheidung detailliert herausgearbeitet.

Die bereits angesprochene in der Zukunft entstehende Sozialproduktslücke wird indes nicht ausschließlich durch die Erhöhung der Produktivität
des Faktors Arbeit geschlossen werden können. In der wissenschaftlichen
Diskussion herrscht Einigkeit darüber, dass zusätzlich die Lebensarbeitszeit
der Menschen verlängert werden muss. Die Politik greift diese Forderung
der Wissenschaft zunehmend auf, was an der stufenweisen Anhebung des
gesetzlichen Renteneintrittsalters auf 67 Jahre durch die Regierung Merkel
im Jahr 2007 deutlich wird. Die Erhöhung der Arbeitsproduktivität, sprich
die Humankapitalbildung, und die individuelle Renteneintrittsentscheidung
sind indes interdependent. Beispielsweise würde man folgenden Zusammenhang erwarten: Eine höhere individuelle Humankapitalbildung erzeugt einen
Effekt, später in den Ruhestand einzutreten, um eine längere Zeit Erträge
aus der höheren Investition in das eigene Humankapital zu erzielen. In der
wissenschaftlichen Literatur wird die Interdependenz zwischen der Human-

kapitalbildung und der Renteneintrittsentscheidung weitestgehend nicht berücksichtigt. Beide Entscheidungen werden unabhängig voneinander analysiert.[1] Deshalb wird das in Teil II entwickelte OLG-Modell erweitert, um die Interdependenz von individueller Humankapitalbildung und Renteneintrittsentscheidung zu analysieren. Die Individuen entscheiden dabei simultan über ihre Ausbildungszeit sowie über den Zeitpunkt des Eintritts in den Ruhestand. In der vorliegenden positiven Mikroanalyse wird untersucht, ob die Individuen auf den demografischen Wandel und die damit verbundenen Veränderungen so reagieren, wie es für die Politik wünschenswert wäre. Dies würde bedeuten, dass die Individuen sowohl mit einer höheren Investition in das eigene Humankapital als auch mit einem späteren Renteneintritt reagieren. Wenn dies der Fall wäre, könnten die entstehenden Kosten des demografischen Wandels zumindest teilweise durch die endogene Reaktion der Individuen abgemildert werden. Darüber hinaus werden in der vorliegenden Arbeit mögliche politische Maßnahmen, wie beispielsweise eine Reduktion der späteren Rentenhöhe oder eine Erhöhung des Beitragssatzes zur Rentenversicherung, auf ihren Einfluss auf die Individuen bezüglich ihrer Ausbildungs- und Renteneintrittsentscheidung überprüft.

Die Erwerbsbevölkerung wird aufgrund der demografischen Entwicklung nicht nur sinken, sie wird auch altern. Der Anteil älterer Erwerbstätiger wird steigen, während der Anteil jüngerer Erwerbstätiger sinken wird. Im Jahr 1995 waren rund 32% der erwerbstätigen Personen älter als 45 Jahre. Dieser Anteil wird bis zum Jahr 2020 auf rund 45% steigen. Demgegenüber wird der Anteil der unter 35-Jährigen von rund 43 Prozent im Jahr 1995 auf rund 30 Prozent im Jahr 2020 sinken. Das durchschnittliche Alter der Erwerbspersonen wird dadurch bis zum Jahr 2030 um rund vier Jahre auf 42 Jahre steigen (siehe Arnds und Bonin, 2003 und Börsch-Supan, 2003). Diese Veränderungen der Altersstruktur der Erwerbsbevölkerung erzeugen vielfältige Auswirkungen. Beispielsweise wird die Arbeitsproduktivität einer Person unter anderem durch das Alter determiniert. Folglich verändert sich die Arbeitsproduktivität der gesamten Volkswirtschaft, wenn die Erwerbsbevölkerung einen Alterungsprozess durchlebt. Der Zusammenhang zwischen Alter und Leistungsfähigkeit einer Person ist Forschungsgegenstand verschiedenster Disziplinen. Die biomedizinische Forschung, die Psychologie und auch die Gerontologie zeigen, dass mit steigendem Alter die kognitiven und physischen Fähigkeiten nachlassen (siehe Arnds und Bonin, 2003). Andererseits steigt mit dem Alter die Erfahrung und die Personen werden stresserprobter (siehe Skirbekk, 2004). Kurzum, empirisch ist nicht eindeutig geklärt,

---

[1] Für eine ausführliche Darstellung der beiden Literaturstränge siehe Kapitel 3.

welchen Einfluss die Alterung der Gesellschaft auf die Produktivität einer
Volkswirtschaft hat.

Die Veränderung der Altersstruktur in Verbindung mit einer Reduktion der Erwerbsbevölkerung beeinflusst die Entwicklung der Entlohnung des
Faktors Arbeit. Der Lohnsatz als Preis des Faktors Arbeit spiegelt in der
neoklassischen Theorie die Knappheitsrelation auf den Faktormärkten wider. Der demografische Wandel der Gesellschaft reduziert den Faktor Arbeit
relativ zum Faktor (physisches) Kapital. Gemäß dieser einfachen Betrachtung wird der zukünftige Lohnsatz steigen. Jedoch werden dabei noch nicht
die Rückwirkungen der Verschiebung der Altersstruktur berücksichtigt, sondern die Erwerbstätigen werden als homogen betrachtet. Die Veränderung
der Kohortengrößen erzeugt in der Theorie kompetitiver Arbeitsmärkte hingegen einen eindeutigen Effekt auf die Löhne der jeweiligen Kohorten, unter
der Annahme, Personen verschiedener Alterskohorten seien keine perfekte
Substitute. Dies bedeutet, die Löhne der einzelnen Kohorten spiegeln die
relative Knappheit der jeweiligen Kohortenmitglieder als unterschiedliche
Produktionsfaktoren wider. Aufgrund des demografischen Wandels treten
immer weniger junge Arbeiter in den Arbeitsmarkt ein. Folglich wird dieser
Produktionsfaktor relativ knapp im Vergleich zum Produktionsfaktor ältere Arbeiter. Die Unternehmen sind bereit, einen höheren Lohn für junge
Arbeiter zu zahlen, da das Angebot an jungen Arbeitern sinkt. Demnach
steigt der Lohn junger Erwerbspersonen in Relation zum Lohn älterer Erwerbstätiger (siehe Nickell, 1993 sowie Fertig und Schmidt, 2004).

In den meisten Industrieländern und insbesondere in Deutschland bilden sich die Löhne hingegen nicht auf einem kompetitiven Arbeitsmarkt.
Die Löhne werden durch Arbeitnehmer- und Arbeitgebervertreter in Tarifverhandlungen ausgehandelt. Demnach ist davon auszugehen, dass die
jeweiligen Löhne die Knappheitsrelationen der einzelnen Kohorten nicht
vollkommen reflektieren, insbesondere dann nicht, wenn die Gewerkschaften bestimmte Interessen einzelner Gruppen stärker vertreten als die Interessen anderer Gruppen. Bezogen auf unterschiedliche Altersgruppen treten
in Deutschland die Gewerkschaften stärker als Lobbyisten der älteren Arbeiter denn der jüngeren auf (siehe Schnabel und Wagner, 2006a). Das typische Gewerkschaftsmitglied ist ein älterer Arbeiter, da in Deutschland das
Durchschnittsalter der Gewerkschaftsmitglieder deutlich über dem Durchschnittsalter aller Erwerbspersonen liegt, selbst wenn man die Rentner als
Gewerkschaftsmitglieder herausrechnet (siehe beispielsweise Schnabel, 1993;
Frerichs und Pohl, 2004 sowie Addison, Schnabel und Wagner, 2007). Die
Gewerkschaftsfunktionäre als Vertreter der Interessen ihrer Mitglieder wer-

den demnach daran interessiert sein, trotz des demografischen Wandels und der damit verbundenen relativ hohen Verfügbarkeit älterer Arbeiter keine Verschlechterung der Lohnposition dieser Gruppe zuzulassen. Wie die Theorie zeigt, wird diejenige Gruppe von Arbeitern, deren relativer Lohn im Verhältnis zur relativen Knappheit zu hoch ist, eine relativ höhere Arbeitslosigkeit zu verzeichnen haben. Im genannten Fall würde dies für ältere Arbeiter zutreffen. Beobachtungen in der Empirie unterstützen diese These für viele kontinentaleuropäische Arbeitsmärkte (siehe Fertig und Schmidt, 2004).

Die theoretische Literatur ist auf dem Gebiet der Analyse der Auswirkungen des demografischen Wandels auf die Lohnverhandlungen und auf die Arbeitslosigkeit nicht sehr stark ausgeprägt.[2] Eine Ausnahme stellt Pissarides (1989) dar, der den Lohnbildungsprozess durch den Verhandlungsansatz der effizienten Kontrakte modelliert. Wie später ausführlich dargestellt wird, verhandeln in diesem Ansatz Gewerkschaften und Unternehmen simultan über den Lohn und die Beschäftigung. Pissarides (1989) unterscheidet dabei zwischen jungen und alten Arbeitern und untersucht, welchen Einfluss der demografische Wandel der Gesellschaft auf die Löhne und die Arbeitslosenraten dieser beiden Gruppen erzeugt. Dieser Ansatz wird in Teil III der vorliegenden Arbeit ausführlich dargestellt. In der Literatur existieren, zumindest meines Wissens, keine weiteren theoretischen Ansätze, die die gleichen Fragestellungen wie Pissarides (1989) untersuchen. In Teil III dieser Arbeit soll diese Lücke zumindest ein Stück weit geschlossen werden. Es wird ein Right-to-Manage-Ansatz entwickelt, um die Auswirkungen des demografischen Wandels der Gesellschaft auf die Löhne und Arbeitslosenraten junger und alter Arbeiter analysieren zu können. In diesem Right-to-Manage-Modell verhandeln Gewerkschaften und Unternehmen über die Löhne der beiden Gruppen. Die Entscheidung über die Höhe der Beschäftigung verbleibt bei den Unternehmen, die gemäß der ausgehandelten Löhne die gewinnmaximale Einsatzmenge junger und alter Arbeiter auswählen. Mit Hilfe dieses hier entwickelten Ansatzes wird unter anderem untersucht, ob die Ergebnisse bei Pissarides (1989) zu verallgemeinern sind oder ob die Resultate sensitiv auf die Modellannahmen reagieren. Erzeugt der Right-to-Manage-Ansatz zumindest in der Tendenz die gleichen Ergebnisse wie der bei Pissarides (1989) verwendete Ansatz der effizienten Kontrakte, so können die dort erzielten Resultate als robust bezeichnet werden. Im Ergebnis zeigt die eigene Analyse, dass die Resultate von Pissarides (1989) nicht verallgemeinert werden können und weitgehend dem speziellen Ansatz der

---

[2]Siehe Kapitel 8.

effizienten Kontrakte geschuldet sind. Darüber hinaus werden umfangreiche Simulationen mit Hilfe des entwickelten Right-to-Manage-Modells durchgeführt, um weitergehende Fragestellungen analysieren zu können. Welchen Einfluss hat beispielsweise die Produktivität junger und alter Arbeiter auf die Löhne und Arbeitslosenraten? Welche Auswirkungen hat die Verteilung der Verhandlungsmacht?

Kapitel 2

Der demografische Wandel in Zahlen

Der demografische Wandel der Gesellschaften hat zwei wesentliche Ausprägungen. Erstens, es wird zu einem deutlichen Rückgang der Bevölkerung kommen. Damit einher geht, zweitens, eine zunehmende Alterung der Gesellschaft. Der Bevölkerungsanteil jüngerer Personen wird abnehmen, während der Anteil ältere Personen erheblich ansteigen wird. Als Auslöser dieser demografischen Entwicklung lassen sich zwei Ursachen anführen, worauf im Folgenden noch detaillierter eingegangen wird: Zum einen sind die Geburtenraten seit den 60er Jahren des vergangenen Jahrhunderts stark gesunken und liegen seit längerer Zeit unter dem bestandserhaltenden Niveau. Zum anderen ist gleichzeitig die Lebenserwartung erheblich gestiegen (siehe beispielsweise Bonin, Clemens und Künemund, 2003; Börsch-Supan, 2003 und EU Kommission, 2005).

Während des sogenannten "Baby-Booms" in den 50er und 60er Jahren des vergangenen Jahrhunderts stieg die Geburtenrate in Deutschland bis auf 2,5 Kinder pro Frau (siehe Tabelle 2.1). Diesem "Baby-Boom" folgte die sogenannte "Pillenknick-Generation", bei der die Geburtenrate rapide abnahm. Bis 1975 sank die Geburtenrate auf 1,45 Kinder je Frau in den Ländern des früheren Bundesgebietes und auf 1,54 Kinder je Frau in den neuen Bundesländern. Insgesamt verharrt die Geburtenrate in Deutschland seit nunmehr rund 30 Jahren auf dem konstant niedrigen Niveau von ca. 1,4 Kinder je Frau, was deutlich unter dem zur Bestandserhaltung notwendigen Wert von ca. 2,1 Kinder je Frau liegt (siehe Statistisches Bundesamt, 2006).[1] Deutschland ist indes nicht das einzige europäische Land, das einen

---

[1] Die bestandserhaltende Geburtenrate muss leicht oberhalb des Wertes von durch-

Jahr	Geburtenraten (Kinder je Frau)		
	Deutsch-land	Früheres Bundesgebiet	Neue Länder
1955		2,11	2,35
1960		2,37	2,33
1965		2,51	2,48
1970		2,02	2,19
1975		1,45	1,54
1980		1,44	1,94
1985		1,28	1,73
1990	1,45	1,45	1,52
1995	1,25	1,34	0,84
2000	1,38	1,41	1,21
2004	1,36	1,37	1,31

Tabelle 2.1: Geburtenraten (Kinder je Frau) in Deutschland, Quelle: Statistisches Bundesamt (2006)

derart starken Rückgang der Geburtenrate aufweist. Jedoch setzte der Geburtenrückgang in den betroffenen Ländern wesentlich später ein als dies in Deutschland der Fall war, weshalb der demografische Wandel in Deutschland vergleichsweise erheblich schneller ablief bzw. abläuft (siehe Abbildung 2.1).

Eine weitere Ursache für den demografischen Wandel besteht in der Veränderung der Sterblichkeit und der Lebenserwartung. Insbesondere die verbesserte gesundheitliche Vorsorge und der medizinische Fortschritt sowie Verbesserungen der Hygiene und der Ernährung führten in den letzten 130 Jahren zu einem Anstieg der Lebenserwartung und zu einer Reduktion der Sterblichkeit. Zu Zeiten des Deutschen Reichs lag die durchschnittliche Lebenserwartung eines neugeborenen Jungen in der Phase von 1871 bis 1881 bei 35,6 Jahren, die eines neugeborenen Mädchens bei 38,4 Jahren. Grund für diese niedrigen Zahlen war die hohe Säuglings- und Kindersterblichkeit. Ein 5-jähriger Junge hatte indes bereits damals eine Lebenserwartung von 49,4 Jahren, ein 5-jähriges Mädchen von 51 Jahren (siehe Tabelle 2.2). Unter Vernachlässigung der unterschiedlichen Gebietsstände hat sich die Lebenserwartung Neugeborener seitdem mehr als verdoppelt. In der Pha-

---

schnittlich 2 Kindern pro Frau liegen, da zum einen regelmäßig mehr Jungen als Mädchen geboren werden. Zum anderen erreichen nicht alle geborenen Mädchen das gebährfähige Alter (siehe Rürup-Kommission, 2003).

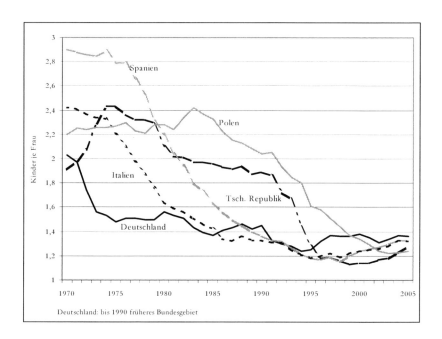

Abbildung 2.1: Geburtenraten in ausgewählten Ländern der EU mit niedriger Geburtenrate, Quelle: Eurostat (2006)

se zwischen 2002 und 2004 lag die durchschnittliche Lebenserwartung in Deutschland bei 75,9 Jahren für Jungen und bei 81,5 Jahren für Mädchen (siehe Abbildung 2.2). Der starke Anstieg der durchschnittlichen Lebenserwartung, insbesondere bis zur Mitte des 20. Jahrhunderts, ist größtenteils auf die starke Reduktion der Säuglings- und Kindersterblichkeit zurückzuführen. Während in der Phase von 1871 bis 1881 noch rund ein Viertel aller Neugeborenen im ersten Lebensjahr starb, sank diese Zahl auf rund 6% in der Zeit von 1949 bis 1951. Heutzutage liegt die Säuglingssterblichkeit unter 0,5% (siehe Statistisches Bundesamt, 2006).

Nicht nur die durchschnittliche Lebenserwartung Neugeborener ist gestiegen, sondern auch die durchschnittliche Lebenserwartung älterer Menschen. In der Zeit von 1871 bis 1881 lebte ein 60-jähriger Mann durchschnittlich weitere 12,1 Jahre, eine 60-jährige Frau weitere 12,7 Jahre. Diese durchschnittliche Lebenserwartung 60-jähriger Menschen stieg kontinuierlich an und betrug in der Zeit von 2002 bis 2004 für 60-jährige Männer weitere 20

	Männer				Frauen			
Alter	Fernere Lebenserw. in Jahren		Überlebende von 100.000 Neugeborenen		Fernere Lebenserw. in Jahren		Überlebende von 100.000 Neugeborenen	
	1871/ 1881	2002/ 2004	1871/ 1881	2002/ 2004	1871/ 1881	2002/ 2004	1871/ 1881	2002/ 2004
0	35,6	75,9	100.000	100.000	38,4	81,5	100.000	100.000
1	46,5	75,2	74.727	99.544	48,1	80,9	78.260	99.620
5	49,4	71,3	64.871	99.452	51,0	76,9	68.126	99.535
10	46,5	66,4	62.089	99.393	48,2	72,0	65.237	99.488
20	38,4	56,6	59.287	99.059	40,2	62,1	62.324	99.324
30	31,4	46,9	54.454	98.331	33,1	52,2	57.566	99.049
40	24,5	37,4	48.775	97.306	26,3	42,5	51.576	98.545
50	18,0	28,3	41.228	94.447	19,3	33,0	45.245	97.026
60	12,1	20,0	31.124	87.765	12,7	24,1	36.293	93.483
70	7,3	12,8	17.750	73.595	7,6	15,7	21.901	85.994
80	4,1	7,2	5.035	46.179	4,2	8,6	6.570	66.178
90	2,3	3,6	330	12.671	2,4	4,0	471	25.436

Gebietsstände: 1871/1881 Deutsches Reich; 2002/2004 Deutschland

Tabelle 2.2: Lebenserwartung 1871/1881 und 2002/2004, Quelle: Statistisches Bundesamt (2006)

Jahre, was einer Lebenserwartung von 80 Jahren entspricht. Eine gleichaltrige Frau wird durchschnittlich 84,1 Jahre alt (siehe Abbildung 2.3). Insgesamt kann aufgrund des kontinuierlichen medizinischen Fortschritts mit einem weiteren Anstieg der durchschnittlichen Lebenserwartung in der Zukunft gerechnet werden. Dieser Anstieg dürfte sich indes verlangsamen, da beispielsweise bei der bereits sehr niedrigen Säuglingssterblichkeit keine starke Verringerung mehr erreicht werden kann. Insbesondere in den niedrigen Altersgruppen ist kein großes Verbesserungspotenzial mehr vorhanden (siehe Statistisches Bundesamt, 2006).

Die Entwicklung der Bevölkerung Deutschlands wird außer durch Geburtenrate und Lebenserwartung auch durch das Migrationsverhalten beeinflusst. Annahmen über die Entwicklung grenzüberschreitender Wanderungen sind sehr unsicher. Anders als bei den zuvor besprochenen Variablen lässt sich aus den historischen Daten über Zu- und Abwanderungen kein Trend für die Zukunft ableiten. Die Zuwanderungen werden zum einen determiniert durch die politischen, ökonomischen und sozialen Bedingungen

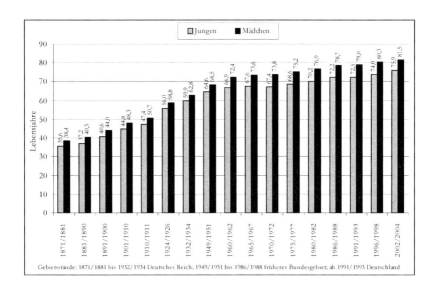

Abbildung 2.2: Entwicklung der Lebenserwartung Neugeborener seit 1871/1881, Quelle: Statistisches Bundesamt (2006)

und deren Entwicklungen im Herkunftsland. Zum anderen spielen die politischen und wirtschaftlichen Veränderungen Deutschlands eine Rolle. Die Prognose der Entwicklung der genannten Bedingungen und deren Einfluss auf die Wanderungssalden sind äußerst unsicher. In Modellrechnungen zur Bevölkerungsentwicklung werden meistens verschiedene Szenarien bezüglich des Wanderungssaldos unterstellt und auf die Unsicherheit dieser Variable hingewiesen (siehe Bonin, Clemens und Künemund, 2003; EU Kommission, 2005 und Statistisches Bundesamt, 2006). In der 11. koordinierten Bevölkerungsvorausberechnung des Statistischen Bundesamtes werden beispielsweise die zwei Szenarien einer jährlichen Nettozuwanderung von zum einen 100.000 Personen und zum anderen 200.000 Personen angenommen (siehe Statistisches Bundesamt, 2006).

Die genannten Faktoren determinieren die Bevölkerungsentwicklung einer Gesellschaft. In Deutschland sinkt die Bevölkerungszahl bereits seit dem Jahr 2003, weil seitdem die Nettozuwanderung das Defizit an Geburten gegenüber Sterbefällen nicht mehr ausgleichen konnte. Zum Ende des Jahres 2005 lebten 82,4 Millionen Menschen in Deutschland. Die 11. koordinierte Bevölkerungsvorausberechnung des Statistischen Bundesamtes progno-

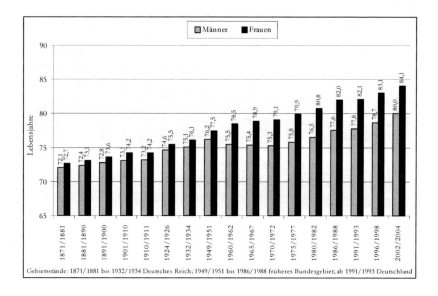

Abbildung 2.3: Entwicklung der Lebenserwartung 60-Jähriger seit 1871/1881, Quelle: Statistisches Bundesamt (2006)

stiziert einen Rückgang der Bevölkerung Deutschlands auf 69 Millionen Menschen bis zum Jahr 2050. Dabei wird eine weitgehend konstante Geburtenrate unterstellt. Außerdem wird ein Anstieg der Lebenserwartung von Männern um 7,6 Jahre und von Frauen um 6,5 Jahre sowie eine Nettozuwanderung von 100.000 Personen angenommen. Bei einer unterstellten Nettozuwanderung von 200.000 Personen sinkt die Bevölkerung bei ansonsten gleichen Annahmen auf 74 Millionen. Somit verringert sich die Bevölkerung Deutschlands bis zum Jahr 2050 um 10% bis 17%.

Die Bevölkerung Deutschlands wird nicht nur sinken, sie wird darüber hinaus auch altern. Der demografische Wandel der Gesellschaft führt zu einer starken Veränderung der Altersstruktur der Bevölkerung. Der Anteil der Personen im erwerbsfähigen Alter zwischen 20 und 64 Jahren an der Gesamtbevölkerung betrug 61% im Jahr 2005. Dieser Anteil wird unabhängig von den bei der 11. koordinierten Bevölkerungsvorausberechnung des Statistischen Bundesamtes unterstellten Varianten auf 55% im Jahr 2030 sinken und bis 2050 bis auf rund 50% weiter zurückgehen (siehe Statistisches Bundesamt, 2006). Der Anteil junger Personen im Alter von 0 bis unter 20 Jahren lag 2005 bei 20%. In Abhängigkeit von der jeweils unterstellten Variante sinkt dieser Anteil auf 17% bis 14%. Der Anteil der Personen im Rentenalter über 65 Jahre steigt je nach unterstellter Variante von 19% im Jahr 2005 auf 30% bis 36% im Jahr 2050. Diese Veränderungen der Altersstruktur implizieren eine Erhöhung des durchschnittlichen Alters der Bevölkerung, welches bereits von 1990 bis 2005 von 39 Jahre auf 42 Jahre angestiegen ist. Je nach unterstellter Variante erhöht sich das durchschnittliche Alter der Bevölkerung Deutschlands von 2005 bis zum Jahr 2050 um weitere sechs bis zehn Jahre und liegt dann bei rund 50 Jahren.

Die dargestellte Veränderung der jeweiligen Anteile der Altersgruppen an der Gesamtbevölkerung impliziert eine Verschiebung der Relationen der Altersgruppen. Setzt man beispielsweise den Anteil der Bevölkerung im Rentenalter in Relation zum Anteil der Personen im erwerbsfähigen Alter, so erhält man den sogenannten Rentner- oder Altenquotienten. Da insbesondere die Leistungen aus der gesetzlichen Rentenversicherung von der Erwerbsbevölkerung erwirtschaftet werden müssen, wird oftmals auch vom Alterslastquotient gesprochen (siehe beispielsweise Börsch-Supan, 1999; Raffelhüschen, 2002 und Bonin, Clemens und Künemund, 2003). Dieser Quotient berechnet sich als Anzahl der über 65-Jährigen je 100 Personen im erwerbsfähigen Alter von 20 bis unter 65 Jahren. Der Altenquotient liegt derzeit bei 32. Seinen stärksten Anstieg wird der Altenquotient zu verzeichnen haben, wenn in den 2020er Jahren die "Baby-Boom"-Jahrgänge das Rentenalter erreichen. Bis zum Jahr 2030 wird er auf rund 50 ansteigen und im Jahr 2050 rund 60 betragen, was nahezu eine Verdopplung gegenüber dem derzeitigen Niveau bedeutet (siehe Abbildung 2.4).

Der Jugendquotient setzt den Anteil der jüngeren Personen im Alter von 0 bis 20 Jahren in Relation zum Anteil der Personen im erwerbsfähigen Alter. Die Erwerbstätigen müssen für die Gruppe der jüngeren Personen sorgen, deren Aufwachsen, Erziehung und Ausbildung finanzieren. Dieser Quotient berechnet sich konkret als Anzahl der unter 20-Jährigen je 100 Personen im erwerbsfähigen Alter von 20 bis unter 65 Jahren und liegt derzeit bei 33 und wird bis zum Jahr 2050 nur leicht auf 29 sinken (siehe Abbildung 2.4).

Die Addition beider Quotienten ergibt den Gesamtquotient, welcher aussagt, für wieviele Menschen 100 Personen im erwerbsfähigen Alter zu sorgen haben. Im Jahr 2050 werden 100 Personen im erwerbsfähigen Alter 89 Personen außerhalb des erwerbsfähigen Alters gegenüberstehen (siehe Abbildung 2.4).

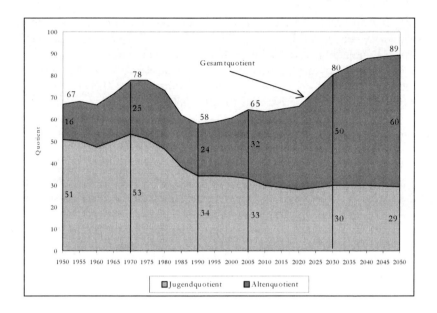

Abbildung 2.4: Jugend-, Alten- und Gesamtquotient, Quelle: Statistisches Bundesamt (2006)

Wie bereits angedeutet, sind die Industriestaaten vom demografischen Wandel unterschiedlich im Hinblick auf Geschwindigkeit und Ausmaß betroffen. Tabelle 2.3 zeigt eine Übersicht über die durch die Europäische Zentralbank prognostizierten Bevölkerungsveränderungen für Länder des Euro-Währungsraums und die Vereinigten Staaten. Es wird deutlich, dass Länder wie Deutschland, Italien und Portugal eine starke Reduktion sowohl der Gesamtbevölkerung als auch der Bevölkerung im jugendlichen Alter und im erwerbsfähigen Alter zu verzeichnen haben werden. Für kleinere Länder wie beispielsweise Irland und Luxemburg wird hingegen gar ein Bevölkerungszuwachs prognostiziert, was deren hohen Geburtenraten geschuldet ist. Auffallend ist hingegen für alle Länder ein Anstieg des Anteils der Personen über 64 Jahre. Die Bevölkerungsentwicklung der Vereinigten Staaten wird indes anders als im Euroraum verlaufen. Das Wachstum der Gesamtbevölkerung wird zwar auch in den Vereinigten Staaten abnehmen, jedoch nicht negativ werden. Der Altenquotient wird in den Vereinigten Staaten ebenfalls ansteigen, jedoch wird der Anstieg wesentlich niedriger ausfallen.

	Veränderung 2004-2050 in Prozent				Veränd. 2004-2050 in Prozentpunkten	
	Gesamt-bevölk.	Bevölk. < 15 J.	Bevölk. zw. 15 u. 64 J.	Bevölk. > 64 J.	Alten-quotient	Jugend-quotient
Belgien	4	-11	-8	67	21	-1
Deutschl.	-6	-22	-19	57	25	-1
Griechenl.	-3	-18	-21	80	34	1
Spanien	2	-19	-21	111	41	1
Frankreich	9	-7	-4	77	21	-1
Irland	36	4	16	219	29	-2
Italien	-7	-25	-24	64	33	0
Luxemb.	42	26	30	124	15	-1
Niederl.	8	-9	-4	91	20	-1
Österreich	1	-24	-15	95	30	-2
Portugal	-4	-21	-22	83	34	1
Finnland	0	-14	-14	73	23	1
Euroraum	0	-17	-16	75	28	0
USA	34	10	24	124	15	-4

Tabelle 2.3: Übersicht der Bevölkerungsveränderungen in Ländern des Euroraums und der USA, Quelle: Europäische Zentralbank (2006)

Die unterschiedliche Bevölkerungsentwicklung in den Vereinigten Staaten und im Euroraum kann auf unterschiedliche Bestimmungsfaktoren zurückgeführt werden. Insbesondere die Geburtenraten beider Wirtschaftsräume unterscheiden sich erheblich voneinander. Während im Euroraum die Geburtenrate bei rund 1,5 Kindern pro Frau liegt und auf diesem niedrigen Stand verharren wird, weisen die Vereinigten Staaten eine Geburtenrate von rund 2,0 Kindern pro Frau auf, was annähernd dem bestandserhaltenden Wert von 2,1 entspricht. Auch wenn davon ausgegangen wird, dass die Geburtenrate leicht sinken wird, so wird sie doch weiterhin signifikant über dem Wert des Euroraums liegen. Die Lebenserwartung wird in beiden Wirtschaftsräumen in der Zukunft weiter ansteigen. Im Euroraum wird hingegen weiterhin mit einer höheren Lebenserwartung als in den Vereinigten Staaten gerechnet. Es ist zu erwarten, dass die Nettozuwanderung in beiden Wirtschaftsräumen positiv bleiben wird. Jedoch werden die Vereinigten Staaten weiterhin eine deutlich höhere Nettozuwanderung zu verzeichnen haben. Diese dargestellten unterschiedlichen Bestimmungsfaktoren führen zu einer wesentlich weniger dramatischen Alterung der Gesellschaft der Vereinigten

Staaten im Vergleich zur Bevölkerung des Euroraums (siehe Europäische Zentralbank, 2006).

Teil II

Demografischer Wandel und optimale Zeitallokation im Lebenszyklus

Kapitel 3

Fragestellung

Die Entwicklung der Bevölkerung führt unter anderem zu einer Verringerung der Erwerbsbevölkerung. Für Deutschland wird beispielsweise eine Reduktion der Zahl der Erwerbstätigen in dem Zeitraum vom Jahr 2000 bis 2050 um rund 8 Millionen prognostiziert (Börsch-Supan, 2003). Das Deutsche Institut für Wirtschaftsforschung (DIW) geht je nach unterstellten Annahmen sogar von einem noch drastischeren Rückgang aus (siehe DIW, 2000).[1] Um die daraus entstehende Sozialproduktslücke zu verringern, ist eine Erhöhung der Produktivität des Faktors Arbeit notwendig. In der politischen Diskussion wird die Intensivierung der Humankapitalbildung immer wieder als einer der wichtigsten Bausteine der Zukunftsfähigkeit der deutschen Volkswirtschaft angeführt.

Die Analyse der Humankapitalbildung der Individuen unter der besonderen Berücksichtigung des demografischen Wandels der Gesellschaft ist das Ziel dieses Teils der vorliegenden Arbeit. In der Literatur gelten die Arbeiten von Mincer (1958), Becker (1964) sowie Ben-Porath (1967) als Startpunkte der Humankapitaltheorie. Die darauf aufbauende Literatur analysiert mikroökonomisch, wie sich die Humankapitalbildung auf die zukünftige Arbeitsproduktivität auswirkt. Die Arbeitsproduktivität determiniert wiederum den Lohn. Somit soll der Lohnpfad der Individuen über den Lebenszyklus erklärt werden (siehe beispielsweise Mincer, 1997 oder Card, 1999). Die endogene Wachstumstheorie baut auf dem Zusammenhang zwischen Humankapitalbildung und Arbeitsproduktivität auf und stellt die Bedeutung des Humankapitals als Motor des wirtschaftlichen Wachstums heraus. Dabei spielen die intergenerationalen Wissens-Spillover eine wichtige Rolle (siehe

---

[1]Für eine ausführliche Darstellung der Veränderung der Erwerbsbevölkerung aufgrund des demografischen Wandels der Gesellschaft siehe Teil I.

beispielsweise Lucas, 1988; Benhabib und Spiegel, 1994 oder Krueger und Lindahl, 2001). Berücksichtigen die Individuen bei ihrer Ausbildunsgentscheidung nicht die positiven Spillover-Effekte ihrer Humankapitalbildung auf die nachfolgenden Generationen, wird eine ineffizient niedrige Humankapitalbildung gewählt. Kemnitz und Wigger (2000) und Wigger (2002) zeigen, dass durch eine umlagefinanzierte Rentenversicherung, bei der die Rentenzahlung unter anderem durch die Ausbildungszeit determiniert wird, diese Ineffizienz beseitigt werden kann.

Die vorliegende Analyse basiert auf einem Modell überlappender Generationen (OLG-Modell). Die identischen Individuen leben zwei Perioden und entscheiden zu Beginn der ersten Periode über die Länge ihrer Ausbildungszeit. Während der Ausbildung wird Humankapital gebildet, das in der Erwerbsphase zur Einkommenserzielung auf dem Arbeitsmarkt angeboten wird. Jedoch wird in der Zeit der Ausbildung kein Einkommen erzielt, es entstehen folglich Opportunitätskosten in Form von entgangenem Einkommen.

Es wird deutlich, dass die Ausbildungsentscheidung wesentlich von der Ausgestaltung des Systems einer Sozialversicherung bestimmt wird. Dieses Ergebnis steht in Übereinstimmung mit der Literatur. Kemnitz und Wigger (2000) und Wigger (2002) identifizieren beispielsweise eine höhere optimale Ausbildungszeit der Individuen, wenn sie über eine ausbildungsabhängige Rentenfunktion zumindest teilweise über das Erwerbsleben hinaus Erträge aus ihrer Humankapitalinvestition erzielen können. Der Fokus der genannten Untersuchungen liegt hingegen auf dem Einfluss der Sozialversicherung auf das Wachstum einer Volkswirtschaft. Dabei wird der Frage nach der optimalen Ausgestaltung des Sozialversicherungssystems nachgegangen. Die einzelnen Determinanten der individuellen Ausbildungsentscheidung werden nicht explizit analysiert.

Sinn (2004) findet ebenfalls heraus, dass ein umlagefinanziertes Sozialversicherungssystem einen positiven Effekt für die Humankapitalbildung erzeugen kann. Für die Eltern besteht eine Unsicherheit, ob ihre Kinder sie während ihrer Ruhestandsphase finanziell unterstützen. Demnach ist nicht sicher, ob die Eltern aus der Investition in das Humankapital ihrer Kinder später profitieren werden. Als Konsequenz tätigen die Eltern ineffizient geringe Investitionen in die Ausbildung ihrer Kinder. Wenn hingegen eine Rentenversicherung nach dem Umlageverfahren installiert wird, entfällt für die Kinder die Möglichkeit, den "Generationenvertrag" mit ihren Eltern zu kündigen. Infolgedessen investieren die Eltern stärker in das Humankapital ihrer Kinder. Die vorliegende Analyse untersucht hingegen nicht die Investition der Eltern in das Humankapital ihrer Kinder, sondern die individuelle Investition in das eigene Humankapital. Ein umlagefinanziertes Sozialversicherungssystem erzeugt hier ebenfalls einen positiven Effekt auf die Ausbildungsentscheidung. Dies ist der Fall, wenn in der späteren Rentenzahlung zumindest teilweise die Ausbildungszeit berücksichtigt wird.

Ein weiterer, entscheidender Unterschied zu den zitierten Untersuchungen über die Humankapitalbildung besteht in der in Kapitel 7 durchgeführten Erweiterung des Modellrahmens. Wie bereits erwähnt, können die Kosten des demografischen Wandels der Gesellschaft durch eine Erhöhung der Produktivität des Faktors Arbeit zumindest teilweise abgemildert werden. In der wissenschaftlichen Diskussion herrscht jedoch Einigkeit darüber, dass nicht nur die Arbeitsproduktivität steigen muss, sondern darüber hinaus eine Verlängerung der Lebensarbeitszeit notwendig sein wird, um die entstehende Sozialproduktslücke verringern zu können. Die stufenweise Anhebung des gesetzlichen Renteneintrittsalters auf 67 Jahre durch die Regierung Merkel im Jahr 2007 deutet auf eine Bewegung auch der politischen Diskussion in diese Richtung hin.

Ziel der Modellerweiterung in Kapitel 7 ist es, das Zusammenspiel zwischen individueller Ausbildungsentscheidung und individueller Renteneintrittsentscheidung zu analysieren. Dazu wird das Renteneintrittsalter endogenisiert und die Individuen entscheiden simultan über die Länge ihrer Ausbildung sowie über den Zeitpunkt des Renteneintritts. Wie reagieren die Individuen auf den Einsatz des vorhandenen Instrumentariums der Politik, also auf eine Erhöhung der derzeitigen und/oder zukünftigen Steuer- und Sozialabgabenbelastung oder auf eine Reduktion der Rentenzahlung? Reagieren sie in der "gewünschten Richtung" mit einer stärkeren Humankapitalinvestition und einem späteren Renteneintritt? Die hier durchgeführte positive Mikroanalyse soll Antworten auf diese Fragen liefern.

In der wissenschaftlichen Literatur wird die Interdependenz zwischen Humankapitalbildung und der Entscheidung über den Renteneintritt kaum beachtet und beide Bereiche werden meist isoliert voneinander betrachtet. Auf die Literatur der Humankapitaltheorie wurde bereits eingegangen. Die Arbeiten über die Analyse der Renteneintrittsentscheidung wurden maßgeblich von Feldstein (1974) inspiriert. Gemäß Feldstein reduziert eine umlagefinanzierte Rentenzahlung das Arbeitsangebot, da die Notwendigkeit der Erzielung eines Erwerbseinkommens im Alter vermindert wird. Die Studien u.a. von Boskin und Hurd (1978), Sheshinski (1978) sowie Crawford und Lilien (1981) verallgemeinern die Gültigkeit dieses Induced retirement effect. Raffelhüschen (1989) kommt zu dem Ergebnis, dass das deutsche Rentensystem einen Anreiz zur Frühverrentung setzt, da in dem System eine relative Bevorzugung des Renteneinkommens gegenüber dem Arbeitseinkommen festzustellen ist. In der Empirie wird dieses Ergebnis bestätigt. Das durchschnittliche Verrentungsalter von deutschen Männern liegt rund fünf Jahre unter dem gesetzlichen Rentenzugangsalter, wenngleich bereits Reformbemühungen seitens der Politik zur Erhöhung der Arbeitszeit im Alter zu verzeichnen waren (Börsch-Supan et al., 2004).

Die Interdependenz zwischen der Humankapitalbildung und der Renteneintrittsentscheidung wird lediglich in zwei maßgeblichen Arbeiten detaillierter analysiert. Nach Boucekkine, de la Croix und Licandro (2002) führt eine höhere Lebenserwartung sowohl zu einer längeren Ausbildungszeit als auch zu einer längeren Arbeitszeit im Alter. In einem polit-ökonomischen Modell zeigen Conde-Ruiz und Galasso (2004), dass ein politisches Gleichgewicht durch Maßnahmen der Frühverrentung gekennzeichnet sein kann. Der Anreiz zur Ausbildung wird aufgrund eines vorgezogenen Renteneintritts reduziert, was negative Auswirkungen auf die Wachstumsrate erzeugt.

Die vorliegende Analyse soll der Politik wertvolle Hinweise auf die zu erwartenden Anpassungsreaktionen bei verschiedenen Maßnahmen liefern. Aus staatlicher Sicht gilt es, dabei möglichst einen Zielkonflikt zwischen vermehrter Humankapitalbildung und Verzögerung des Renteneintritts zu vermeiden.

Der Rest dieses Hauptteils ist wie folgt aufgebaut: In Kapitel 4 wird zunächst das für die Humankapitaltheorie bahnbrechende Modell von Ben-Porath (1967) dargestellt. Die Grundstruktur des für die eigene Analyse verwendeten OLG-Modells wird in Kapitel 5 näher erläutert. In Kapitel 6 wird die optimale Investition in Humankapital in einem Modell mit ausbildungsabhängiger Nutzenfunktion analysiert. Dabei wird argumentiert, dass Humankapital einen direkten, nutzensteigernden Effekt erzeugt. Aus- und Weiterbildung erhöht das Lebensgefühl, weil die Personen beispielsweise stärker am öffentlichen und kulturellen Leben partizipieren können, je gebildeter sie sind. Dieses Modell wird in Kapitel 7 erweitert, indem die Entscheidung über den Zeitpunkt des Renteneintritts endogenisiert wird.

Kapitel 4

Das Lebenszyklus-Modell von Ben-Porath (1967)

Den Startpunkt der Humankapitaltheorie bilden die auf den Arbeiten von Mincer (1958), Becker (1964) sowie Ben-Porath (1967) aufbauenden Lebenszyklus-Modelle (siehe beispielsweise Polachek und Siebert, 1993; Polachek, 1995; Mincer, 1997 sowie Card, 1999). In diesem Strang der mikroökonomischen Arbeitsmarktliteratur wird analysiert, welchen Einfluss die Humankapitalbildung auf die Arbeitsproduktivität und damit auf den Lohnpfad über den Lebenszyklus hat. Der Lohn einer Person wird durch die individuelle Entscheidung bezüglich der Humankapitalbildung erklärt. Auf der Mikro-Ebene sollen die zu beobachtenden Alter-Einkommens-Profile, also der Lohnpfad im Zeitablauf erklärt werden. Insbesondere werden die aggregierten volkswirtschaftlichen Größen nicht berücksichtigt bzw. nicht analysiert. Der Staat setzt lediglich die Rahmenbedingungen wie beispielsweise Steuern, Gesetze oder eine Sozialversicherung. Größen wie die Staatsausgaben, die Geld- und Fiskalpolitik oder auch eine Budgetrestriktion der Sozialversicherung werden hingegen nicht analysiert.

Die in der Empirie zu beobachtenden Lohnpfade zeigen zwei Muster: Erstens steigt der Lohn mit dem Alter, bis ein Maximum erreicht ist. Anschließend sinkt der Lohn in den letzten Jahren bis zum Renteneintritt wieder leicht. Der Anstieg des Lohns erfolgt mit einer abnehmenden Rate. Das heißt, der Lohn von jungen Arbeitern steigt stärker als der Lohn älterer Arbeiter. Zweitens steigt der Lohn mit der Ausbildung. Besser ausgebildete Arbeiter erzielen einen höheren Lohn als weniger gut ausgebildete (siehe beispielsweise Polachek und Siebert, 1993; Borjas, 2004 sowie Ehrenberg und Smith, 2006). Die Humankapitaltheorie erklärt diese empirischen Muster durch die Produktivität der jeweiligen Individuen, wobei die Produktivität wiederum auf die berufliche Qualifikation zurückgeführt wird. Berufliche Qualifikation wird erworben durch die Ausbildung in der Schule sowie durch das Lernen im Job (on-the-job-Training). Die Investition in das eigene Humankapital geschieht beispielsweise durch die Entscheidung eines Individuums für eine längere Schulzeit und demnach für einen späteren Eintritt in die Erwerbsphase. Ein heutiger Einkommensverlust wird hingenommen, wenn damit ein zukünftiger Einkommensgewinn verbunden sein wird (siehe Franz, 2006). Auch während der Erwerbsphase werden Investitionen in das eigene Humankapital getätigt, beispielsweise durch das sogenannte learning-by-doing, aber auch durch formale Trainingsprogramme im und außerhalb des Unternehmens. Während der Trainingsphase weisen die Arbeiter eine geringere Produktivität auf, beispielsweise durch die Abwesenheit vom Arbeitsplatz. Darüber hinaus sind noch Trainingskosten zu tragen, die bei betriebsspezifischer Weiterbildung oftmals zwischen Arbeiter und Unternehmen aufgeteilt werden und bei allgemeiner, betriebsunspezifischer Weiterbildung meistens allein vom Arbeiter zu tragen sind (siehe Ehrenberg und Smith, 2006).

Im Folgenden wird ein solches Investitionsmodell dargestellt. Das Lebenszyklus-Modell von Ben-Porath (1967) gilt als einer der bahnbrechenden Analyserahmen im Bereich der Humankapitaltheorie (siehe beispielsweise Heckman, 1976; Killingsworth, 1982; Polachek, 1995; Mincer, 1997 sowie de la Croix und Michel, 2002). Ausgehend von der Annahme, dass Investitionen in das eigene Humankapital den Lohn einer Person erhöhen, unterstellte Ben-Porath, dass die Individuen ihre Investitionsentscheidung unter Berücksichtigung der Maximierung ihres Gegenwartswertes des Lebenseinkommens treffen. Die Individuen verhalten sich bei der Investitionsentscheidung ähnlich wie Unternehmen. Eine wesentliche Innovation seines Beitrags lag darin, keinen unendlichen Zeithorizont zu unterstellen, weil das Leben der Individuen irgendwann endet. Deshalb berücksichtigen die Individuen in ihrem Maximierungskalkül, dass mit dem Zeitablauf ihre Investitionen weniger Erträge bringen werden. Demnach werden die Individuen ihre Investitionstätigkeiten stetig reduzieren, wodurch das Humankapital und damit das zu erzielende Einkommen zwar steigt, jedoch mit abnehmender Rate. Somit erklärt dieser Lebenszyklus-Ansatz auch die bereits angesprochenen, in der Empirie zu beobachtenden Muster der Lohnpfade.

In diesem Hauptteil der vorliegenden Arbeit nimmt die Analyse der Humankapitalbildung eine zentrale Rolle ein. Infolgedessen erscheint es angebracht, das einflussreiche Modell von Ben-Porath hier kurz darzustellen. Dadurch kann zu einem späteren Zeitpunkt besser darauf eingegangen werden, welche Probleme mit diesem Ansatz in Verbindung mit den hier analysierten Fragestellungen auftauchen.

4.1 Grundstruktur des Modells

In seinem Modell analysiert Ben-Porath die individuelle Investition in das eigene Humankapital über den Lebenszyklus.[1] Demnach nimmt die Humankapitalbildung Zeit in Anspruch. Jede Person wählt sodann die Aufteilung der zur Verfügung stehenden Zeit zum einen in Arbeitszeit und zum anderen in Ausbildungszeit, also in die Bildung von Humankapital. Die Entscheidung über die optimale Zeitallokation wird für jede Periode durchgeführt. Die Individuen entscheiden sich demnach jedes Jahr, wie viel Zeit sie arbeiten und wie viel Zeit sie in ihre Ausbildung investieren wollen. Während der Zeit der Ausbildung wird kein Einkommen erzielt. Jedoch steigen durch die zusätzliche Humankapitalbildung die zukünftigen Einkommensmöglichkeiten.

Das Humankapital einer Person wird jedoch nicht nur zur Erzielung von Einkommen verwendet, sondern mit dem vorhandenen Humankapital wird während der Ausbildungszeit weiteres Humankapital gebildet. Je höher der Stock an Humankapital ist, umso mehr zusätzliches Humankapital wird während einer Zeiteinheit Ausbildung gebildet. Einen grundlegenden Baustein des Modells bildet somit die Humankapital-Produktionsfunktion:

$$Q_t = (\lambda_t K_t)^b, \tag{4.1}$$

wobei Q_t das neu erstellte Humankapital während der Periode t darstellt. Um neues Humankapital zu bilden, muss Zeit investiert werden, wobei λ_t den Bruchteil der gesamten zur Verfügung stehenden Zeit in Periode t bezeichnet und im Intervall $[0, 1]$ liegt. Während der Ausbildungszeit wird das bereits vorhandene Humankapital K_t eingesetzt und in Verbindung mit dem Produktivitätsparameter b entsteht neues Humankapital. Der Parameter b stellt die Fähigkeit einer Person zur Humankapitalbildung dar. Je höher b umso leichter fällt es einer Person, mit der vorhandenen Bildung neues Humankapital aufzubauen. Es werden abnehmende Grenzerträge unterstellt, folglich ist $b < 1$, darüber hinaus wird b als konstant angenommen.

Der Bestand an Humankapital verändert sich innerhalb einer Periode durch das neu gebildete Humankapital Q_t abzüglich der Abschreibung des vorhandenen Kapitals:

---

[1] Eine sehr intensive Auseinandersetzung mit dem Modell von Ben-Porath (1967) findet sich beispielsweise in Polachek und Siebert (1993).

$$\frac{\partial K_t}{\partial t} = Q_t - \delta K_t, \qquad (4.2)$$

wobei δ die Abschreibungsrate bezeichnet. Warum erscheint es ökonomisch sinnvoll, eine Abschreibung des Humankapitals einer Person zu modellieren? Zum einen unterliegen die Individuen der Vergesslichkeit, wodurch ein Teil des Erlernten verloren geht. Zum anderen verliert Wissen aufgrund des technologischen Fortschritts im Zeitablauf an Wert. Neue Technologien lassen Teile des bisherigen Wissens obsolet werden. Folglich verfällt ein Teil des Humankapital-Bestandes im Zeitablauf.

In der Humankapitaltheorie wird der Lohn einer Person zu einem Zeitpunkt durch das vorhandene Humankapital zu diesem Zeitpunkt erklärt. In dem hier dargestellten Ansatz ergibt sich das potenzielle Einkommen E_t, das eine Person im Alter t erzielen könnte, wenn sie die komplette zur Verfügung stehende Zeit erwerbstätig wäre, wie folgt:

$$E_t = wK_t. \qquad (4.3)$$

Der exogen gegebene Marktlohn pro Einheit Humankapital wird mit w bezeichnet. Er wird als konstant über den Lebenszyklus angenommen und ist insbesondere unabhängig vom individuellen Humankapital. Wie aus Gleichung (4.3) ersichtlich wird, wird der Verlauf des potenziellen Einkommens durch die Entwicklung des Humankapitals einer Person K_t determiniert. Der Bestand an Humankapital wiederum wird bestimmt durch die getätigten Investitionen der Vergangenheit, also durch den Verlauf von Q_t, abzüglich der Abschreibungen.

Die Veränderung des potenziellen Einkommens in der Zeit stellt sich unter Berücksichtigung von Gleichung (4.2) wie folgt dar:

$$\frac{\partial E_t}{\partial t} = w \cdot \frac{\partial K_t}{\partial t} = w \left(Q_t - \delta K_t \right). \qquad (4.4)$$

Die Veränderung des potenziellen Einkommens ist positiv, sofern gilt: $Q_t > \delta K_t$. Ist hingegen das neu gebildete Humankapital eines Jahres geringer als die Abschreibung des vorhandenen Humankapitalbestandes, so sinkt das potenzielle Einkommen. Um die Veränderungen des potenziellen Einkommens erklären zu können, ist es folglich notwendig, die Entwicklungen der Humankapital-Investitionen zu analysieren. Der Pfad des potenziellen Einkommens eines Individuums wird beispielhaft in Abbildung 4.1 dargestellt. Hierbei wird angenommen, dass das Individuum nach Beendigung der Schulzeit die Erwerbstätigkeit startet. Das potenziell zu erzielende Einkommen steigt bis zu einem bestimmten Alter stetig an und sinkt danach bis zum Renteneintritt, da dann die Abschreibungen größer sind als das neu gebildete Humankapital.

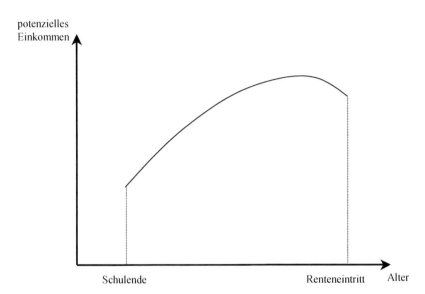

Abbildung 4.1: Entwicklung des potenziellen Einkommens, Quelle: Polachek und Siebert (1993)

Das tatsächlich erzielte Einkommen einer Person I_t besteht aus dem potenziellen Einkommen abzüglich den Kosten der Ausbildung C_t. Für die Kosten der Ausbildung wird hier lediglich das entgangene Einkommen angesetzt. Von direkten Kosten wie Ausgaben für Bücher, Lernmaterial oder Kursgebühren wird abstrahiert:

$$C_t = w\lambda_t K_t, \tag{4.5}$$

so dass sich für das tatsächlich erzielte Einkommen ergibt:

$$I_t = E_t - C_t = w\left(1 - \lambda_t\right) K_t. \tag{4.6}$$

Unter Berücksichtigung der Humankapital-Produktionsfunktion (4.1) können die Ausbildungskosten in Gleichung (4.5) als Funktion von Q_t ausgedrückt werden:

$$C_t = w Q_t^{1/b}. \tag{4.7}$$

Daraus ergibt sich die Grenzkostenfunktion:

$$\frac{\partial C_t}{\partial Q_t} = \frac{w}{b} \cdot Q_t^{(1-b)/b}. \tag{4.8}$$

Die Grenzkosten steigen mit dem exogen gegebenen Lohnsatz w. Um eine weitere Einheit Humankapital bilden zu können, muss die Person auf ein höheres Einkommen verzichten. Andererseits sinken die Grenzkosten mit der Fähigkeit, Humankapital zu bilden (b steigt). Eine weitere Einheit Humankapital kann mit einem geringeren Zeiteinsatz erzeugt werden, wodurch auf weniger Einkommen verzichtet werden muss. Die Grenzkosten sind indes unabhängig von der Abschreibungsrate δ, da das neu gebildete Humankapital erst in der nächsten Periode von der Abschreibung betroffen ist.

Wie wird der Ertrag aus der Humankapital-Investition bewertet? Der Gewinn aus einer zusätzlichen Einheit Humankapital ist gleich dem Barwert (Gegenwartswert) der zukünftigen Einkommensströme, die aus dieser zusätzlichen Einheit resultieren. Hierbei wird von zwei Vereinfachungen ausgegangen. Der Zeitpunkt des Renteneintritts ist exogen gegeben und liegt bei 65 Jahren. Außerdem gelten die zukünftigen Einkommensströme als sicher (perfekte Voraussicht). Der Barwert B_t einer im Alter t gebildeten zusätzlichen Einheit Humankapital wird dargestellt als:[2]

$$B_t = \frac{(1-\delta)\,w}{i} \cdot \left[1 - \frac{1}{(1+i)^{65-t}}\right] \cdot Q_t. \tag{4.9}$$

Hierbei ist i die individuelle Diskontierungsrate für zukünftige Einkommensströme. Das Renteneintrittsalter ist exogen bei 65 Jahren gegeben, folglich beträgt die verbleibende Anzahl Jahre der Erwerbstätigkeit und damit der produktiven Nutzung des im Alter t neu gebildeten Humankapitals $65 - t$. Hierbei wird aus Gleichung (4.9) deutlich, dass für einen jungen Arbeiter (mit einem kleinen Wert für t) der Barwert $B_t \approx \frac{(1-\delta)w}{i} \cdot Q_t$ beträgt. Für eine kurz vor dem Renteneintritt stehende Person hingegen (t nahe 65) liegt der Barwert nahe null. Eine im hohen Alter getätigte Investition erzeugt nur

---

[2]Zu Annuitätengleichungen siehe beispielsweise Simon und Blume (1994).

sehr geringe Erträge aufgrund der nur noch kurzen verbleibenden Zeit der
Erwerbstätigkeit.

Aus Gleichung (4.9) ergibt sich die Grenzertragsfunktion:

$$\frac{\partial B_t}{\partial Q_t} = \frac{(1-\delta)\,w}{i} \cdot \left[1 - \frac{1}{(1+i)^{65-t}} \right]. \tag{4.10}$$

Der Ertrag aus einer zusätzlichen Einheit Humankapital steigt mit dem exogen gegebenen Lohn w, da das Humankapital höher entlohnt und folglich
ein höheres Einkommen generiert wird. Je höher der Diskontierungsfak-
tor i, umso geringer ist der Grenzertrag. Der Gegenwartswert der aus dem
Humankapital resultierenden zukünftigen Einkommensströme ist geringer.
Der Grenzertrag sinkt ebenfalls mit der Abschreibungsrate δ, da ein größerer Teil des heute gebildeten Humankapitals im Zeitablauf obsolet wird und
somit keine Erträge generieren kann. Je jünger ein Individuum, umso höher
ist die verbleibende Anzahl Jahre der Erwerbstätigkeit t, und umso höher
ist der Grenzertrag. Der Zeitraum der produktiven, einkommenserzielenden
Nutzung einer weiteren Einheit Humankapital ist bei einer jüngeren Person
länger als bei einer älteren.

4.2   Die optimale Investitionsentscheidung

Das Optimierungsproblem eines Individuums besteht darin, in jeder Periode
die optimale Investition in das eigene Humankapital zu wählen. Die optimale Investition wiederum ist gegeben, wenn die Grenzkosten einer zusätzlichen Einheit Humankapital dem Grenzertrag dieser Einheit entsprechen,
also wenn gilt $\frac{\partial C_t}{\partial Q_t} = \frac{\partial B_t}{\partial Q_t}$. Setzt man die Gleichungen (4.8) und (4.10) ein
und löst nach Q_t auf, so ergibt sich für die optimale Investition in das eigene
Humankapital im Jahr t:

$$Q_t^* = \left[\frac{(1-\delta)\,b}{i} \cdot \left(1 - \frac{1}{(1+i)^{65-t}} \right) \right]^{\frac{b}{1-b}}. \tag{4.11}$$

Die optimale Investition, also die optimale Humankapitalbildung determiniert die Entwicklung des Bestandes an Humankapital und damit auch
das potenzielle sowie das tatsächlich erzielte Einkommen. Folglich kann der
Lohnpfad eines Individuums durch die Humankapital-Investitionen erklärt
werden.

Die optimale Investition sinkt mit dem Alter einer Person. Wie wir bereits gesehen haben, sinkt der Barwert einer Investition mit dem Alter, da der Zeitraum der produktiven Nutzung des neu gebildeten Humankapitals immer kürzer wird. Im Extremfall, wenn die Person in den Ruhestand eintritt (bei $t = 65$), ist der Barwert einer Investition gleich null und folglich wird kein Humankapital mehr gebildet, $Q_{65} = 0$.[3]

Angenommen, infolge des technologischen Fortschritts verliert das vorhandene Wissen stärker an Wert. Demnach werden Teile des in der Vergangenheit gebildeten Humankapitals immer schneller unbrauchbar, da beispielsweise neue Maschinen mit dem alten Wissen der Arbeiter nicht zu bedienen sind. Von dem rapiden Verfall des eigenen Humankapitals sind in der Realität insbesondere gering qualifizierte Arbeiter betroffen. In der Literatur wird dieses Phänomen als skill-biased technical change bezeichnet (siehe beispielsweise Krueger, 1993 oder Card und DiNardo, 2002). In der modelltheoretischen Umsetzung bedeutet dies eine Erhöhung der Abschreibungsrate δ, was zu einer Reduktion der Investition führt. Geht ein größerer Bruchteil des Humankapitals im Zeitablauf verloren, so generiert eine Investition einen geringeren Ertrag in der Zukunft.

Die optimale Investition steigt mit der Fähigkeit zur Humankapitalbildung, $\frac{\partial Q_t}{\partial b} > 0$. Je leichter es einem Individuum fällt, durch Lernen Humankapital zu bilden, desto mehr wird dieses Individuum in seine weitere Humankapitalbildung investieren. Die Grenzkosten sind geringer, wenn weniger Zeit aufgewendet werden muss, um eine Einheit Humankapital zu erzeugen.

Individuen mit einer hohen Diskontierungsrate werden weniger in ihr Humankapital investieren als Personen mit einer geringeren Diskontierungsrate. Je höher i, umso stärker werden zukünftige Einkommensströme abdiskontiert, desto geringer ist also der Barwert der zukünftigen Erträge. Deshalb verzichten Personen mit solchen Präferenzen ungern auf heutiges Einkommen und damit auf heutigen Konsum. Sie werden folglich einen geringeren Teil ihrer zur Verfügung stehenden Zeit für Ausbildung einsetzen und stattdessen eine längere Arbeitszeit bevorzugen.

Die Humankapitaltheorie hat zum Ziel, den Lohnpfad bzw. Einkommenspfad eines Individuums über den Lebenszyklus zu erklären und darzustellen. Wie wir bereits gesehen haben, berechnet sich das tatsächlich er-

---

[3]In diesem Modellansatz werden lediglich die monetären Erträge aus dem Humankapital berücksichtigt. In Kapitel 6 werden wir sehen, dass das Humankapital darüber hinaus einen nicht-monetären Nutzen stiftet. Wenn man der in Kapitel 6 ausführlich diskutierten Argumentation folgt, sind Humankapital-Investitionen auch im Rentenalter noch denkbar.

zielte Einkommen als $I_t = E_t - C_t = w\,(1 - \lambda_t)\,K_t$ (siehe Gleichung (4.6)). Außerdem wurde bereits deutlich, dass die Ausbildungszeit λ_t im Zeitablauf sinkt. Somit steigt ceteris paribus das tatsächlich erzielte Einkommen. Die Differenz zwischen potenziellem und tatsächlichem Einkommen sinkt im Zeitablauf und verschwindet, wenn $\lambda_t = 0$ ist (siehe Gleichungen (4.3) und (4.6)). Der Humankapitalbestand K_t steigt, solange die Investitionen die Abschreibungen überwiegen, also solange $Q_t > \delta K_t$ gilt. Die Investitionen Q_t sinken hingegen im Zeitablauf. Der Humankapitalbestand K_t und damit ceteris paribus das tatsächliche Einkommen sinken, wenn $Q_t < \delta K_t$. Die Entwicklung des tatsächlich erzielten Einkommens wird also durch die Veränderungen der Ausbildungszeit λ_t und des Humankapitalbestandes K_t determiniert. Abbildung 4.2 zeigt den Verlauf des tatsächlich erzielten Einkommens.

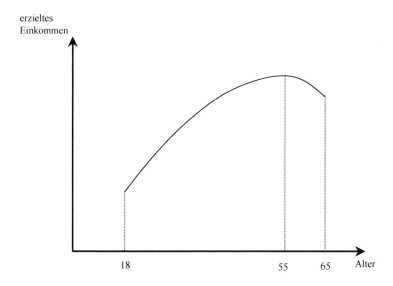

Abbildung 4.2: Alter-Lohn-Profil einer Person, Quelle: Polachek und Siebert (1993)

Zunächst steigt das Einkommen stetig an. Ab einem bestimmten Alter (hier bei 55 Jahren) kehrt sich dieser Trend hingegen um und das erzielte Einkommen sinkt bis zum Eintritt in den Ruhestand. Der Zeitpunkt, ab dem das erzielte Einkommen sinkt, ist bei folgender Bedingung erreicht:

Der Betrag des zusätzlichen Einkommens aufgrund der Reduktion der Ausbildungszeit λ_t muss geringer sein als der Betrag der Reduktion des Einkommens aufgrund der Reduktion des Humankapitalbestandes K_t. Es gilt folglich $\left|\frac{\partial I_t}{\partial \lambda_t}\right| < \left|\frac{\partial I_t}{\partial K_t}\right|$. Dies bedeutet, für eine Reduktion des erzielten Einkommens ist das Übersteigen der Abschreibungen des Humankapitals über die Neuinvestitionen eine notwendige, aber nicht hinreichende Bedingung.

Abbildung 4.2 spiegelt die angesprochenen, in der Empirie zu beobachtenden Muster in der Lohnentwicklung eines Individuums wider. Somit ist das dargestellte Modell in der Lage, die Lohnpfade der Wirtschaftssubjekte aus den Humankapital-Investitionen zu erklären. Bleibt noch Folgendes anzumerken: Die Optimierung über die Ausbildungszeit λ_t erbringt die gleichen Ergebnisse wie die hier durchgeführte Optimierung über die Investitionen Q_t. Die Aussagen des Modells bleiben bestehen. Die hier gewählte Darstellung folgt hingegen der Literatur, wo in der Regel über Q_t optimiert wird.

4.3   Probleme und Ausblick

Zwei mit dem dargestellten Modellansatz verbundene Probleme wurden bereits angesprochen. Zum einen gelten die zukünftigen Einkommensströme als sicher (vollkommene Voraussicht). Zum anderen wird das Renteneintrittsalter exogen bei 65 Jahren festgelegt. Darüber hinaus wird der Begriff des Humankapitals abstrakt verwendet. Es besteht hingegen immer das Problem der Messung. Wie bewertet man beispielsweise den vorhandenen Bestand an Humankapital? Welches ist der Anfangsbestand und wie wird er bewertet? Wie viel geht durch Abschreibungen verloren? Es erscheint ökonomisch sinnvoll, davon auszugehen, dass durch eine Erhöhung des Humankapitals auch die Fähigkeit einer Person steigt, weiteres Humankapital zu bilden. Der Produktivitäts- bzw. Fähigkeitsparameter b ist in der Realität eine Funktion des eigenen Humankapitals. Auch verändert sich die Diskontierungsrate der Individuen im Zeitablauf, was hier ebenfalls nicht berücksichtigt wird (siehe Ben-Porath, 1967 sowie Polachek und Siebert, 1993).

Eine wesentliche Intention der vorliegenden Arbeit besteht in der Frage nach den Auswirkungen des demografischen Wandels der Gesellschaft auf die Humankapitalbildung der Individuen. Diese teils makroökonomischen Auswirkungen sind in einem mikroökonomischen Lebenszyklus-Modell nur schwer zu analysieren. Beispielsweise fehlt die Möglichkeit der direkten Modellierung der Rückwirkungen einer gesetzlichen Rentenversicherung und deren Finanzierungsprobleme aufgrund des demografischen Wandels. In dem hier dargestellten Ansatz kann eine solche Analyse nur indirekt durchgeführt werden. Im weiteren Verlauf der Arbeit wird hingegen deutlich, dass die Ausgestaltung der Rentenversicherung die Ausbildungsentscheidung der Individuen beeinflusst und es deshalb angebracht erscheint, dies in der Modellierung zu berücksichtigen.

Aufgrund der Reduktion der Erwerbsbevölkerung in der Zukunft ist von einer Senkung der späteren Rentenzahlungen für die heutigen Erwerbstätigen auszugehen. In der Realität wird die Rentenzahlung wesentlich durch das während der Erwerbsphase erzielte Einkommen determiniert. Vereinfacht gesprochen wird ein bestimmter Bruchteil des erzielten Einkommens als Rente ausbezahlt (zuzüglich einer Anrechnung von Ausbildungszeiten, Kindererziehungszeiten usw.). Da in der Zukunft immer weniger Rentenversicherungsbeitragszahler die späteren Renten der heutigen Erwerbstätigen zu finanzieren haben, wird das Bruttorentenniveau sinken. Dadurch sinkt die Rendite der Investitionen in das eigene Humankapital. In dem hier dargestellten Ansatz führt dies zu einer Reduktion der Investitionen, Q_t sinkt.

Der demografische Wandel der Gesellschaft und die Reaktionen der Politik auf die dadurch induzierten Finanzierungsprobleme der gesetzlichen Rentenversicherung erzeugen hingegen noch einen gegenläufigen Effekt. Die durch die Regierung Merkel im Jahr 2007 durchgesetzte stufenweise Erhöhung des gesetzlichen Renteneintrittsalters auf 67 Jahre hat zum Ziel, die Lebensarbeitszeit der Individuen zu erhöhen. In dem dargestellten Modellansatz zeigt Gleichung (4.11), dass die Individuen auf eine Erhöhung des Renteneintrittsalters (beispielsweise von 65 auf 67 Jahre) mit einer verstärkten Investition in das eigene Humankapital reagieren. Der Zeitraum der produktiven Nutzung des Humankapitals steigt, folglich steigt Q_t. Somit erzeugt der demografische Wandel der Gesellschaft in diesem Ansatz, wenn auch indirekt, zwei gegenläufige Effekte, wobei der Nettoeffekt nicht zu bestimmen ist.

Die angesprochenen Schwierigkeiten der Modellierung des demografischen Wandels der Gesellschaft lassen es als angebracht erscheinen, im Folgenden das beschriebene Lebenszyklus-Modell nicht weiter als Analyserahmen zu verwenden. Vielmehr wird ein Modell überlappender Generationen (OLG-Modell) entwickelt, mit dem versucht werden soll, die angesprochenen Probleme besser handhaben zu können.

Univ. Bayreuth
Univ. Bibliothek

Aus dem Buchbestand
der UBBT ausgeschieden

Univ. Bayreuth
Univ. Bibliothek

Kapitel 5

Die Grundstruktur des OLG-Modells

In diesem Kapitel wird ein statisches Modell überlappender Generationen (OLG-Modell) entwickelt, das in den folgenden Kapiteln als Analyserahmen verwendet wird. In der theoretischen Literatur zur Analyse von Fragestellungen bezüglich der Generationenproblematik wird dieser Modelltyp häufig verwendet, weshalb auch vom "Generationenmodell" gesprochen wird (siehe beispielsweise Homburg, 1988; Breyer, 1990 oder Wigger, 2002). In OLG-Modellen wird die Zeit in diskrete Perioden zerlegt, wobei die Perioden jeweils gleich lang sind. Die Anzahl der Perioden variiert von zwei oder drei Perioden bis zu unendlich vielen Perioden, je nach Untersuchungsgegenstand und Fragestellung. In einem 3-Perioden-OLG-Modell durchlebt beispielsweise jede Person die Periode der Kindheit bzw. des Heranwachsens, die Periode der Erwerbstätigkeit sowie die Ruhestandsperiode. Oftmals wird der erste Lebensabschnitt nicht explizit betrachtet, weil Kinder noch keine ökonomisch relevanten Entscheidungen treffen. Ihr Konsum wird dann unter dem Konsum der Eltern subsumiert. In der vorliegenden Arbeit wird ebenfalls die Kindheitsphase nicht explizit modelliert. Die individuelle Entscheidung über die Höhe der Investitionen in das eigene Humankapital betrifft im Wesentlichen die Wahl der Schul- und Ausbildungszeit über die gesetzliche Schulpflicht hinaus. Somit erscheint es angebracht, die Kindheitsphase nicht näher zu betrachten.

Die Individuen leben folglich zwei Perioden, weshalb man auch vom "Modell zweier überlappender Generationen" sprechen kann (Breyer, 1990). Demnach existieren zu jedem Zeitpunkt zwei Generationen, eine Aktivengeneration bzw. Erwerbsgeneration und eine Rentnergeneration, wodurch sich die charakteristische Überlappungsstruktur ergibt. Jede Generation besteht aus einer Vielzahl homogener Individuen. Während der ersten Periode sind die Individuen erwerbstätig. Zu Beginn der zweiten Periode treten sie in den Ruhestand ein und erwirtschaften kein Arbeitseinkommen mehr.[1] Eine Periode umfasst in diesem Modellrahmen einen Zeitraum von etwa 30 Jahren, was auf den ersten Blick etwas merkwürdig erscheinen mag. Da es in der vorliegenden Arbeit jedoch darum geht, *qualitative* Aussagen abzuleiten, die unabhängig davon sind, ob zwei oder 70 Generationen gleichzeitig leben, erscheint diese Vorgehensweise angebracht. Für *quantitative* Analysen ist die hier verwendete Modellierung ungeeignet, da wesentlich mehr Perioden benötigt würden. In quantitativen Simulationsanalysen wird teilweise jedes Lebensjahr als eine Periode modelliert.[2]

Zurück zur Grundstruktur des Modells: Zu Beginn der ersten Periode entscheiden die Individuen, wie viel ihrer zur Verfügung stehenden Zeit (gesamte Zeit abzüglich Freizeit) sie in die Bildung von Humankapital investieren wollen. Das während der Ausbildungszeit gebildete Humankapital wird für den Rest der Periode auf dem Arbeitsmarkt angeboten, wobei die Entlohnung pro Einheit Humankapital für ein Individuum eine exogene Marktgröße ist. Im Umkehrschluss bedeutet dies folglich, dass während der Ausbildungszeit kein Arbeitseinkommen erzielt wird. Diese Art der Modellierung wird auch als Learning-or-Doing-Ansatz bezeichnet und geht auf Lucas (1988) zurück. In dem darauf aufbauenden Strang der Literatur, der sich insbesondere mit wirtschaftlichem Wachstum beschäftigt, entsteht Wirtschaftswachstum nicht ausschließlich durch die Akkumulation von physischem Kapital, sondern auch durch die Akkumulation von Humankapital. Vielmehr wird gerade der Inputfaktor Humankapital als Motor des wirtschaftlichen Wachstums angesehen.

In dieser Arbeit geht es hingegen nicht um die Analyse von wirtschaftlichem Wachstum, sondern darum, welche Auswirkungen insbesondere der demografische Wandel der Gesellschaft auf die individuelle Entscheidung über die Investition in Humankapital erzeugt. Mit der folgenden Partialanalyse kann man nur eingeschränkt Aussagen über die Auswirkungen auf das Wirtschaftswachstum treffen. Dazu würde man ein allgemeines Gleichgewichtsmodell benötigen. Da jedoch das Wirtschaftswachstum nicht im Fokus der vorliegenden Analyse steht, erscheint es als opportun, eine parti-

---

[1]Die Möglichkeit, in der zweiten Periode ebenfalls noch erwerbstätig zu sein, wird in Kapitel 7 behandelt. Dort wird die Renteneintrittsentscheidung endogenisiert und die Individuen treten zu Beginn der zweiten Periode nicht zwangsläufig in den Ruhestand ein.

[2]Simulationsanalysen dieser Art werden beispielsweise verwendet von Raffelhüschen (1989), Hirte (2002) oder Börsch-Supan et al. (2003).

alanalytische Vorgehensweise zu wählen. Bei einer Partialanalyse kann der Einfluss ökonomischer Variablen auf die individuelle Ausbildungsentscheidung analysiert werden, nicht jedoch die Wirkung einer veränderten Ausbildungsentscheidung aller Individuen auf die gesamte Volkswirtschaft. Es bleibt weiteren Analysen vorbehalten, die vorliegende Partialanalyse auf ein allgemeines Gleichgewichtsmodell zu erweitern.

Im restlichen Teil dieses Kapitels wird die Grundstruktur des zur Analyse verwendeten OLG-Modells dargestellt. Dazu wird in Kapitel 5.1 zunächst das Modell ohne eine staatliche Rentenversicherung erläutert. Wie wir sehen werden, ist diese Art der Modellierung gleichzusetzen mit einem kapitalgedeckten Rentenversicherungssystem, da der Konsum eines Individuums während der Rentenphase durch eigene Ersparnisse finanziert wird. In Kapitel 5.2 wird in das Modell eine staatlich organisierte Rentenversicherung integriert, wobei die Rentenzahlung zunächst als lump-sum-Zahlung modelliert wird. In Kapitel 5.3 wird die Rentenzahlung modifiziert, wobei ähnlich wie in Deutschland die getätigte Ausbildungszeit in der Rentenberechnung zumindest teilweise berücksichtigt wird.

5.1 Modell ohne staatliche Rentenversicherung

Das in diesem Kapitel dargestellte Modell ohne Sozialversicherung impliziert, dass es keine staatliche Institution gibt, die ein Rentenversicherungssystem nach dem Umlageverfahren unterhält.[3] Dementsprechend müssen die Individuen von ihrem Erwerbseinkommen während der Aktivenphase Ersparnisse bilden, um somit Ressourcen in die Ruhestandsphase zu transferieren. In der Ruhestandsphase wird der Lebensunterhalt dann von den gebildeten Ersparnissen bestritten. Diese Modellvariante ist gleichzusetzen mit einem kapitalgedeckten Rentenversicherungssystem, in dem der Konsum in der Rentenphase allein durch eigene während der Erwebsphase gebildete Ersparnisse zuzüglich Zinsen finanziert wird (siehe Blanchard und Fischer, 1989 sowie Michaelis, 1989). In der englischsprachigen Literatur wird dieses System als "Fully-Funded-System" bezeichnet (siehe beispielsweise Breyer, 1989; Hirte und Weber, 1997 oder Sinn, 2000). Theoretisch kann ein kapitalgedecktes Rentenversicherungssystem auch durch eine staatliche Institution unterhalten werden. Sofern jedoch zum einen die Höhe der

---

[3]Eine Darstellung der Funktionsweise eines nach dem Umlageverfahren praktizierten Rentenversicherungssystems erfolgt in Kapitel 5.2.

Einzahlungen individuell gewählt werden können und nicht durch Zwangs-
abgaben verpflichtend auferlegt werden und zum anderen die Einzahlungen
auf dem Kapitalmarkt zum Marktzins angelegt werden, unterscheidet sich
ein staatlich unterhaltenes Kapitaldeckungsverfahren nicht von einem pri-
vat organisierten. Da diese beiden Voraussetzungen in diesem Kapitel unterstellt werden, wird zur besseren Abgrenzung gegenüber den nachfolgenden
Modellvarianten hier von einem Modell ohne staatliche Rentenversicherung
gesprochen.

Das Nutzenniveau $V_{i,t}$ eines repräsentativen Individuums i der Generation t wird eindeutig determiniert durch den Konsum in den beiden Lebens-
abschnitten:

$$V_{i,t} = U_{i,t}\left(c_{i,t}^1, c_{i,t}^2\right),\qquad\qquad(5.1)$$

wobei $c_{i,t}^1$ den Konsum in der Aktivenphase beschreibt und $c_{i,t}^2$ den Konsum während der Ruhestandsphase darstellt. Der hochgestellte Index (1
oder 2) bezieht sich dabei auf die Lebensperiode, während der tiefgestellte
Index (i,t) bedeutet, dass das betrachtete Individuum i in der Periode t
der Aktivengeneration angehört. Die Nutzenfunktion (5.1) sei zunehmend,
strikt quasi-konkav und additiv-separabel bezüglich ihrer Argumente und
weise die Inada-Bedingungen auf: $U_1' > 0$, $\ U_2' > 0$, $\ U_1'' < 0$, $\ U_2'' <
0$, $\ U_1'(0,.) = \infty$, $\ U_2'(.,0) = \infty$, wobei U_1' bzw. U_2' die partiellen Ablei-
tungen der Nutzenfunktion nach dem ersten bzw. zweiten Argument dar-
stellt, also beispielsweise $U_1' \equiv \frac{\partial U}{\partial c_{i,t}^1}$.

Die Budgetrestriktionen eines repräsentativen Individuums der Generation t für die beiden Lebensperioden lauten:

$$c_{i,t}^1 = (1 - \lambda_{i,t})h_{i,t}w_t - s_{i,t}\qquad\qquad(5.2)$$

$$c_{i,t}^2 = (1 + r_{t+1})s_{i,t}.\qquad\qquad(5.3)$$

Der Konsum während der Aktivenphase entspricht dem erzielten Arbeitseinkommen abzüglich der Ersparnis $s_{i,t}$. In der Ruhestandsphase steht die verzinste Ersparnis für Konsum zur Verfügung, wobei r_{t+1} der erwartete Zinssatz, also die erwartete Ertragsrate des Kapitals in der Periode $t + 1$ ist.
Unterstellt man perfekte Voraussicht der Wirtschaftssubjekte, so ist der erwartete auch gleich der tatsächliche Zinssatz. Der Zinssatz bildet sich auf
dem Kapitalmarkt und ist für ein Individuum ein Datum.

Wie setzt sich das Arbeitseinkommen zusammen? Nach dem unterstellten Learning-or-Doing-Ansatz à la Lucas (1988) wird das zur Verfügung
stehende Zeitbudget in Ausbildungszeit und Arbeitszeit aufgeteilt. Wäh-

rend der Ausbildungszeit kann kein Erwerbseinkommen erzielt werden. Der Anteil der Ausbildungszeit an dem auf 1 normierten Zeitbudget wird mit $\lambda_{i,t}$ bezeichnet. Folglich ist $(1 - \lambda_{i,t})$ der Anteil der Arbeitszeit. Während der Arbeitszeit bieten die Individuen ihr während der Ausbildungszeit gebildetes Humankapital $h_{i,t}$ auf dem Arbeitsmarkt an und erzielen pro Einheit Humankapital den Lohnsatz w_t. Der Lohnsatz bildet sich auf der Makro-Ebene und ist für ein Individuum ebenso ein Datum wie der Zinssatz.

Ein wichtiger Baustein des Modells besteht in der Modellierung der Humankapitalbildung. Die funktionale Beziehung wird in Gleichung (5.4) dargestellt:

$$h_{i,t} = \lambda_{i,t} \sigma \overline{h}_{t-1}. \qquad (5.4)$$

Das Humankapital $h_{i,t}$ wird während der Ausbildungszeit $\lambda_{i,t}$ gebildet, aufbauend auf dem Humankapital der Elterngeneration $\overline{h}_{t-1}$ in Verbindung mit einem Produktivitätsparameter σ. Die interessante Eigenschaft besteht dabei in der Modellierung einer intergenerationalen Interdependenz der Humankapitalbildung. Je höher das (durchschnittliche) Humankapital der Elterngeneration, umso höher ist das Humankapital der Kindergeneration. Diese Form der intergenerationalen Abhängigkeit ist eine gängige Annahme in der Literatur (siehe beispielsweise Azariadis und Drazen, 1990 sowie Kemnitz und Wigger, 2000). Eine weitere Möglichkeit der Modellierung einer intergenerationalen Interdependenz der Humankapitalbildung besteht in der Modellierung einer Abhängigkeit des Humankapitals eines Individuums vom Humankapital der eigenen Eltern (siehe beispielsweise Bauer und Riphahn, 2005; Black, Devereux und Salvanes, 2005; Oreopoulos, Page und Stevens, 2006 sowie Spagat, 2006). Solch eine Art der Modellierung wird insbesondere in der Literatur über die Analyse der Transmission des Humankapitals der Eltern auf ihre Kinder verwendet. Diesem Literaturstrang liegt folgende Beobachtung zugrunde: Die Kinder hochqualifizierter Eltern sind ihrerseits ebenfalls hochqualifiziert. Dabei stellt sich die Frage, inwiefern diese empirische Tatsache genetisch bedingt ist oder ob sie beispielsweise durch eine höhere Investition hochqualifizierter, wohlhabender Eltern in die Ausbildung ihrer Kinder begründet werden kann. In der vorliegenden Analyse werden identische Individuen unterstellt. Somit besteht kein Unterschied, ob das Humankapital eines Individuums determiniert wird durch das durchschnittliche Humankapital der Elterngeneration oder durch das Humankapital der Eltern. Diese Unterscheidung ist nur dann interessant, wenn heterogene Individuen unterstellt werden. Für die hier analysierte Fragestellung würde eine solche Modellierung heterogener Individuen jedoch keine substantiellen Erkenntnisfortschritte liefern. Folglich wird die interge-

nerationale Interdependenz der Humankapitalbildung hier modelliert durch
die Abhängigkeit des Humankapitals eines Individuums vom durchschnittlichen Humankapital der Elterngeneration.

Diese Art der Modellierung beruht darüber hinaus auf zwei Argumenten.
Zum einen zeigen empirische Studien, dass besser ausgebildete Arbeitskräfte
anpassungsfähiger sind und besser auf technologische Veränderungen reagieren. Dies impliziert eine Abhängigkeit der Einkommensmöglichkeiten der
Kinder davon, wie flexibel die Elterngeneration auf Veränderungen reagiert
hat. Ein zweiter Ansatz begründet die intergenerationale Abhängigkeit der
Humankapitalbildung damit, dass eine Generation auf den Erfindungen und
Entwicklungen der vorherigen Generationen aufbauen kann. Nicht jede Generation muss das Rad oder die Dampfmaschine neu erfinden, sondern kann
diese Erfindungen von den früheren Generationen übernehmen.[4] Dementsprechend fällt es einer Generation umso leichter, Humankapital zu bilden,
je höher das Humankapital der vorherigen Generation war.

Wie in der Empirie zu beobachten ist, bilden junge Personen mehr Humankapital als ältere Personen.[5] Für diese Beobachtung gibt es in der Literatur unterschiedliche Erklärungsansätze. Zum einen wird argumentiert,
die Ausbildungszeit weise abnehmende Grenzerträge auf und folglich wird
zu Beginn des Lebens mehr Humankapital gebildet als dies im Alter der Fall
ist (siehe beispielsweise Polachek und Siebert, 1993 oder Kemnitz und Wigger, 2000). Zum anderen erklärt Lucas (1988) die empirische Beobachtung
mit der begrenzten Lebenszeit einer Person. Demnach bilden ältere Personen weniger Humankapital, da die verbleibende Zeit immer kürzer wird, um
daraus Erträge zu generieren. Der Grenzertrag pro eingesetzter Einheit Ausbildungszeit muss hingegen nicht zwangsläufig sinken. Die hier verwendete
Gleichung (5.4) für die Lerntechnologie folgt dem Ansatz von Lucas (1988)
und impliziert konstante Grenzerträge der Ausbildungszeit. Diese Art der
Modellierung der Lerntechnologie wurde darüber hinaus auch der Einfachheit halber gewählt. Bei abnehmenden Grenzerträgen der Ausbildungszeit
treten schnell technische Probleme aufgrund von Nicht-Linearitäten auf,
die die Analyse unübersichtlicher gestalten, ohne weitere Erkenntnisse zu
liefern. An gegebener Stelle wird darauf hingewiesen, wie sich konkrete Ergebnisse ändern, wenn man abnehmende Grenzerträge unterstellt. Wie man
sehen wird, ändert sich an den Grundaussagen jedoch nichts Substanzielles.

---

[4]Für eine ausführliche Auseinandersetzung mit der intergenerationalen Abhängigkeit
der Humankapitalbildung sowie empirischer Evidenz siehe Galor und Tsiddon (1994).

[5]Siehe auch Kapitel 4.

Ein Individuum maximiert seine Nutzenfunktion (5.1) unter den Nebenbedingungen (5.2) und (5.3) durch die Wahl der Konsumniveaus in den beiden Perioden sowie durch die Wahl der Ausbildungszeit. Das Individuum trifft die Entscheidungen zu Beginn der ersten Periode unter perfekter Voraussicht aller zukünftigen Variablen. Die Bedingungen erster Ordnung für ein Nutzenmaximum lauten:

$$U_1^{'} = (1 + r_{t+1}) U_2^{'} \qquad (5.5)$$

$$U_1^{'} \sigma \overline{h}_{t-1} w_t \cdot (1 - 2\lambda_{i,t}) = 0. \qquad (5.6)$$

Gleichung (5.5) stellt den trade-off zwischen einer zusätzlichen Einheit Konsum in der ersten Periode und einer zusätzlichen Einheit Ersparnis dar, die dann verzinst mit $(1 + r_{t+1})$ in der zweiten Periode für Konsum zur Verfügung steht. Von einem Vererbungsmotiv wird in diesem Ansatz abstrahiert, so dass die Vorsorge für den eigenen Konsum in der Ruhestandsphase das einzige Sparziel ist. Da in der vorliegenden Analyse die Entscheidung über die Investition in Humankapital eingehend betrachtet werden soll, wird auf die Konsumentscheidung, insbesondere auf die Aufteilung in Konsum heute und Konsum morgen, hier nicht näher eingegangen.

Wie aus Gleichung (5.6) leicht zu erkennen ist, ist die optimale Ausbildungszeit bei $\lambda_{i,t} = \frac{1}{2}$ gegeben. Dies bedeutet zunächst, der optimale Anteil der Ausbildungszeit am gesamten, auf 1 normierten, zur Verfügung stehenden Zeitbudget ist konstant. Die Individuen reagieren nicht mit ihrer Entscheidung über die Investition in ihr Humankapital, wenn Parameter wie beispielsweise der Lohnsatz oder der Zinssatz sich ändern.

Wie lässt sich diese konstante optimale Ausbildungsentscheidung erklären? Der Nutzen eines Individuums wird eindeutig bestimmt durch den Konsum in den beiden Lebensperioden. Gleichungen (5.2) und (5.3) zeigen, dass der Konsum wiederum ausschließlich durch erzieltes Arbeitseinkommen finanziert wird. In der ersten Periode ist der Konsum gleich dem Erwerbseinkommen abzüglich der Ersparnis, während der Konsum der zweiten Periode wiederum gleich der verzinsten Ersparnis ist. Somit ist die nutzenmaximale Strategie für ein Individuum die Maximierung des Erwerbseinkommens (siehe Kemnitz und Wigger, 2000). In der gewählten Art der Modellierung wird das Erwerbseinkommen bestimmt durch $(1 - \lambda_{i,t})\lambda_{i,t}\sigma \overline{h}_{t-1} w_t$. Wie man leicht sehen kann, wird dieser Ausdruck in Abhängigkeit der Ausbildungszeit maximal bei $\lambda_{i,t} = \frac{1}{2}$. Jeder andere Wert für $\lambda_{i,t}$ lässt den Term für das Erwerbseinkommen kleiner werden.

An diesem Punkt erscheint es angebracht, noch ein Wort über die Modellierung konstanter Grenzerträge der Ausbildungszeit und seiner Auswirkung zu verlieren. Das Ergebnis einer konstanten optimalen Ausbildungszeit vom Wert $\frac{1}{2}$ liegt genau in der Annahme konstanter Grenzerträge der Ausbildungszeit begründet. Was würde sich ändern, wenn man hingegen abnehmende Grenzerträge unterstellen würde? Die Modellierung könnte beispielsweise durch folgende Modifizierung der Lerntechnologie (5.4) geschehen (siehe beispielsweise Kemnitz und Wigger, 2000 oder de la Croix und Michel, 2002):

$$h_{i,t} = (\lambda_{i,t}\overline{h}_{t-1})^b, \tag{5.7}$$

wobei b die Humankapital-Produktionselastizität der Ausbildungszeit darstellt, die im Intervall $[0,1]$ liegt. Wenn die Ausbildungszeit $\lambda_{i,t}$ um 1% steigt, so steigt das Humankapital um b%.[6] Die Bedingungen erster Ordnung sind in diesem Fall gegeben durch:

$$U_1' = (1 + r_{t+1})\, U_2' \tag{5.8}$$

$$U_1' w_t \cdot \left[(1 - \lambda_{i,t})\, \overline{h}_{t-1} b \left(\lambda_{i,t}\overline{h}_{t-1} \right)^{b-1} - \left(\lambda_{i,t}\overline{h}_{t-1} \right)^b \right] = 0. \tag{5.9}$$

Aus Gleichung (5.9) ergibt sich eine optimale Ausbildungszeit von $\lambda_{i,t} = \frac{b}{1+b}$. Das heißt, auch bei einem unterstellten abnehmenden Grenzertrag der Ausbildungszeit ist der optimale Anteil der Ausbildungszeit am gesamten Zeitbudget konstant, sofern die Humankapital-Produktionselastizität b konstant ist. Veränderungen einzelner Parameter haben keinen Einfluss auf die Entscheidung über die Investition in das individuelle Humankapital. Die nutzenmaximale Strategie ist die Einkommensmaximierung, die bei einer optimalen Ausbildungszeit von $\lambda_{i,t} = \frac{b}{1+b}$ erreicht wird. Jede von dem Anteil $\frac{b}{1+b}$ abweichende Ausbildungszeit erzeugt ein geringeres Einkommen. Im Übrigen ergibt sich bei einem konstanten Grenzertrag der Ausbildungszeit mit $b = 1$ die bereits abgeleitete optimale Ausbildungszeit von $\lambda_{i,t} = \frac{1}{2}$. Bei unterstellten abnehmenden Grenzerträgen mit $b < 1$ ergibt sich eine optimale Ausbildungszeit von $\lambda_{i,t} < \frac{1}{2}$. Hieran wird die Unabhängigkeit der Grundaussagen der Analyse von der Modellierung konstanter oder abnehmender Grenzerträge deutlich. Lediglich das Niveau der optimalen Ausbildungszeit $\lambda_{i,t}$ verändert sich, wenn abnehmende statt konstante Grenzerträge modelliert werden. Insbesondere die Aussagen der später durchgeführten

---

[6]Bei der Modellierung konstanter Grenzerträge der Ausbildungszeit ist die Humankapital-Produktionselastizität gerade eins.

komparativ-statischen Analyse sind weitestgehend unabhängig von der gewählten Art der Modellierung der Grenzerträge der Ausbildungszeit.

Im Rest dieses Hauptteils werden aufgrund der bereits dargelegten Gründe konstante Grenzerträge unterstellt. Darüber hinaus wird zur Vereinfachung der Notation im Folgenden der Index i für ein repräsentatives Individuum einer Generation nicht mehr angeführt. Es sei jedoch an dieser Stelle abermals betont, dass es sich hier um eine Partialanalyse und nicht um ein allgemeines Gleichgewichtsmodell handelt.

5.2   Modell mit Rentenversicherung als lump-sum-Rentenzahlung

Im nächsten Schritt wird das Grundmodell um eine Rentenversicherung erweitert. Zunächst wird der einfachste Fall betrachtet, in dem die Individuen eine lump-sum-Rentenzahlung während der Ruhestandsphase erhalten. Dies bedeutet, jeder Rentner erhält nach Eintritt in den Ruhestand in der zweiten Lebensphase die gleiche pro-Kopf-Rentenzahlung, unabhängig vom während der Erwerbsphase erzielten Einkommen. Die Rentenversicherung wird annahmegemäß durch ein staatlich unterhaltenes Umlageverfahren organisiert. In einem umlagefinanzierten Rentensystem, in der englischsprachigen Literatur "Pay-As-You-Go-System" genannt (siehe beispielsweise Fenge, 1995; Schnabel, 1998 oder Sinn und Uebelmesser, 2002), werden die zu leistenden Rentenzahlungen einer Periode aufgebracht durch Renten-(Sozial-)versicherungsbeiträge der in dieser Periode Erwerbstätigen. Die junge Generation finanziert die Renten der alten Generation. Deshalb wird das Umlageverfahren auch als "Generationenvertrag" bezeichnet (siehe beispielsweise Berthold und Schmid, 1997 oder Besendorfer, Borgmann und Raffelhüschen, 1998).[7]

Die Budgetrestriktionen eines Individuums für die beiden Lebensperioden modifizieren sich wie folgt:

$$c_t^1 = (1 - \tau_t)(1 - \lambda_t)h_t w_t - s_t \tag{5.10}$$

$$c_t^2 = (1 + r_{t+1})s_t + p_t^2, \tag{5.11}$$

wobei die Lerntechnologie wiederum durch $h_t = \lambda_t \sigma \overline{h}_{t-1}$ gegeben ist. Zur Finanzierung der umlagefinanzierten Rentenversicherung hat jedes Indivi-

---

[7]Eine tiefere Auseinandersetzung mit dem Unterschied zwischen Umlage- und Kapitaldeckungsverfahren findet sich beispielsweise in Homburg (1988) und in Breyer (1990).

duum den Beitragssatz τ_t von seinem Erwerbseinkommen zu leisten. Das
verbleibende Netto-Erwerbseinkommen steht dann abzüglich der Ersparnis
für Konsum in der ersten Periode zur Verfügung. Der Konsum während der
Ruhestandsphase wird jetzt nicht nur durch die verzinste Ersparnis finanziert, sondern darüber hinaus durch die lump-sum-Rentenzahlung p_t^2.

Die Nutzenfunktion ist weiterhin durch Gleichung (5.1) gegeben. Für die
Bedingungen erster Ordnung erhält man:

$$U_1' = (1 + r_{t+1}) U_2' \tag{5.12}$$

$$U_1' (1 - \tau_t) \sigma \overline{h}_{t-1} w_t \cdot (1 - 2\lambda_t) = 0. \tag{5.13}$$

Gleichung (5.12) zeigt wieder die Optimalitätsbedingung für die Entscheidung über eine zusätzliche Einheit Konsum während der Aktivenphase oder
eine zusätzliche Einheit Konsum während der Ruhestandsphase. Wie sich
aus Gleichung (5.13) erkennen lässt, ist die optimale Ausbildungsentscheidung wieder bei $\lambda_t = \frac{1}{2}$ gegeben. Die nutzenmaximale Strategie ist in dieser
Modellvariante mit einer Rentenversicherung ebenfalls die Einkommensmaximierung. Außerdem ist die Entscheidung über die Investition in das eigene
Humankapital konstant und unabhängig von Parametern wie dem Lohnsatz oder dem Zinssatz. Die Erklärung dafür ist einfach. Aus der in dieser
Modellvariante eingeführten Rentenversicherung erhalten die Rentner eine exogen gegebene lump-sum-Rentenzahlung. Ein Individuum kann diese
exogene Rentenzahlung nicht beeinflussen, da die Makrovariablen in diesem
Modell für ein Individuum jeweils Daten sind. Demnach verbleibt als nutzenmaximale Strategie wiederum die Einkommensmaximierung. Dies ist im
Übrigen auch dann der Fall, wenn die Rentenzahlung keine exogene lump-
sum-Zahlung ist, sondern vom eigenen während der Erwerbsphase erzielten
Einkommen abhängig ist. Eine solche einkommensabhängige Rentenzahlung
könnte wie folgt modelliert werden:

$$p_t^2 = \varepsilon (1 - \lambda_t) h_t w_t, \tag{5.14}$$

wobei ε der Anrechnungsfaktor des während der Aktivenphase erzielten Arbeitseinkommens darstellt. Die spätere individuelle Rentenzahlung berechnet sich demnach als ein Bruchteil des vormals erzielten Bruttolohns. Der
Anrechnungsfaktor ε kann somit auch als Bruttorentenniveau interpretiert
werden. Wie bereits gesagt, ergibt sich auch in dieser Modellvariante eine optimale Ausbildungszeit von $\lambda_t = \frac{1}{2}$. Die gesamten für nutzenstiftenden Konsum zur Verfügung stehenden Ressourcen werden einzig und allein
durch das erzielte Arbeitseinkommen determiniert. Es existiert keine andere

Quelle, aus der der Konsum finanziert werden kann. Somit ist die nutzenma-ximimale Strategie für ein Individuum die Einkommensmaximierung. Wir werden im folgenden Kapitel sehen, unter welchen Bedingungen sich dies ändert.

5.3 Modell mit ausbildungsabhängiger Rentenzahlung

Welches Ergebnis bezüglich der optimalen Ausbildungsentscheidung eines Individuums erhält man, wenn die Rentenzahlung derart modifiziert wird, dass man von einer vereinfachten Form des in Deutschland praktizierten Systems der gesetzlichen Rentenversicherung sprechen kann? In der deutschen Rentenversicherung werden, vereinfacht gesprochen, die Rentenzahlungen an eine Person determiniert durch die während der Erwerbsphase erzielten Jahreseinkommen. Diese werden bewertet mit der Anzahl von Jahren, die eine Person erwerbstätig war und dementsprechend Rentenversicherungs-beiträge geleistet hat. Darüber hinaus werden zu einem (wenn auch gerin-gen) Teil Zeiten der Ausbildung, in denen kein Einkommen erzielt wurde, angerechnet und als Beitragszeit angesehen. Das heißt, die spätere Renten-zahlung erhöht sich durch eben diese Anrechnung von Ausbildungszeiten. Die modelltheoretische Umsetzung dessen kann durch folgende Modifizie-rung der Rentenfunktion geschehen:[8]

$$p_t^2 = \varepsilon(1 - \lambda_t)h_t w_t + \phi\lambda_t, \tag{5.15}$$

wonach die Rentenzahlung nicht mehr ausschließlich durch das erzielte Er-werbseinkommen determiniert wird, sondern darüber hinaus auch durch die Ausbildungszeit. Die investierte Ausbildungszeit erhöht die Rentenzahlung und geht mit dem Anrechnungsfaktor ϕ in die Berechnung ein, wobei ϕ im Intervall $[0,1]$ liegt.

Unter Berücksichtigung der dargestellten Modifikation erhält man für die Bedingungen erster Ordnung jetzt:

$$U_1^{'} = (1 + r_{t+1})\, U_2^{'} \tag{5.16}$$

$$U_1^{'}\left(1 - \tau_t\right)\sigma\overline{h}_{t-1}w_t \cdot (1 - 2\lambda_t) + U_2^{'}\left[\varepsilon\sigma\overline{h}_{t-1}w_t \cdot (1 - 2\lambda_t) + \phi\right] = 0. \tag{5.17}$$

---

[8]Eine ähnliche Modellierung verwenden beispielsweise Kemnitz und Wigger (2000).

Gleichung (5.16) stellt erneut den bekannten trade-off zwischen einer zusätzlichen Einheit Konsum in der ersten Periode und einer zusätzlichen Einheit Ersparnis dar. Aus Gleichung (5.17) lässt sich wiederum die optimale Ausbildungszeit berechnen und man erhält nach einigen Umformungen:

$$\lambda_t = \frac{\phi}{2\sigma \overline{h}_{t-1} w_t \left[(1 + r_{t+1})(1 - \tau_t) + \varepsilon \right]} + \frac{1}{2}. \tag{5.18}$$

Wie man sieht, hat sich das Ergebnis für die optimale Ausbildungszeit eines Individuums in der hier unterstellten Modellvariante mit ausbildungsabhängiger Rentenfunktion gegenüber den vorhergehend dargestellten Varianten verändert. Sofern der Anrechnungsfaktor der Ausbildungszeit ϕ größer null ist, also sofern ein bestimmter Anteil der getätigten Ausbildungszeit in der späteren Rentenberechnung angerechnet wird, gilt: $\lambda_t > \frac{1}{2}$. Dies bedeutet, die Individuen verfolgen nicht mehr die Strategie der Einkommensmaximierung. Wie in der vorhergehenden Analyse bereits deutlich wurde, führt bei der gewählten Art der Modellierung jede Ausbildungszeit $\lambda_t \neq \frac{1}{2}$ ceteris paribus zu einem geringeren Erwerbseinkommen als das maximal mögliche.

Wie kann man die optimale Ausbildungszeit von $\lambda_t > \frac{1}{2}$ erklären? Die getätigte Investition in Humankapital erhöht die spätere Rentenzahlung. Das erzielte Erwerbseinkommen stellt nicht mehr die ausschließliche Ressourcenquelle dar, aus der der nutzenstiftende Konsum finanziert wird. Folglich ist die Strategie der Einkommensmaximierung nicht mehr die nutzenmaximale Strategie. Das Nutzenmaximum wird erreicht bei einer Ausbildungszeit von $\lambda_t > \frac{1}{2}$.

Welche Variablen beeinflussen die optimale Ausbildungsentscheidung eines Individuums? Dazu muss Gleichung (5.18) näher betrachtet werden. Veränderungen einzelner Variablen von Gleichung (5.18) erzeugen jeweils einen Substitutions- und einen Einkommenseffekt. Die optimale Ausbildungszeit steigt beispielsweise mit dem Lohnsatz w_t. Ein höherer Lohnsatz erhöht die Opportunitätskosten der Ausbildung in Form von entgangenem Einkommen. Die Arbeitszeit wird attraktiver, was folglich den Anreiz reduziert, in Ausbildung zu investieren. Der Substitutionseffekt lässt demnach die Ausbildungszeit sinken. Der Einkommenseffekt hingegen besagt, dass das gleiche Einkommen mit einer geringeren Arbeitszeit erzielt werden kann. Somit wird ein Anreiz erzeugt, die Arbeitszeit zu reduzieren und die Ausbildungszeit zu erhöhen. Beide Effekte wirken in entgegengesetzte Richtungen. Der Nettoeffekt ist hingegen negativ, die Ausbildungszeit sinkt mit dem Lohnsatz (siehe Gleichung (5.18)). Folglich dominiert der Substitutionseffekt den Einkommenseffekt.

Die gleiche Argumentation kann mit umgekehrten Vorzeichen bezüglich einer Erhöhung des Beitragssatzes zur Rentenversicherung τ_t angeführt werden. Das Nettoeinkommen eines Individuums sinkt, wenn ein größerer Anteil des erzielten Bruttoeinkommens an die Rentenversicherung abgeführt werden muss. Folglich sinken die Opportunitätskosten der Ausbildung in Form von entgangenem (Netto-)Einkommen. Die Arbeitszeit wird unattraktiver und das Individuum erhöht die Ausbildungszeit. Der entgegengesetzt wirkende Einkommenseffekt erzeugt hingegen den Anreiz, weniger Ausbildungszeit zu investieren, denn das gleiche Einkommen kann nunmehr lediglich mit einer längeren Arbeitszeit erzielt werden. Auch hier dominiert der Substitutions- den Einkommenseffekt. Die Ausbildungszeit steigt mit dem Beitragssatz zur Rentenversicherung.

Durch eine Erhöhung des Zinssatzes r_{t+1} wird die Ersparnisbildung attraktiver. Die Ersparnisse werden aus dem erzielten Einkommen gebildet, folglich wird ein Anreiz erzeugt, mehr zu arbeiten. Die Ausbildungszeit sinkt. Aufgrund des Einkommenseffektes steigt hingegen die Ausbildungszeit, da weniger Ersparnisse gebildet werden müssen, um in der zweiten Periode den gleichen Konsum zu realisieren. Folglich erzeugt dies einen Anreiz, weniger in Arbeitszeit und mehr in Ausbildungszeit zu investieren. Insgesamt sinkt hingegen die Ausbildungszeit mit dem Zinssatz, der Substitutionseffekt überwiegt.

Der Substitutionseffekt dominiert auch bei einer Erhöhung des Anrechnungsfaktors des erzielten Erwerbseinkommens in der Rentenberechnung ε. Die spätere Rentenzahlung steigt mit ε, folglich steigen die Opportunitätskosten der Ausbildungszeit in Form von entgangenem Einkommen. Der dadurch erzeugte Anreiz, die Ausbildungszeit zu reduzieren, überwiegt den durch den Einkommenseffekt induzierten Anreiz, die Ausbildungszeit zu erhöhen. Die gleiche einkommensabhängige Rentenzahlung kann durch eine geringere Arbeitszeit erreicht werden.

Eine Erhöhung des Produktivitätsparameters der Lerntechnologie σ sowie eine Erhöhung des durchschnittlichen Humankapitals der Elterngeneration $\overline{h}_{t-1}$ erzeugen jeweils den gleichen Nettoeffekt auf die Ausbildungszeit. Beide Parameter sind Bestandteile der Lerntechnologie. Je höher diese beiden Parameter, umso höher ist ceteris paribus das Humankapital h_t. Steigt das Humankapital, so steigt ceteris paribus das erzielte Einkommen. Folglich steigen die Opportunitätskosten der Ausbildung in Form von entgangenem Einkommen, was einen Anreiz erzeugt, die Ausbildungszeit zu reduzieren. Jedoch erzeugt auch hier der Einkommenseffekt einen entgegengesetzten Anreiz. Durch einen Anstieg des Humankapitals kann das gleiche Einkom-

men mit weniger Arbeitszeit erzielt werden. Insgesamt dominiert hingegen
der Substitutions- den Einkommenseffekt, die Ausbildungszeit wird reduziert.

Die zuvor diskutierten Parameter sind für ein Individuum auf der Mikroebene exogene Daten. Die Variablen wie der Lohnsatz, der Zinssatz oder
der Beitragssatz zur Rentenversicherung werden auf der Makroebene gebildet. Folglich würde eine Endogenisierung dieser Variablen die Aggregation
auf Makroebene notwendig machen. Der Fokus der vorliegenden positiven
Mikroanalyse liegt hingegen auf der individuellen Ausbildungsentscheidung,
bei der die Individuen die Makrovariablen als exogene Daten betrachten. Es
bleibt weiteren Arbeiten vorbehalten, die vorliegende Partialanalyse auf ein
allgemeines Gleichgewichtsmodell zu erweitern, um beispielsweise Wachs-
tumseffekte analysieren zu können. Jedoch muss dabei Folgendes berücksichtigt werden: Wie bereits dargelegt, kann das hier verwendete 2-Perioden-
Modell so interpretiert werden, dass jede der beiden gleich langen Perioden
rund 30 Jahre, also eine Generation umfasst. Bei der allgemeinen Gleichge-
wichtsbetrachtung werden zwei Gleichgewichtswerte miteinander verglichen.
Die Reaktion nach einer aufgetretenen Veränderung von einem Gleichgewicht hin zu einem neuen Gleichgewicht kann unter Umständen jedoch mehrere Perioden in Anspruch nehmen. Dies bedeutet, in dem hier unterstellten
2-Perioden-Modell kann die Anpassungsreaktion einen Zeitraum von mehreren Generationen umfassen. Es erscheint hingegen wesentlich interessanter
zu analysieren, wie die heutige Generation auf Veränderungen und insbesondere auf den demografischen Wandel der Gesellschaft reagiert. Aussagen
hierüber liefert ein allgemeines Gleichgewichtsmodell jedoch nicht. Folglich
erscheint es opportun, die Analyse der individuellen Ausbildungsentscheidung in der hier durchgeführten positiven Mikroanalyse zu vollziehen.

Im folgenden Kapitel 6 wird die optimale Investition in das Humankapital eingehend analysiert, indem das Modell um eine ausbildungsabhängige
Nutzenfunktion modifiziert wird. Zu Beginn des Kapitels wird auch die dort
verwendete Modellvariante detaillierter motiviert. Darüber hinaus wird in
das Modell die Budgetrestriktion der Rentenversicherung integriert. Wie
wir sehen werden, sprechen mehrere Gründe für die Berücksichtigung der
Rückwirkungen von Veränderungen auf die Budgetrestriktion der Rentenversicherung.

Kapitel 6

Die optimale Investition in Humankapital

In der Literatur wird oftmals die Argumentation vertreten, dass Humankapital den Individuen nicht nur einen indirekten Nutzen über den damit erzielten Konsum stiftet, sondern auch einen direkten, nutzensteigernden Effekt erzeugt. Denn Ausbildung, Weiterbildung oder allgemein Humankapitalbildung können einer Person Spaß bereiten. Das Lebensgefühl steigt, wenn man sich weiterbilden kann und der Geist "in Bewegung gehalten" wird. Die Modellierung eines solchen direkt nutzenstiftenden Effektes erfolgt in der Literatur durch zwei äquivalente Formen. Heckman (1976) und Franz (2006) nehmen beispielsweise das Humankapital einer Person direkt in die Nutzenfunktion auf. Es wird argumentiert, Humankapital erhöhe den Freizeitnutzen. Je gebildeter eine Person ist, umso stärker kann sie am gesellschaftlichen Leben teilhaben und davon profitieren. Die zur Verfügung stehende Freizeit wird intensiver genutzt und erzeugt dabei einen höheren Nutzen. Die Aneignung von Sprachkenntnissen erhöht beispielsweise den Freizeitgenuss eines Auslandsurlaubs. Gut besuchte Seniorenstudiengänge an den Universitäten deuten ebenfalls auf einen positiven Nutzeneffekt des Humankapitals hin. Franz und König (1984) modellieren in einem weiteren Ansatz die intertemporale Nutzenmaximierung eines Haushaltes. In die zu maximierende Nutzenfunktion geht nicht nur der Haushaltskonsum ein, sondern auch das Humankapital des Mannes und das Humankapital der Frau.

In einer anderen Form der Modellierung wird die Ausbildungszeit von einigen Autoren direkt in die Nutzenfunktion aufgenommen. Lazear (1977) beispielsweise modelliert Ausbildung als eine Art Konsumgut. Die Individuen entscheiden dann, wie viel von dem Gut Ausbildung sie konsumieren

möchten. Michael (1973) zeigt, dass die Präferenzen der Individuen durch
Ausbildung verändert werden. Bryant und Zick (2006) modellieren die Länge der Schulausbildung als direkten Nutzeneffekt, wobei sie die interessante
Möglichkeit diskutieren, dass die Schulzeit positiv oder negativ in die Nutzenfunktion eingehen kann.

Im Folgenden soll der dargestellten Literatur gefolgt werden, wobei hier
jedoch die übliche Annahme unterstellt wird, die Ausbildung bzw. das Humankapital erzeuge einen nutzenerhöhenden Effekt. Wie bereits gesagt, sind
die beiden Arten der Modellierung äquivalent. Die Ergebnisse unterscheiden sich nicht, wenn man entweder die Länge der Ausbildungszeit oder aber
das Humankapital in die Nutzenfunktion aufnimmt. Hier wird die Variante
mit einer ausbildungsabhängigen Nutzenfunktion dargestellt. Dabei werden
ausführlich die Auswirkungen von Parameterveränderungen auf die Ausbildungsentscheidung der Individuen analysiert. Dazu wird in Kapitel 6.1 zunächst die Grundstruktur des Modellrahmens näher erläutert. Die optimale
Ausbildungsentscheidung wird in Kapitel 6.2 abgeleitet. Die Auswirkungen
von Parameterveränderungen werden in den Kapiteln 6.3 und 6.4 analysiert,
in Kapitel 6.5 folgt eine kurze Zusammenfassung.

6.1   Grundstruktur des Modells

Das Nutzenniveau eines Individuums V_t wird nicht nur determiniert durch
den Konsum in beiden Perioden, c_t^1 und c_t^2, sondern auch durch die Länge
der Ausbildungszeit λ_t:

$$V_t = U_t(c_t^1, c_t^2, \lambda_t), \tag{6.1}$$

wobei die Nutzenfunktion zunehmend, strikt quasi-konkav und additiv-separabel bezüglich ihrer Argumente sei und die Inada-Bedingungen aufweise.
In einem ersten Schritt soll kurz darauf eingegangen werden, was sich für
die optimale Ausbildungsentscheidung eines Individuums in dem Fall ohne
staatliche Rentenversicherung ergibt. Die Budgetrestriktionen für ein Individuum der Generation t in den beiden Lebensperioden sind gegeben durch:

$$c_t^1 = (1 - \lambda_t)h_t w_t - s_t \tag{6.2}$$

$$c_t^2 = (1 + r_{t+1})s_t. \tag{6.3}$$

Die Lerntechnologie wird weiterhin dargestellt als $h_t = \lambda_t \sigma \overline{h}_{t-1}$. Ein Individuum maximiert seinen Nutzen durch die Wahl der Konsumniveaus in

beiden Perioden sowie durch die Wahl der Ausbildungszeit. Für die Bedingungen erster Ordnung ergeben sich:

$$U_1' = (1 + r_{t+1}) U_2' \qquad (6.4)$$

$$U_1' \sigma \overline{h}_{t-1} w_t \cdot (1 - 2\lambda_t) = -U_3'. \qquad (6.5)$$

Gleichung (6.4) stellt den bekannten trade-off zwischen einer weiteren Einheit Konsum während der Aktivenphase und einer weiteren Einheit Ersparnis dar. Aus Gleichung (6.5) erhält man für die optimale Ausbildungsentscheidung eines Individuums:

$$\lambda_t = \frac{U_3'}{2U_1' \sigma \overline{h}_{t-1} w_t} + \frac{1}{2}. \qquad (6.6)$$

Da die partiellen Ableitungen U_1' und U_3' qua Annahme positiv sind, ist $\lambda_t > \frac{1}{2}$, im Unterschied zu dem Ergebnis in Kapitel 5.1. Die Erklärung, warum die Einkommensmaximierung in dieser Modellvariante nicht die nutzenmaximale Strategie ist, ist intuitiv einleuchtend. Der Konsum ist nicht mehr die ausschließlich nutzenstiftende Quelle. Es wird hier unterstellt, dass die Ausbildung einen Eigenwert besitzt. Die Lebensqualität eines Individuums steigt, wenn es Ausbildungsangebote wahrnehmen kann und durch ein höheres Humankapital stärker an der kulturellen Vielfalt der Gesellschaft partizipieren kann. Somit wird über einen weiteren Kanal ein Anreiz erzeugt, in die Bildung von Humankapital zu investieren. Nun gilt es noch im folgendem Kapitel das zuvor dargestellte Modell um eine Rentenversicherung zu erweitern. Dies soll die dann ausführlicher durchgeführte Analyse realitätsnäher und ökonomisch gehaltvoller gestalten.

6.2 Die optimale Ausbildungsentscheidung

Die Einführung einer nach dem Umlageverfahren organisierten Rentenversicherung verändert die Budgetrestriktionen eines Individuums für die beiden Lebensperioden. Darüber hinaus wird hier noch eine weitere Modifikation eingebracht. Im Folgenden wird in dem verwendeten Modellrahmen von der Möglichkeit einer Ersparnisbildung abstrahiert. Die vom Autor durchgeführte, hier jedoch nicht präsentierte Modellierung mit Ersparnisbildung ist zwar eindeutig realistischer. Wie sich hingegen zeigt, wird die theoretische Analyse wesentlich unklarer. Das Vorzeichen des Nettoeffektes von Parameterveränderungen wird jeweils determiniert durch komplexe und öko-

nomisch nicht sinnvoll interpretierbare Funktionen aller Modellparameter.
Insbesondere können keine ökonomisch sinnvollen Bedingungen angegeben
werden, wann die optimale Ausbildungszeit eines Individuums steigt oder
fällt, wenn verschiedene Parameterveränderungen untersucht werden. Für
eine rein theoretische Analyse ist dies wenig befriedigend. Deshalb erscheint
es angebracht, von der realistischeren Modellierung der Ersparnisbildung zu
abstrahieren, da ansonsten die interessanten Partialeffekte nicht mehr deutlich herauszuarbeiten sind. Darüber hinaus liegt der Fokus der vorliegenden
Partialanalyse ausdrücklich nicht auf den Wachstumseffekten. Folglich sind
hier die Auswirkungen auf die Akkumulation von physischem Kapital, anders als bei einer allgemeinen Gleichgewichtsanalyse, nicht relevant.

In der modelltheoretischen Umsetzung bedeutet die Abstrahierung von
der Ersparnisbildung, dass das gesamte Erwerbseinkommen während der
Aktivenphase konsumiert wird, wohingegen das gesamte Renteneinkommen
in der Ruhestandsphase konsumiert wird. Folglich entfallen die Konsumniveaus der beiden Perioden als Aktionsparameter für die Individuen. Insbesondere besteht im Nutzenoptimum nicht mehr der trade-off zwischen
einer weiteren Einheit Konsum während der ersten Lebensphase und einer
weiteren Einheit Ersparnis, die in der zweiten Periode verzinst als Konsum
zur Verfügung steht. Anders ausgedrückt, es entfällt die Bedingung erster
Ordnung für den Konsum. Die intertemporale Betrachtung geht dadurch
jedoch nicht verloren, sondern wird auf die Länge der Ausbildungszeit fokussiert. Wie wir im Folgenden sehen werden, determiniert die Länge der
Ausbildungszeit sowohl den Konsum der ersten als auch den Konsum der
zweiten Periode. Somit existiert auch ohne die Möglichkeit des Transfers von
Einkommen via Erspanisbildung in die zweite Periode eine intertemporale
Verknüpfung der individuellen Entscheidung.

Die Nutzenfunktion eines Individuums der Aktivengeneration t ist weiterhin gegeben durch Gleichung (6.1). Des Weiteren wird unterstellt, die
Rentenzahlung an ein Individuum wird ausschließlich durch das während
der Aktivenphase erzielte Erwerbseinkommen berechnet. Für die beiden
Budgetrestriktionen in den jeweiligen Lebensphasen erhält man sodann:

$$c_t^1 = (1 - \tau_t)(1 - \lambda_t)h_t w_t \qquad (6.7)$$

$$c_t^2 = \varepsilon(1 - \lambda_t)h_t w_t, \qquad (6.8)$$

wobei weiterhin $h_t = \lambda_t \sigma \overline{h}_{t-1}$ gilt. In der Aktivenphase wird der Konsum
finanziert durch das erzielte Netto-Erwerbseinkommen. Der Konsum wäh-
rend der Ruhestandsphase ist dann ein Bruchteil ε des vormals erzielten

Brutto-Erwerbseinkommens, wobei ε auch als Bruttorentenniveau interpretiert werden kann. Unter diesen Nebenbedingungen maximiert ein Individuum die Nutzenfunktion (6.1) durch die Wahl der Höhe der Ausbildungszeit zu Beginn der ersten Periode. Für die Bedingung erster Ordnung im Nutzenmaximum ergibt sich:

$$\sigma \overline{h}_{t-1} w_t \cdot (1 - 2\lambda_t) \cdot \left[U_1' \cdot (1 - \tau_t) + U_2' \cdot \varepsilon \right] = -U_3'. \qquad (6.9)$$

Hieraus lässt sich die optimale Ausbildungsentscheidung bestimmen:

$$\lambda_t = \frac{U_3'}{2\sigma \overline{h}_{t-1} w_t \left(U_1' \cdot (1 - \tau_t) + U_2' \cdot \varepsilon \right)} + \frac{1}{2}. \qquad (6.10)$$

Im Folgenden soll ausführlich auf den Einfluss von Parameterveränderungen auf die optimale Entscheidung der Individuen bezüglich ihrer Investition in Humankapital eingegangen werden. Dabei werden Fragestellungen erörtert, wie beispielsweise die Individuen mit ihrer Ausbildungsentscheidung auf eine Erhöhung der Opportunitätskosten der Ausbildung aufgrund eines erhöhten Lohnsatzes reagieren. Wie beeinflussen Veränderungen in der Lerntechnologie die Entscheidung der Individuen oder wie reagieren sie auf eine antizipierte Erhöhung des Lohnsatzes in der Zukunft aufgrund des technischen Fortschritts? Insbesondere wird der Frage nachgegangen, welchen Einfluss der demografische Wandel der Gesellschaft auf die Ausbildungsentscheidung der heutigen Individuen hat. Welche Reaktionen sind zu erwarten, wenn die spätere Rentenzahlung reduziert wird und/oder der Beitragssatz zur Rentenversicherung steigt?

Um diese Fragen analysieren zu können, ist es notwendig, die Budgetrestriktion der Rentenversicherung in das Modell zu integrieren. Es wurde schon dargelegt, dass das unterstellte Rentensystem nach dem Umlageverfahren organisiert ist. Dies bedeutet, die Rentenzahlungen in einer Periode werden finanziert durch die Beitragszahlungen der Erwerbstätigen dieser Periode.[1] Das Rentenversicherungssystem unterliegt annahmegemäß einer Budgetrestriktion. Die Berücksichtigung dieser Budgetrestriktion ist aus mehreren Gründen angezeigt: Der demografische Wandel führt zu einer Reduktion der Beitragszahler in die umlagefinanzierte Rentenversicherung. Somit sind Anpassungen des Beitragssatzes zur Rentenversicherung oder der Höhe der Rentenzahlungen endogen aufgrund der Notwendigkeit eines ausgeglichenen Budgets. Außerdem sind Veränderungen der Ausbildungs-

---

[1] Siehe auch Kapitel 5.2 und die dort angegebene Literatur.

entscheidung der Individuen budgetwirksam. Je nach Veränderung des erzielten Erwerbseinkommens und der anzurechnenden Ausbildungszeit verändern sich Einnahmen und Ausgaben der Rentenversicherung. Diese Rückwirkungen sind zu berücksichtigen (Konzept der ex-post-Budgetneutralität,
siehe Michaelis und Pflüger, 2000).

Die Budgetrestriktion der nach dem Umlageverfahren organisierten Rentenversicherung lautet wie folgt:

$$p_t^2 N_t = \tau_{t+1}(1 - \lambda_{t+1})h_{t+1}w_{t+1}N_{t+1}. \tag{6.11}$$

Die Anzahl Individuen der jeweiligen Generation wird mit N_t bzw. N_{t+1}
bezeichnet. Auf der linken Seite der Gleichung (6.11) stehen folglich die
gesamten späteren Rentenauszahlungen an die Aktivengeneration t. Die Individuen der Aktivengeneration t befinden sich in der Periode $t + 1$ im
Ruhestand und deren Rentenzahlungen werden finanziert durch Beitragseinnahmen der Nachfolgegeneration, dargestellt auf der rechten Seite von
Gleichung (6.11). Unter der Berücksichtigung von $p_t^2 = \varepsilon(1 - \lambda_t)h_t w_t$ und
$h_{t+1} = \lambda_{t+1}\sigma^2 \lambda_t \overline{h}_{t-1}$, sowie $n_{t+1} \equiv N_{t+1}/N_t$ ergibt sich:

$$\varepsilon(1 - \lambda_t)w_t = \tau_{t+1}(1 - \lambda_{t+1})\lambda_{t+1}\sigma w_{t+1}n_{t+1}. \tag{6.12}$$

Der Parameter n_{t+1} wird im Rest dieses Teils der vorliegenden Arbeit von
entscheidender Bedeutung sein. Der demografische Wandel führt zu einer
Reduktion der Zahl der Erwerbstätigen in der Zukunft.[2] In der vorliegenden
modelltheoretischen Analyse bedeutet dies eine Reduktion der Anzahl der
Individuen der Generation $t + 1$ im Vergleich zur Anzahl Individuen der
Generation t. Folglich wird der demografische Wandel der Gesellschaft hier
modelliert durch eine Reduktion des Parameters $n_{t+1} \equiv N_{t+1}/N_t$.

Die Rentenversicherung weist qua Annahme in jeder Periode ein ausgeglichenes Budget auf. Hierbei eröffnet sich die Frage, welche Variable sich bei
Veränderungen auf der Einnahme- und/oder Ausgabeseite anpasst, sprich
welche Variable endogen ist. Es bestehen dabei mehrere Möglichkeiten. Zum
einen kann sich die Ausgabeseite an Veränderungen anpassen. Das Bruttorentenniveau der Rentenbezieher ε ist dann endogen. Zum anderen besteht
die Möglichkeit einer Reaktion der Einnahmeseite auf veränderte Koordi-
naten der Rentenversicherung. Demnach wäre der Beitragssatz zur Rentenversicherung in der betreffenden Periode die endogene Variable. In dieser
Variante würden die Beitragszahler die Anpassungslast sich verändernder
Bedingungen tragen, wohingegen in der ersten Variante die Rentenbezie-

---

[2]Siehe Teil I.

her die Anpassungslast zu tragen hätten. In Bezug auf den demografischen Wandel liegt in der Realität, wie so oft, die Wahrheit zwischen diesen beiden Eckszenarien. Die bis dato ergriffenen Maßnahmen der Politik, um die gesetzliche Rentenversicherung auf den Rückgang der zukünftigen Beitragszahler und die damit verbundenen Finanzierungsprobleme einzustellen, zeigen, dass es sowohl zu einer Reduktion des zukünftigen Bruttorentenniveaus kommen wird als auch zu einem Anstieg des zukünftigen Beitragssatzes zur Rentenversicherung.

In der folgenden Analyse werden die beiden dargestellten Eckszenarien analysiert. Wie sich zeigen wird, verändert sich die Reaktion der heutigen Individuen bezüglich ihrer Ausbildungsentscheidung, wenn entweder die zukünftige Rentnergeneration oder die zukünftigen Beitragszahler die Anpassungslast insbesondere des demografischen Wandels zu tragen haben.

6.3 Endogene Anpassung der Ausgabeseite der Rentenversicherung

In einem ersten Schritt wird der Fall betrachtet, bei dem die Ausgabeseite der Rentenversicherung auf veränderte Rahmenbedingungen reagiert. Somit sind die beiden endogenen Variablen die Ausbildungszeit λ_t sowie das Bruttorentenniveau ε. Die Bedingung erster Ordnung (6.9) sowie die Budgetrestriktion der Rentenversicherung (6.12) ergeben ein System zweier Gleichungen mit den zwei endogenen Variablen Ausbildungszeit λ_t sowie Bruttorentenniveau ε. Im Folgenden soll analysiert werden, wie die heutigen Individuen mit ihrer Ausbildungsentscheidung reagieren, wenn sich ceteris paribus exogene Variablen wie beispielsweise n_{t+1}, w_t, w_{t+1}, τ_t, τ_{t+1} ändern, womit dann die zum Teil bereits skizzierten Fragestellungen besprochen werden können.

Um die Analyse durchführen zu können, müssen zunächst die Bedingung erster Ordnung (6.9), die Budgetrestriktion der Rentenversicherung (6.12) sowie die beiden Nebenbedingungen (6.7) und (6.8) total differenziert werden. Die im Anhang in Kapitel 6.6 aufgezeigten Umformungen ergeben das folgende in Matrizenform dargestellte Gleichungssystem:

$$\begin{bmatrix} -b_1 & b_2 \\ -z_1 & z_2 \end{bmatrix} \begin{bmatrix} d\lambda_t \\ d\varepsilon \end{bmatrix} = \left[\begin{array}{cccc} 0 & 0 & 0 & -b_6 d\sigma \\ z_3 dn_{t+1} & z_4 d\tau_{t+1} & -z_5 d\lambda_{t+1} & z_6 d\sigma \end{array} \right.$$

$$\left. \begin{array}{cccc} 0 & -b_8 dw_t & -b_9 d\overline{h}_{t-1} & b_{10} d\tau_t \\ z_7 dw_{t+1} & -z_8 dw_t & 0 & 0 \end{array} \right]. \quad (6.13)$$

Die jeweiligen Koeffizienten sind im Anhang dieses Kapitels definiert (siehe Kapitel 6.6). Mit Hilfe dieses Gleichungssystems ist es nun möglich, die bereits skizzierten Fragestellungen anzugehen, sprich die Auswirkungen von Parameterveränderungen auf die Ausbildungsentscheidung der Individuen zu analysieren. Dazu ist in einem ersten Schritt das Vorzeichen der Determinante der Koeffizientenmatrix (6.13) zu bestimmen. Für die Determinante ergibt sich $Det = -b_1 z_2 + b_2 z_1$. Unter Berücksichtigung der Koeffizientendefinitionen lässt sich zeigen, dass für plausible Werte die Determinante negativ ist, weshalb im Folgenden $Det < 0$ angenommen wird.

6.3.1   Reduktion der Erwerbsbevölkerung

Der demografische Wandel der Gesellschaft führt zu einer Reduktion der Erwerbsbevölkerung in der Zukunft. Für die sozialen Sicherungssysteme und insbesondere für die gesetzliche, umlagefinanzierte Rentenversicherung bedeutet dies eine Reduktion der Beitragszahler in Relation zu den Leistungsempfängern.

Die Modellierung des demografischen Wandels erfolgt in der vorliegenden Analyse durch die Annahme einer Reduktion der Anzahl der Individuen der Generation $t + 1$ in Relation zur Anzahl Individuen der Generation t. Wie reagieren die heutigen Individuen mit ihrer Ausbildungsentscheidung, wenn sie eine Reduktion der Relation $n_{t+1} \equiv N_{t+1}/N_t$ antizipieren? Mit Hilfe der Cramer-Regel erhält man aus dem Gleichungssystem (6.13):

$$\frac{d\lambda_t}{dn_{t+1}} = -\frac{1}{Det} \cdot z_3 \cdot \sigma \overline{h}_{t-1} w_t \left(1 - 2\lambda_t\right) U_2'\left(1 - \eta_2\right). \tag{6.14}$$

Da $\lambda_t > \frac{1}{2}$, gilt $(1 - 2\lambda_t) < 0$. Das Vorzeichen von $\frac{d\lambda_t}{dn_{t+1}}$ wird demnach bestimmt durch den Parameter η_2, der die Grenznutzenelastizität des Konsums der zweiten Lebensperiode darstellt. Gleichung (6.14) ist positiv (negativ), sofern η_2 größer (kleiner) eins ist. Für $\eta_2 = 1$ ist Gleichung (6.14) gleich null. Eine Bevölkerungsreduktion bedeutet eine geringere Anzahl von Rentenbeitragszahlern in der Zukunft. Da hier zunächst der Fall betrachtet wird, bei dem sich die Ausgaben der Rentenversicherung an Veränderungen anpassen, muss aufgrund der ceteris paribus geringeren Beitragseinnahmen das zukünftige Bruttorentenniveau sinken. Der eindeutig positive Multiplikator (6.15) verdeutlicht diese Reaktion von ε:

$$\frac{d\varepsilon}{dn_{t+1}} = -\frac{1}{Det} \cdot b_1 z_3 > 0. \tag{6.15}$$

Die heutigen Individuen antizipieren also, dass sie während ihrer Ruhestandsphase eine geringere Rentenzahlung erhalten werden, was gleichzeitig einen geringeren Konsum in diesem Lebensabschnitt nach sich zieht. Diese Veränderungen aufgrund des demografischen Wandels der Gesellschaft lösen einen Substitutions- und einen Einkommenseffekt aus. Eine reduzierte Rentenzahlung aufgrund eines geringeren Bruttorentenniveaus senkt die Opportunitätskosten der Ausbildung in Form von entgangenem Einkommen. Der Grenzertrag der Arbeitszeit sinkt, was den Anreiz erhöht, stärker in Ausbildung zu investieren. Der Einkommenseffekt hingegen besagt, dass der gleiche Konsum c_t^2 lediglich mit einer höheren Arbeitszeit zu realisieren ist. Demnach wird ein Anreiz erzeugt, die Arbeitszeit zu erhöhen und folglich die Ausbildungszeit zu reduzieren. Beide Effekte wirken in entgegengesetzte Richtungen. Für die Bestimmung des Nettoeffektes ist die Krümmung der Nutzenfunktion $U_t\left(c_t^2\right)$ von zentraler Bedeutung. Als Maß hierfür dient die Grenznutzenelastizität des Konsums der zweiten Lebensperiode $\eta_2 \equiv -\frac{c_t^2 U_2''}{U_2'} > 0$. Je größer η_2 ist, umso stärker sinkt der Grenznutzen durch eine Erhöhung des Konsums c_t^2. Es sei zunächst der Fall $\eta_2 > 1$ betrachtet, bei dem der Grenznutzen des Konsums schnell sinkt. Wenn jetzt aufgrund des demografischen Wandels das zukünftige Bruttorentenniveau und damit ceteris paribus der Konsum c_t^2 sinkt, so bedeutet dies, der Grenznutzen des Konsums U_2' steigt mit sinkendem c_t^2 stark an $\left(U_2'' << 0\right)$. Folglich ist der Anreiz hoch, den Konsumrückgang über eine forcierte Arbeitszeit zu kompensieren. Der Einkommenseffekt dominiert den Substitutionseffekt, die Ausbildungszeit sinkt.

Wenn hingegen die Grenznutzenelastizität des Konsums der zweiten Lebensperiode $\eta_2 < 1$ ist, dann überwiegt der Substitutionseffekt den Einkommenseffekt. In diesem Fall sinkt der Grenznutzen des Konsums nur langsam, U_2'' ist folglich nur leicht negativ. Durch den Rückgang des Konsums c_t^2 steigt der Grenznutzen des Konsums U_2' nur schwach. Entsprechend gering ist der Anreiz, den Konsumrückgang über eine höhere Arbeitszeit zu kompensieren. Die Ausbildungszeit steigt demnach bei dieser Konstellation.

Der Fall $\eta_2 = 1$ entspricht einer logarithmischen Nutzenfunktion (siehe beispielsweise de la Croix und Michel, 2002). Hierbei gleichen sich Substitutions- und Einkommenseffekt gerade aus. Somit entsteht für die Individuen kein Anreiz, ihre optimale Zeitallokation zu ändern. Empirische Studien deuten auf eine Grenznutzenelastizität des Konsums von größer als eins als das relevante Szenario hin. Blundell, Browning und Meghir (1994), Evans und Sezer (2004) sowie Evans (2005) kommen übereinstimmend zu Schätzungen für die Grenznutzenelastizität des Konsums, die signifikant größer als eins sind. Evans (2005) beispielsweise ermittelt für 20 OECD-Länder einen Durchschnittswert von $1,4$. Dabei ist die Streuung um diesen Wert nur gering. Empirisch existiert bis dato kein Beleg für eine altersbedingte Differenzierung der Grenznutzenelastizität des Konsums. Folglich ist es für die vorliegende Analyse ökonomisch sinnvoll, bei der Identifizierung relevanter Szenarios für die Grenznutzenelastizität des Konsums in der ersten und zweiten Lebensperiode ebenfalls keine Differenzierung vorzunehmen. Anders ausgedrückt, gelten für η_2 und später auch für η_1 Werte größer als eins als die relevanten Szenarios. Somit ist davon auszugehen, dass in der Empirie der Einkommenseffekt den Substitutionseffekt dominiert und die Individuen auf den demografischen Wandel reagieren, indem sie ihre Ausbildungszeit reduzieren und dementsprechend die Arbeitszeit erhöhen.

Um die volkswirtschaftlichen Kosten des demografischen Wandels zumindest abzumildern, wäre eine Erhöhung der Produktivität des Faktors Arbeit an sich notwendig bzw. wünschenswert (siehe Arnds und Bonin, 2003). Die mit dem Rückgang der Erwerbsbevölkerung verbundene Sozialproduktslücke könnte durch eine erhöhte endogene Humankapitalbildung verkleinert werden. In der hier verwendeten Modellvariante reduzieren die Individuen hingegen als Reaktion auf den demografischen Wandel der Gesellschaft ihre Investition in Humankapital.

6.3.2 Erhöhung des zukünftigen Beitragssatzes zur Rentenversicherung

Aufgrund des demografischen Wandels der Gesellschaft sinkt die Zahl der Mitglieder der nachwachsenden Generationen in Relation zur Mitgliederzahl der jeweiligen Elterngeneration. Für die heutige Generation bedeutet dies, dass ihren Mitgliedern während ihrer Ruhestandsphase eine geringere Zahl Erwerbstätiger gegenübersteht. Angenommen, die heutigen Individuen antizipieren, dass sie als spätere Rentnergeneration aufgrund ihrer relativen Größe eine Umverteilung zu ihren Gunsten erreichen können: Wie reagieren die heutigen Individuen mit ihrer Ausbildungsentscheidung, wenn sie eine Erhöhung des Rentenversicherungsbeitrags für die nachfolgende Generation erwarten, wodurch ceteris paribus ihr Bruttorentenniveau steigen wird?

Die in diesem Kapitel unterstellte Modellstruktur impliziert, dass eine zukünftige Erhöhung des Rentenversicherungsbeitrages lediglich die nachfolgende Generation trifft. Wenn sich die heutigen Individuen in der nächsten Periode im Ruhestand befinden, so müssen sie keine Rentenversicherungsbeiträge mehr entrichten.[3] Ein von der Aktivengeneration $t + 1$ zu leistender höherer Beitragssatz τ_{t+1} impliziert ceteris paribus ein höheres Bruttorentenniveau in der Periode $t + 1$. Dies wird deutlich an folgendem Multiplikator:

$$\frac{d\varepsilon}{d\tau_{t+1}} = -\frac{1}{Det} \cdot b_1 z_4 > 0. \tag{6.16}$$

Die Beitragseinnahmen steigen, folglich muss das Bruttorentenniveau ebenfalls steigen, um die Budgetrestriktion zum Ausgleich zu bringen.

Welche Reaktion ist von den Individuen bezüglich ihrer Ausbildungsentscheidung zu erwarten? Der Multiplikator

$$\frac{d\lambda_t}{d\tau_{t+1}} = -\frac{1}{Det} \cdot z_4 \cdot \sigma \overline{h}_{t-1} w_t \left(1 - 2\lambda_t\right) U_2' \left(1 - \eta_2\right) \tag{6.17}$$

ist positiv (negativ), sofern die Grenznutzenelastizität des Konsums der zweiten Lebensperiode η_2 größer (kleiner) eins ist. Für $\eta_2 = 1$ ist $\frac{d\lambda_t}{d\tau_{t+1}}$ gleich null.

Der Nettoeffekt einer Erhöhung des zukünftigen Beitragssatzes zur Rentenversicherung wird wiederum determiniert durch die Krümmung der Nutzenfunktion $U_t\left(c_t^2\right)$. Wenn die Nutzenfunktion stark gekrümmt ist, also wenn $\eta_2 > 1$ und $U_2'' << 0$ ist, dann sinkt der Grenznutzen des Konsums U_2' mit zunehmendem Konsum sehr stark. Die durch die Erhöhung des Bruttorentenniveaus erzeugte Konsumsteigerung während der Ruhestandsphase reduziert durch den stark gesunkenen Grenznutzen des Konsums den Anreiz, durch eine längere Arbeitszeit den Konsum abermals zu erhöhen, obwohl der Grenzertrag der Arbeitszeit gestiegen ist. Der Substitutionseffekt ist geringer als der Einkommenseffekt, die Arbeitszeit wird reduziert, die Ausbildungszeit steigt.

Bei $\eta_2 < 1$ sinkt durch den gestiegenen Konsum der Grenznutzen des Konsums lediglich leicht (U_2'' ist nur leicht negativ). Da zudem der Grenzertrag der Arbeitszeit mit dem höheren Bruttorentenniveau gestiegen ist, entsteht ein Anreiz, die Arbeitszeit zu forcieren. Der Substitutionseffekt dominiert den Einkommenseffekt, die Ausbildungszeit wird reduziert.

Interessant an der dargelegten Analyse ist insbesondere Folgendes: In der unterstellten Modellstruktur sind die heutigen Individuen von einer zu-

---

[3]Die Modellvariante, in der die heutigen Individuen von einer Erhöhung des zukünftigen Rentenbeitragssatzes eventuell auch direkt betroffen sind, wird in Kapitel 7 behandelt. Dies ist dann der Fall, wenn sie während der zweiten Lebensperiode zumindest teilweise erwerbstätig sind und demnach den höheren Rentenbeitragssatz ebenfalls zu entrichten haben.

künftigen Erhöhung des Rentenbeitragssatzes nicht direkt betroffen. Die Erhöhung findet in der Periode statt, in der die heutigen Individuen sich im Ruhestand befinden. Folglich reagieren die Individuen mit ihrer Ausbildungsentscheidung nicht direkt auf den zu erwartenden steigenden Beitragssatz, sondern auf das ceteris paribus daraus resultierende höhere Bruttorentenniveau. Dabei ist die entscheidende Bedeutung der Präferenzen der Individuen für die Richtung der Reaktion deutlich geworden.

6.3.3 Erhöhung des heutigen Beitragssatzes zur Rentenversicherung

Im vorhergehenden Kapitel wurde die Ausbildungsentscheidung der Individuen bei einem antizipierten Anstieg des zukünftigen Rentenbeitragssatzes analysiert. In der Realität steht hingegen die Rentenversicherung bereits heute vor immensen Finanzierungsproblemen. Folglich ist von einem bereits in der gegenwärtigen Periode steigenden Beitragssatz zur Rentenversicherung auszugehen. In diesem Kapitel wird der Frage nachgegangen, wie die Ausbildungsentscheidung der Individuen beeinflusst wird, wenn der während ihrer Erwerbsphase zu entrichtende Rentenbeitragssatz ansteigt. Aus dem Gleichungssystem (6.13) erhält man folgenden Multiplikator:

$$\frac{d\lambda_t}{d\tau_t} = \frac{1}{Det} \cdot z_2 \cdot \sigma \overline{h}_{t-1} w_t \left(1 - 2\lambda_t\right) U_1^{'} \left(1 - \eta_1\right). \tag{6.18}$$

Die Reaktion der heutigen Individuen wird wiederum entscheidend von deren Präferenzen bestimmt. In diesem Fall spielt der Verlauf der Nutzenfunktion in Bezug auf den Konsum der ersten Lebensperiode $U_t\left(c_t^1\right)$ die wichtigste Rolle. Die Argumentation verläuft ansonsten analog zu den bisher untersuchten Fällen.

Ein höherer Rentenbeitragssatz während der Aktivenphase impliziert für die heutigen Individuen ein geringeres Nettoeinkommen, da ein höherer Anteil des erzielten Bruttoeinkommens an die Sozialversicherung abgeführt werden muss. Sinkt das Nettoeinkommen, dann sinkt der Konsum während der Aktivenphase c_t^1 ebenfalls. Weist die Nutzenfunktion eines Individuums $U_t\left(c_t^1\right)$ jetzt eine starke Krümmung auf, mit der Grenznutzenelastizität des Konsums der ersten Lebensperiode $\eta_1 \equiv -\frac{c^1 U_1^{''}}{U_1^{'}} > 1$ und $U_1^{''} << 0$, es gelte also der empirisch relevante Fall, so steigt der Grenznutzen des Konsums $U_1^{'}$ stark. Obwohl der Grenzertrag der Arbeitszeit aufgrund des gestiegenen Rentenbeitragssatzes gesunken ist, entsteht durch den stark gestiegenen Grenznutzen des Konsums ein Anreiz, den Konsumrückgang durch eine längere Arbeitszeit zu kompensieren. Der Einkommenseffekt ist stark ausgeprägt, wodurch die Ausbildungszeit der Individuen sinkt.

Wie reagiert indes die zweite endogene Variable, das Bruttorentenniveau, auf einen gestiegenen heutigen Rentenbeitragssatz τ_t? Wie der Multiplikator (6.19) zeigt, ist auch diese Reaktion abhängig von der Grenznutzenelastizität des Konsums der ersten Lebensperiode η_1:

$$\frac{d\varepsilon}{d\tau_t} = \frac{1}{Det} \cdot z_1 \cdot \sigma \overline{h}_{t-1} w_t \left(1 - 2\lambda_t\right) U_1' \left(1 - \eta_1\right). \qquad (6.19)$$

Wenn $\eta_1 > 1$ ist, dann ist der Multiplikator $d\varepsilon/d\tau_t$ negativ. Ein gestiegener Rentenbeitragssatz führt zu einem geringeren Bruttorentenniveau. Wie ist dieser Zusammenhang zu erklären? Die Budgetrestriktion der Rentenversicherung in der Periode $t + 1$, Gleichung (6.12), ist unabhängig vom heutigen Rentenbeitragssatz. Trotzdem sinkt das spätere Bruttorentenniveau der heutigen Individuen mit τ_t.

Zur Erklärung hierfür ist die zuvor abgeleitete Reaktion der Individuen bezüglich ihrer Ausbildungsentscheidung heranzuziehen. Die Veränderung des Bruttorentenniveaus wird durch die Veränderung der Ausbildungszeit erzeugt, wenn der heutige Rentenbeitragssatz steigt. Es wirkt folglich kein direkter Effekt auf ε, sondern ein indirekter über die Veränderung von λ_t. Wie wir gesehen haben, sinkt die Ausbildungszeit, sofern $\eta_1 > 1$ ist. Was bedeutet dies für das Erwerbseinkommen? Durch Gleichung (6.10) wurde deutlich, in der hier unterstellten Modellvariante ist die Ausbildungszeit λ_t größer als $\frac{1}{2}$. Das Erwerbseinkommen bildet sich durch $(1 - \lambda_t)h_t w_t$ mit $h_t = \lambda_t \sigma \overline{h}_{t-1}$. Dies impliziert einen Anstieg des Erwerbseinkommens mit der Reduktion der Ausbildungszeit, da $\lambda_t > \frac{1}{2}$ ist.[4] Ein höheres Erwerbseinkommen bedeutet hingegen ceteris paribus eine höhere Rentenzahlung während der Ruhestandsphase. Somit steigen die Auszahlungen der Rentenversicherung in der nächsten Periode. Aufgrund der Notwendigkeit eines ausgeglichenen Budgets muss folglich das Bruttorentenniveau ε sinken.

Bei $\eta_1 < 1$ und U_1'' nur leicht negativ steigt der Grenznutzen des Konsums U_1' durch den gesunkenen Konsum nur leicht. Da zudem noch der Grenzertrag des Konsums gesunken ist, besteht lediglich ein geringer Anreiz, den Konsumrückgang durch zusätzliche Arbeitszeit zu kompensieren. Der Substitutionseffekt ist stärker ausgeprägt als der Einkommenseffekt. Die Arbeitszeit wird reduziert und die Ausbildungszeit wird erhöht.

---

[4]Zur Erinnerung: Das maximal zu erzielende Einkommen wird bei der hier unterstellten Modellstruktur ceteris paribus bei einer Ausbildungszeit von $\lambda_t = \frac{1}{2}$ erreicht.

Wenn sich die Individuen für eine höhere Ausbildungszeit entscheiden, dann sinkt aus den oben bereits erwähnten Gründen das Erwerbseinkommen. Infolgedessen sinkt die spätere Rentenzahlung, was wiederum ceteris paribus eine geringere aggregierte Auszahlung der Rentenversicherung in der nächsten Periode nach sich zieht. Bei unveränderten Beitragseinnahmen steigt das Bruttorentenniveau, um den postulierten Ausgleich des Budgets der Rentenversicherung zu gewährleisten.

In dem Spezialfall einer logarithmischen Nutzenfunktion mit $\eta_1 = 1$ sind Substitutions- und Einkommenseffekt jeweils gleich groß. Die Individuen verändern folglich ihre optimale Zeitallokation infolge der Erhöhung des Rentenbeitragssatzes τ_t nicht. Eine unveränderte Aufteilung der individuellen Arbeitszeit und Ausbildungszeit erzeugt indes keinerlei Veränderungen in den Ausgaben der Rentenversicherung der nächsten Periode. Da die Beitragseinnahmen ebenfalls konstant bleiben, besteht keine Notwendigkeit einer Anpassung des Bruttorentenniveaus.

6.3.4 Steigerung der zukünftigen Entlohnung des Humankapitals

Aufgrund zumindest zweier Faktoren ist in der Zukunft von einer Steigerung der Entlohnung des Faktors Humankapital auszugehen. Erstens führt der technische Fortschritt zu einer Steigerung der Produktivität des Faktors Arbeit, was eine Erhöhung des Lohnsatzes impliziert. Zweitens kommt es aufgrund des demografischen Wandels der Gesellschaft zu einer Reduktion der Erwerbsbevölkerung. Der Lohnsatz als Preis für den Produktionsfaktor Arbeit bzw. Humankapital spiegelt die Knappheitsrelation auf den Faktormärkten wider. Demnach bildet sich der Lohn gemäß der relativen Knappheit des Faktors Arbeit bzw. Humankapital im Verhältnis zu dem Produktionsfaktor (physisches) Kapital. Somit wird aufgrund des demografischen Wandels der zukünftige Lohnsatz steigen, weil die Verfügbarkeit des Faktors Arbeit relativ zum Faktor (physisches) Kapital sinkt (siehe Arnds und Bonin, 2003 sowie Börsch-Supan, 2003). Eine Erhöhung des Lohnsatzes wird selbst dann zu erwarten sein, wenn man berücksichtigt, dass auf unvollkommenen Arbeitsmärkten die Lohnbildung aufgrund von Knappheitsrelationen nicht mehr gegeben ist. Infolge von Informationsasymmetrien und insbesondere aufgrund gewerkschaftlicher Lohnverhandlungen werden Löhne gezahlt, die sich von der Knappheitsrelation auf dem Arbeitsmarkt unterscheiden. In der Literatur wird dies beispielsweise in den Effizienzlohnmodellen (siehe beispielsweise Yellen, 1984 oder Shapiro und Stiglitz, 1984) oder in job-matching-Ansätzen (siehe beispielsweise Guasch und Weiss, 1981 oder Pissarides, 2000) postuliert. Darüber hinaus ist selbstverständlich zu berücksichtigen, dass die Humankapitalbildung der Individuen nicht exogen, sondern endogen ist. Der Analyse der Reaktion der Individuen auf eine Reduktion der Erwerbsbevölkerung zufolge wird die individuelle Ausbildungsentscheidung vom demografischen Wandel beeinflusst, wenngleich die Richtung der Reaktion von den jeweiligen Präferenzen abhängt. Eine veränderte Humankapitalbildung hat wiederum Auswirkungen auf die Lohnbildung.

Kommt es in der Zukunft zu einer Steigerung der Entlohnung des Faktors Humankapital, so kann dies in Bezug auf die entstehenden Kosten des demografischen Wandels als positive Entwicklung bezeichnet werden. Insbesondere die Rentenversicherung wird dadurch entlastet. Die Zahl der Beitragszahler wird zwar sinken, jedoch steigt die Bemessungsgrundlage der zukünftigen Beitragszahlungen aufgrund einer Erhöhung des Lohnsatzes für Humankapital. Demnach werden die zukünftigen Finanzierungsprobleme der Rentenversicherung aufgrund des demografischen Wandels dadurch abgemildert. Wie reagieren indes die Individuen bezüglich ihrer Ausbildungsentscheidung auf einen antizipierten Anstieg des zukünftigen Lohnsatzes?

Aus dem Gleichungssystem (6.13) ergibt sich folgender Multiplikator:

$$\frac{d\lambda_t}{dw_{t+1}} = -\frac{1}{Det} \cdot z_7 \cdot \sigma \overline{h}_{t-1} w_t \left(1 - 2\lambda_t\right) U_2' \left(1 - \eta_2\right). \qquad (6.20)$$

Das Vorzeichen wird auch hierbei wieder bestimmt durch die Grenznutzenelastizität des Konsums der zweiten Periode η_2. Bevor darauf näher eingegangen wird, soll zunächst die Reaktion des Bruttorentenniveaus ε abgeleitet werden. Ein Anstieg des zukünftigen Lohnsatzes führt zu einer Erhöhung von ε:

$$\frac{d\varepsilon}{dw_{t+1}} = -\frac{1}{Det} \cdot b_1 z_7 > 0. \qquad (6.21)$$

Wenn w_{t+1} steigt, so führt dies ceteris paribus zu höheren Einnahmen der Rentenversicherung in der Periode $t + 1$. Damit das Budget zum Ausgleich kommt, muss das Bruttorentenniveau steigen. Das bedeutet wiederum, der Grenzertrag der Arbeit eines Individuums der heutigen Generation steigt, weil mit derselben Arbeitszeit in Periode t später eine höhere Rentenzahlung zu erwarten sein wird. Die Veränderung des Grenzertrags löst einen Substitutions- und einen Einkommenseffekt aus. Unterstellt man zunächst den empirisch relevanteren Fall einer Grenznutzenelastizität des Konsums von $\eta_2 > 1$, dann reagieren die Individuen auf die spätere Lohnsatzerhöhung mit einer höheren Ausbildungszeit und einer geringeren Arbeitszeit. Der hö-

here Konsum infolge des höheren Bruttorentenniveaus lässt den Grenznutzen des Konsums U_2' stark sinken. Der Einkommenseffekt ist relativ stark
ausgeprägt, somit sinkt die Arbeitszeit trotz des gestiegenen Grenzertrags.
Die Ausbildungszeit steigt.

In dem Szenario $\eta_2 < 1$ dominiert hingegen der Substitutionseffekt den
Einkommenseffekt. Der höhere Konsum lässt den Grenznutzen des Konsums nur leicht sinken. Der höhere Grenzertrag der Arbeitszeit erzeugt den
Anreiz, die Arbeitszeit noch weiter zu erhöhen. Die Ausbildungszeit wird
reduziert, $\frac{d\lambda_t}{dw_{t+1}}$ ist negativ. Im Fall einer logarithmischen Nutzenfunktion
gleichen sich Substitutions- und Einkommenseffekt wieder aus, eine Reallokation des Zeitbudgets unterbleibt.

6.3.5 Steigerung der heutigen Entlohnung des Humankapitals

Nachdem in der vorhergehenden Analyse die Veränderung des zukünftigen
Lohnsatzes betrachtet wurde, soll nun eine Erhöhung der heutigen Entlohnung des Humankapitals analysiert werden. Angenommen, aufgrund eines beschleunigten technischen Fortschritts, beispielsweise durch die Ent-
deckung neuer Technologien (wie beispielsweise seinerzeit das Internet),
kommt es zu einer Steigerung des heutigen Lohnniveaus in der Volkswirtschaft. Wie reagieren die Individuen mit ihrer Ausbildungsentscheidung,
wenn der heutige Lohnsatz steigt? Als Multiplikator erhält man:

$$\frac{d\lambda_t}{dw_t} = \frac{1}{Det} \cdot (-b_8 z_2 + z_8 b_2)$$

$$= \frac{1}{Det} \cdot \left\{ \sigma \overline{h}_{t-1} (1 - 2\lambda_t) \left[(1 - \tau_t) U_1' (1 - \eta_1) + \varepsilon U_2' (1 - \eta_2) \right] \cdot (-z_2) \right\}$$

$$+ \frac{1}{Det} \cdot \left\{ z_8 \cdot \sigma \overline{h}_{t-1} w_t (1 - 2\lambda_t) U_2' (1 - \eta_2) \right\}. \quad (6.22)$$

Das Vorzeichen des Multiplikators (6.22) kann nicht ohne weiteres bestimmt
werden. Es ist abhängig von den Grenznutzenelastizitäten des Konsums
beider Perioden, η_1 und η_2.

Die Reaktion des Bruttorentenniveaus auf eine Erhöhung von w_t ist
ebenfalls uneindeutig. Das Vorzeichen des folgenden Multiplikators ist auch
hier abhängig von η_1 und η_2:

$$\frac{d\varepsilon}{dw_t} = \frac{1}{Det} \cdot b_1 z_8$$
$$- \frac{1}{Det} \cdot \left\{ z_1 \cdot \sigma \overline{h}_{t-1} \left(1 - 2\lambda_t\right) \left[\left(1 - \tau_1\right) U_1' \left(1 - \eta_1\right) + \varepsilon U_2' \left(1 - \eta_2\right)\right] \right\}.$$

(6.23)

Selbst im empirisch relevanten Fall mit $\eta_1 > 1$ und $\eta_2 > 1$ können die Vorzeichen der Nettoeffekte auf λ_t und ε nicht eindeutig bestimmt werden. Um die wirkenden Teileffekte herausarbeiten zu können, werden zwei weitere Spezialfälle analysiert. Zunächst wird der Fall mit $\eta_2 = 1$ und $\eta_1 > 1$ betrachtet. Wie aus (6.22) zu ersehen ist, ist der Multiplikator $\frac{d\lambda_t}{dw_t}$ positiv. Die Individuen erhöhen ihre Ausbildungszeit als Reaktion auf einen höheren Lohn. Für $\eta_2 = 1$ gleichen sich Substitutions- und Einkommenseffekt aus. Für $\eta_1 > 1$ dominiert der Einkommens- den Substitutionseffekt. Steigt der Lohn, so kann das gleiche Konsumniveau mit weniger Arbeitszeit realisiert werden. Folglich reduzieren die Individuen ihre Arbeitszeit und erhöhen die Ausbildungszeit. Wie reagiert indes das Bruttorentenniveau bei einer Erhöhung des Lohnsatzes? Das Vorzeichen des Multiplikators $\frac{d\varepsilon}{dw_t}$ ist nicht zu bestimmen, was wie folgt zu erklären ist. Die Absenkung der Arbeitszeit aufgrund des höheren Lohnsatzes reduziert die spätere Rentenzahlung. Der höhere Lohn lässt hingegen ceteris paribus die spätere Rentenzahlung steigen. Der Nettoeffekt auf die Rentenzahlung ist hingegen nicht eindeutig. Somit ist auch die notwendige Reaktion des Bruttorentenniveaus zur Sicherstellung der unterstellten Ausgeglichenheit des Budgets der Rentenversicherung nicht eindeutig.

Angenommen, es gelte $\eta_2 = 1$ und $\eta_1 < 1$. In diesem Fall ist $\frac{d\lambda_t}{dw_t}$ negativ. Die Individuen reduzieren ihre Ausbildungszeit infolge eines gestiegenen Lohnsatzes. Für $\eta_2 = 1$ gleichen sich Substitutions- und Einkommenseffekt wieder aus. Bei $\eta_1 < 1$ dominiert hingegen der Substitutions- den Einkommenseffekt. Der Grenzertrag der Arbeitszeit steigt, weshalb die Individuen ihre Arbeitszeit erhöhen und demnach ihre Ausbildungszeit reduzieren. Dies impliziert wiederum einen Anstieg der späteren Rentenzahlung. Der gestiegene Lohnsatz erhöht darüber hinaus ebenfalls die spätere Rentenzahlung. Folglich muss das Bruttorentenniveau sinken, damit das Budget der Rentenversicherung ausgeglichen wird. Der Multiplikator $\frac{d\varepsilon}{dw_t}$ ist somit negativ.

Anzumerken bleibt, dass bei der Annahme des Spezialfalls einer logarithmischen Nutzenfunktion der Nettoeffekt auf die Ausbildungszeit gleich null ist. Der Multiplikator $\frac{d\lambda_t}{dw_t}$ wird null, wenn $\eta_1 = \eta_2 = 1$ gilt. Substitutions- und Einkommenseffekt gleichen sich in diesem Fall jeweils aus. Die Individuen unterlassen eine Reallokation ihres Zeitbudgets. Der Multiplikator $\frac{d\varepsilon}{dw_t}$ ist hingegen eindeutig negativ. Steigt der Lohn, so steigen ceteris paribus die späteren Rentenzahlungen. Folglich muss das Bruttorentenniveau sinken, um das Budget der Rentenversicherung auszugleichen. Im Endeffekt bleibt die spätere Rentenzahlung für das heutige Individuum jeweils unverändert, da die Erhöhung aufgrund des gestiegenen Lohns von der Reduktion des Bruttorentenniveaus rückgängig gemacht wird.

6.3.6 Veränderung des Humankapitalbestandes der Elterngeneration

Wie wir bereits gesehen haben, beinhaltet das unterstellte Modell eine weitere interessante intertemporale Interdependenz. Die Humankapitalbildung einer Generation wird unter anderem bestimmt durch den (durchschnittlichen) Humankapitalbestand der Elterngeneration $\overline{h}_{t-1}$, was durch die Lerntechnologie $h_t = \lambda_t \sigma \overline{h}_{t-1}$ deutlich wird. Je höher das Wissen der Elterngeneration, umso höher ist das Wissen und damit die Produktivität des Faktors Arbeit der Kindergeneration. Unterstützt wird diese Annahme durch die Literatur, in der die Modellierung einer solchen intertemporalen Interdependenz häufig vorgenommen wird (siehe beispielsweise Azariadis und Drazen, 1990; Kemnitz und Wigger, 2000 sowie Wigger, 2002). Kurz gesagt fällt es einer Generation umso leichter eigenes Wissen zu generieren, wenn auf den Errungenschaften und Erfindungen der vorherigen Generationen aufgebaut werden kann.[5]

Jetzt ist es natürlich von besonderem Interesse zu schauen, wie die heutigen Individuen mit ihrer Ausbildungsentscheidung reagieren, wenn sich der durchschnittliche Humankapitalbestand der Elterngeneration verändert. Welche Reaktion ist zu erwarten, wenn beispielsweise aufgrund größerer Innovationen das Wissen der Elterngeneration gestiegen ist? Dem Staat gibt die Antwort auf diese Frage Hinweise darauf, ob durch eine Innovationsförderung oder allgemein gesprochen durch eine Förderung der Humankapitalbildung positive spill-over-Effekte auf die nachfolgende Generation ausgelöst werden. Reagieren die zukünftigen Individuen auf eine solche Politik mit verstärkter eigener Humankapitalbildung oder reduzieren sie ihre Investitionen und konterkarieren eine staatliche Politik der Förderung der Humankapitalbildung?

Die gewünschte Antwort erhält man durch die Betrachtung des folgenden Multiplikators:

---

[5]Siehe auch Kapitel 5.1.

$$\frac{d\lambda_t}{d\overline{h}_{t-1}} = -\frac{1}{Det} \cdot z_2 \cdot \sigma w_t \left(1 - 2\lambda_t\right) \left[\left(1 - \tau_t\right) U_1' \left(1 - \eta_1\right) + \varepsilon U_2' \left(1 - \eta_2\right)\right].$$
(6.24)

Das Vorzeichen von Gleichung (6.24) wird bestimmt durch die Grenznutzenelastizitäten des Konsums beider Perioden, η_1 und η_2. Dabei sind neun Konstellationen denkbar. Jedoch ist es möglich, relevante Szenarien von weniger relevanten zu unterscheiden. Bei den empirisch bedeutsamen Szenarien ist die Bestimmung des Vorzeichens von Gleichung (6.24) möglich.

Die bereits diskutierten empirischen Studien liefern Werte für die Grenznutzenelastizitäten des Konsums von größer als eins.[6] Es gibt empirisch gesehen bisher keine Evidenz für eine starke Veränderung der Grenznutzenelastizität des Konsums über den Lebenszyklus. Selbst wenn die Werte in Abhängigkeit der jeweiligen Lebensphase schwanken sollten, ist nicht von einer grundlegenden Veränderung auszugehen. Demnach erscheint es sinnvoll, für η_1 und η_2 jeweils "gleichartige" Werte zu unterstellen und diese als die relevanten Szenarien zu untersuchen.

Wenn $\eta_1 > 1$ sowie $\eta_2 > 1$ gilt, dann ist $d\lambda_t/d\overline{h}_{t-1} > 0$. Der Grenznutzen des Konsums in der jeweiligen Periode sinkt schnell bei einer Erhöhung des Konsums in beiden Perioden. Wie verändert sich jetzt der Konsum? Wie die Gleichungen (6.7) und (6.8) in Verbindung mit $h_t = \lambda_t \sigma \overline{h}_{t-1}$ erkennen lassen, steigt ceteris paribus der Konsum beider Perioden, wenn $\overline{h}_{t-1}$ steigt. Unter sonst gleichen Bedingungen steigt das Humankapital eines Individuums, wenn die Elterngeneration ein höheres Wissen aufweist. Bei gleicher Arbeitszeit steigt folglich das Einkommen und somit der Konsum in beiden Perioden. Durch die Konsumerhöhung sinkt der Grenznutzen des Konsums U_1' und U_2' sehr stark. Dadurch wird trotz des gestiegenen Grenzertrags der Arbeitszeit ein geringer Anreiz erzeugt, durch zusätzliche Arbeitszeit einen noch höheren Konsum zu ermöglichen. Der Einkommenseffekt dominiert den Substitutionseffekt, die Arbeitszeit wird reduziert und die Ausbildungszeit erhöht. Dies ist für die Politik eine gute Nachricht. Die staatlichen Anstrengungen einer Förderung der Humankapitalbildung haben nicht nur positive spill-over-Effekte auf die Nachfolgegeneration. Die endogene Humankapitalbildung wird ebenfalls angeregt. Folglich unterstützt die zukünftige Generation durch eine höhere individuelle Investition in das eigene Humankapital eventuelle Bemühungen der Politik.

Wie reagiert das Bruttorentenniveau auf diese Veränderungen? Als Multiplikator ergibt sich:

---

[6] Siehe Kapitel 6.3.1.

$$\frac{d\varepsilon}{d\overline{h}_{t-1}} = -\frac{1}{Det} \cdot z_1 \cdot \sigma w_t \left(1 - 2\lambda_t\right) \left[\left(1 - \tau_t\right) U_1' \left(1 - \eta_1\right) + \varepsilon U_2' \left(1 - \eta_2\right)\right].$$

(6.25)

Sofern $\eta_1 > 1$ und $\eta_2 > 1$ gilt, steigt ε mit dem Humankapitalbestand der Elterngeneration $\overline{h}_{t-1}$, der Multiplikator ist positiv. Warum ist dies der Fall? Wie Gleichung (6.12) zeigt, übt $\overline{h}_{t-1}$ keinen direkten Einfluss auf die Budgetrestriktion der Rentenversicherung aus. Bei einem höheren Wissen der Elterngeneration steigt die Ausgabeseite, da die Individuen der Generation t ein höheres Humankapital aufweisen und dadurch ceteris paribus die Rentenzahlung steigt. Darüber hinaus steigt jedoch im gleichen Umfang die Einnahmeseite, da ebenfalls das Humankapital der Nachfolgegeneration $t+1$ steigt. Ein höheres Wissensniveau einer Generation erhöht via intertemporaler Interdependenz der Humankapitalbildung das Wissensniveau aller nachfolgenden Generationen. Somit erzeugt die Erhöhung von $\overline{h}_{t-1}$ lediglich einen Niveaueffekt. Die absolute Rentenzahlung an die Individuen der Generation t steigt. Das Bruttorentenniveau bleibt hingegen ceteris paribus unverändert, da Einnahmen und Ausgaben im gleichen Ausmaß steigen. Wir haben jedoch gerade abgeleitet, dass die Individuen sich für eine höhere Ausbildungszeit entscheiden und demnach für eine geringere Arbeitszeit. Dies reduziert indes das Erwerbseinkommen eines Individuums und folglich sinkt auch die Rentenzahlung und die Ausgaben der Rentenversicherung in der Periode $t+1$. Infolgedessen muss das Bruttorentenniveau steigen, damit das Budget zum Ausgleich kommt.

Die Erklärung der Reaktion der Individuen bezüglich ihrer Ausbildungsentscheidung im Falle von Grenznutzenelastizitäten des Konsums in beiden Perioden von kleiner eins verläuft analog, jedoch mit anderen Vorzeichen. Wenn η_1 und η_2 kleiner eins gilt, dann ergibt sich ein negatives Vorzeichen des Multiplikators (6.24). Der höhere Konsum in beiden Perioden führt zu einer nur leichten Reduktion des Grenznutzens des Konsums U_1' und U_2'. Der gestiegene Grenzertrag der Arbeitszeit erzeugt einen relativ stärkeren Anreiz, den Konsum durch weitere Arbeitszeit nochmals zu erhöhen. Der Substitutionseffekt ist stark ausgeprägt, die Arbeitszeit steigt und die Ausbildungszeit wird reduziert.

Bezüglich der Reaktion des Bruttorentenniveaus ergibt sich bei $\eta_1 < 1$ und $\eta_2 < 1$ für den Multiplikator $d\varepsilon/d\overline{h}_{t-1} < 0$. Die gestiegene Arbeitszeit erhöht ceteris paribus die spätere Rentenzahlung und somit die Ausgabeseite der Rentenversicherung. Folglich muss das Bruttorentenniveau sinken, damit das Budget weiterhin ausgeglichen bleibt.

6.3.7   Veränderung der Produktivität der Lerntechnologie

In der politischen Diskussion besteht Konsens über die Notwendigkeit der Verbesserung des Ausbildungssystems in Deutschland. Eine effizientere Ausbildung erhöht die Humankapitalbildung und kann über eine Erhöhung der Produktivität dazu beitragen, die aufgrund des demografischen Wandels entstehende Sozialproduktslücke zu verringern.[7] In dem hier verwendeten Analyserahmen kann eine Verbesserung der Effizienz des Ausbildungssystems wie folgt modelliert werden. Für die Lerntechnologie wird bekanntermaßen unterstellt: $h_t = \lambda_t \sigma \overline{h}_{t-1}$. Der Parameter σ ist ein Produktivitätsparameter, der im Zusammenspiel mit dem durchschnittlichen Humankapitalbestand der Elterngeneration als eine Art Katalysator aus einer Zeiteinheit eingesetzter Ausbildungszeit eine bestimmte Menge an Humankapitaleinheiten produziert. Eine Erhöhung der Effizienz des Ausbildungssystems kann über einen Anstieg des Produktivitätsparameters σ modelliert werden. Je höher σ, umso mehr Humankapital wird pro eingesetzter Zeiteinheit Ausbildung gebildet.

Wie reagieren die Individuen auf eine Veränderung der Produktivität der Lerntechnologie, sprich auf ein effizienteres Ausbildungssystem? Aus dem Gleichungssystem (6.13) ergeben sich folgende Multiplikatoren:

$$
\begin{aligned}
\frac{d\lambda_t}{d\sigma} &= \frac{1}{Det} \cdot (-b_6 z_2 - z_6 b_2) \\
&= \frac{1}{Det} \cdot \left\{ -z_2 \cdot \overline{h}_{t-1} w_t (1 - 2\lambda_t) \left[(1 - \tau_t) U_1' (1 - \eta_1) + \varepsilon U_2' (1 - \eta_2) \right] \right\} \\
&\quad - \frac{1}{Det} \cdot \left\{ z_6 \cdot \sigma \overline{h}_{t-1} w_t (1 - 2\lambda_t) U_2' (1 - \eta_2) \right\} \quad (6.26)
\end{aligned}
$$

$$
\begin{aligned}
\frac{d\varepsilon}{d\sigma} &= \frac{1}{Det} \cdot \left\{ -b_1 z_6 \right\} \\
&\quad - \frac{1}{Det} \cdot \left\{ z_1 \cdot \overline{h}_{t-1} w_t (1 - 2\lambda_t) \left[(1 - \tau_t) U_1' (1 - \eta_1) + \varepsilon U_2' (1 - \eta_2) \right] \right\}.
\end{aligned}
$$
$$(6.27)$$

Unterstellt man den empirisch relevanten Fall mit $\eta_1 > 1$ und $\eta_2 > 1$, so ergibt sich ein positiver Multiplikator $\frac{d\lambda_t}{d\sigma}$. Bei Grenznutzenelastizitäten des Konsums von größer eins dominiert der Einkommens- den Substitutionsef-

---

[7]Siehe Kapitel 3.

fekt. Eine höhere Produktivität der Lerntechnologie, also ein effizienteres Ausbildungssystem, führt ceteris paribus zu einem höheren Humankapital. Somit kann das gleiche Konsumniveau mit einer geringeren Arbeitszeit realisiert werden. Die Individuen reduzieren demnach ihre Arbeitszeit und erhöhen ihre Ausbildungszeit. Eine geringere Arbeitszeit lässt hingegen die spätere Rentenzahlung sinken. Eine Erhöhung der Produktivität der Lerntechnologie führt hingegen ceteris paribus zu einer höheren Rentenzahlung, da ein höheres Humankapital ein gestiegenes Erwerbseinkommen nach sich zieht. Aufgrund der bereits ausführlich beschriebenen intertemporalen Interdependenz der Humankapitalbildung erhöht sich das Humankapital der nachfolgenden Generation ebenfalls, so dass die Einnahmen der Rentenversicherung im gleichen Umfang steigen wie die Ausgaben. Es kommt zunächst lediglich zu einer absoluten Niveauerhöhung der Rentenzahlung ohne Auswirkungen auf die Budgetrestriktion. Wenn man jedoch unterstellt, der Produktivitätsparameter der Lerntechnologie σ sei in den Perioden t und $t + 1$ identisch (wie hier unterstellt wird) und somit σ in der Periode $t + 1$ ebenfalls steigt, so führt dies zu einer abermaligen Steigerung der Humankapitalbildung in der Periode $t+1$. Dies wiederum bedeutet eine Erhöhung der Einnahmen der Rentenversicherung in der Periode $t + 1$. Gibt man die restriktive Annahme identischer Produktivitätsparameter der Lerntechnologie in beiden Perioden auf, unterstellt jedoch die Erzeugung eines positiven Effektes einer Erhöhung von σ in Periode t auf die Produktivität der Lerntechnologie der nachfolgenden Periode, führt dies ebenfalls zu der beschriebenen Erhöhung der Humankapitalbildung in der Zukunft und impliziert somit die dargestellte Erhöhung der Einnahmen der Rentenversicherung. Sowohl die Reduktion der späteren Rentenzahlung aufgrund der gesunkenen Arbeitszeit als auch die Erhöhung der Einnahmen der Rentenversicherung in der Zukunft führen zu einem Anstieg des Bruttorentenniveaus, um das Budget der Rentenversicherung auszugleichen.

Anzumerken bleibt, dass bei der Betrachtung des Spezialfalls einer logarithmischen Nutzenfunktion mit $\eta_1 = \eta_2 = 1$ eine Reallokation des Zeitbudgets unterbleibt. Substitutions- und Einkommenseffekt gleichen sich aus, der Multiplikator $\frac{d\lambda_t}{d\sigma}$ ist gleich null. Jedoch kommt es zu einer Erhöhung des Bruttorentenniveaus, der Multiplikator $\frac{d\varepsilon}{d\sigma}$ ist positiv. Wie bereits dargestellt, führt die Erhöhung des Produktivitätsparameters der Lerntechnologie unter der Annahme einer positiven Korrelation von σ in den Perioden t und $t + 1$ zu einem Anstieg der Einnahmen der Rentenversicherung in der Zukunft. Zur Sicherstellung der Budgetrestriktion der Rentenversicherung impliziert dies einen Anstieg des Bruttorentenniveaus für die späteren Rentenzahlungen.

6.4 Endogene Anpassung der Einnahmeseite der Rentenversicherung

Im vorhergehenden Kapitel wurde das Szenario betrachtet, in dem die heutige Aktivengeneration die Anpassungslast des demografischen Wandels zu tragen hat. Das Bruttorentenniveau der späteren Rentenzahlung passt sich demnach an Veränderungen der Rahmenbedingungen an. Jedoch steigt die Zahl der späteren Rentner relativ zur Zahl der Aktiven der nachfolgenden Generation. Infolgedessen ist denkbar, dass die zukünftige Rentnergeneration aufgrund ihrer relativen Stärke im Demokratieprozess die Auferlegung der Anpassungslast auf die nachfolgenden Aktivengenerationen durchsetzt. Dies bedeutet, Änderungen am späteren Bruttorentenniveau werden nicht akzeptiert und im politischen Prozess abgelehnt. Somit müsste primär der zukünftige Beitragssatz zur Rentenversicherung gemäß veränderter Rahmenbedingungen angepasst werden.

In der modelltheoretischen Umsetzung hat dies zur Folge, dass nicht mehr das Bruttorentenniveau ε, sondern der Beitragssatz zur Rentenversicherung der Periode $t+1$, τ_{t+1}, die zweite endogene Variable neben der Ausbildungszeit λ_t darstellt. Die Einnahmeseite der Rentenversicherung passt sich den Veränderungen an. In der Umsetzung in unserem Modellrahmen ergeben die Bedingung erster Ordnung (6.9) sowie die Budgetrestriktion der Rentenversicherung (6.12) ein Gleichungssystem mit den beiden endogenen Variablen λ_t und τ_{t+1}. Diese beiden Gleichungen sowie die beiden Nebenbedingungen (6.7) und (6.8) müssen wiederum total differenziert werden. Dabei ergeben sich die im Anhang in Kapitel 6.6 bereits aufgezeigten Umformungen. Lediglich das daraus resultierende in Matrizenform dargestellte Gleichungssystem ändert sich aufgrund der jetzt veränderten endogenen Variablen und lautet nun:

$$\begin{bmatrix} -b_1 & 0 \\ -z_1 & -z_4 \end{bmatrix} \begin{bmatrix} d\lambda_t \\ d\tau_{t+1} \end{bmatrix} = \begin{bmatrix} 0 & -b_2 d\varepsilon & 0 \\ z_3 dn_{t+1} & -z_2 d\varepsilon & -z_5 d\lambda_{t+1} \end{bmatrix}$$
$$\begin{bmatrix} -b_6 d\sigma & 0 & -b_8 dw_t & -b_9 d\overline{h}_{t-1} & b_{10} d\tau_t \\ z_6 d\sigma & z_7 dw_{t+1} & -z_8 dw_t & 0 & 0 \end{bmatrix}. \quad (6.28)$$

Die jeweiligen Koeffizienten sind die gleichen, die im Anhang in Kapitel 6.6 bereits definiert wurden. Im Folgenden sollen die gleichen Fragestellungen erörtert werden, wie im vorhergehenden Kapitel geschehen. Insbesondere soll darauf eingegangen werden, welche Veränderungen zu erwarten sind, wenn nicht die zukünftige Rentnergeneration die Anpassungslast des demografischen Wandels der Gesellschaft zu tragen hat, sondern die Kindergeneration. Wie verändern sich dadurch die Reaktionen der heutigen Individuen bezüglich ihrer Ausbildungsentscheidung? Zunächst muss das Vorzeichen der Determinante der Koeffizientenmatrix (6.28) bestimmt werden. Für die Determinante ergibt sich $Det = b_1 z_4$. Wie die in Kapitel 6.6 definierten Koeffizienten zeigen, gilt $b_1 > 0$ und $z_4 > 0$ und somit ist die Determinante eindeutig positiv: $Det > 0$.

6.4.1 Reduktion der Erwerbsbevölkerung

In einem ersten Schritt soll analysiert werden, welche Reaktion der heutigen Individuen zu erwarten ist, wenn der demografische Wandel zu der bereits beschriebenen Reduktion der zukünftigen Erwerbsbevölkerung führt. Wie wird durch den demografischen Wandel der Gesellschaft die Ausbildungs-entscheidung der Individuen beeinflusst und wie reagiert der zukünftige Beitragssatz der Rentenversicherung?

Das Gleichungssystem (6.28) ergibt mit Hilfe der Cramer-Regel folgenden Multiplikator:

$$\frac{d\lambda_t}{dn_{t+1}} = \frac{1}{Det} \cdot \begin{vmatrix} 0 & 0 \\ z_3 & -z_4 \end{vmatrix} = 0. \tag{6.29}$$

Die Ausbildungsentscheidung der heutigen Individuen ist demnach unabhängig von der zukünftigen Bevölkerungsentwicklung. Wie kommt es zu diesem Ergebnis? In der hier betrachteten Variante trägt, im Gegensatz zum vorherigen Kapitel, die zukünftige Aktivengeneration die Anpassungslast des demografischen Wandels. Es wird angenommen, dass die zukünftige Rentnergeneration im Demokratieprozess eine Verhinderung der Anpassung des eigenen Bruttorentenniveaus durchzusetzen vermag. Folglich wird der späteren Aktivengeneration die Anpassungslast auferlegt. Dies wird deutlich, indem man die Veränderung des zukünftigen Beitragssatzes zur Rentenversicherung als Reaktion auf den demografischen Wandel der Gesellschaft betrachtet:

$$\frac{d\tau_{t+1}}{dn_{t+1}} = -\frac{1}{Det} \cdot b_1 z_3 < 0. \tag{6.30}$$

Die Koeffizientendefinitionen in Kapitel 6.6 zeigen: $b_1 > 0$ und $z_3 > 0$, die Determinante ist positiv, somit ist der Multiplikator (6.30) eindeutig negativ. Das heißt, die Reduktion der Erwerbsbevölkerung in der Zukunft lässt den zukünftigen Beitragssatz zur Rentenversicherung steigen. Die Beitragseinnahmen der Rentenversicherung sinken, da weniger Beitragszahler zur Verfügung stehen. Da sich aufgrund des konstanten Bruttorentenniveaus die Rentenauszahlungen nicht verändern, muss der Beitragssatz τ_{t+1} steigen, um für einen Ausgleich des Budgets zu sorgen. Die zukünftige Aktivengeneration trägt hierbei die Anpassungslast des demografischen Wandels der Gesellschaft. Für die heutige Aktivengeneration ergeben sich keine Veränderungen, weshalb eine Reallokation des Zeitbudgets unterbleibt.[8]

Das zuvor abgeleitete Ergebnis differiert von dem Ergebnis der untersuchten Variante, in der die zukünftige Rentnergeneration die Anpassungslast des demografischen Wandels zu tragen hatte. Dort unterbleibt lediglich in dem Spezialfall einer logarithmischen Nutzenfunktion eine Reallokation des Zeitbudgets der heutigen Individuen, weil sich Substitutions- und Einkommenseffekt ausgleichen. Ansonsten wird die Richtung der Reaktion determiniert durch die Grenznutzenelastizität des Konsums der zweiten Lebensperiode η_2. In dem empirisch bedeutsamsten Szenario mit $\eta_2 > 1$ dominiert der Einkommenseffekt den Substitutionseffekt und die heutigen Individuen reduzieren ihre Ausbildungszeit und erhöhen die Arbeitszeit. In dem zuletzt untersuchten Szenario werden die heutigen Individuen von der zukünftigen Bevölkerungsreduktion jedoch nicht beeinflusst. Ihre spätere Rentenzahlung ist unabhängig von der Bevölkerungsentwicklung, da der Beitragssatz zur Rentenversicherung der nachfolgenden Generation so weit erhöht wird, dass die späteren Rentenzahlungen in der vollen Höhe finanziert werden können.

6.4.2 Erhöhung des Bruttorentenniveaus

Der demografische Wandel der Gesellschaft führt zu einer relativen Erhöhung der Zahl der Rentner gegenüber der Zahl der Erwerbstätigen. Dies bedeutet gleichzeitig im Demokratieprozess eine erhebliche Steigerung der Macht der Gruppe der zukünftigen Rentner. Deshalb soll im Folgenden der Frage nachgegangen werden, welche Reaktion der heutigen Individu-

---

[8]Wie bereits gesagt wurde, wird in der Realität damit zu rechnen sein, dass die entstehenden Kosten der demografischen Veränderung sowohl auf die heutige als auch auf die nachfolgende Aktivengeneration verteilt werden wird. Somit stellt die hier durchgeführte Analyse selbstverständlich eine Extremsituation dar, in der jedoch die wirkenden Einzeleffekte wesentlich deutlicher werden.

en bezüglich ihrer Ausbildungsentscheidung zu erwarten ist, wenn sie davon ausgehen, aufgrund ihrer relativen Stärke in der Zukunft ein höheres Bruttorentenniveau durchsetzen zu können. Gleichzeitig impliziert ein höheres Bruttorentenniveau einen höheren Beitragssatz zur Rentenversicherung für die nachfolgende Generation.

Aus dem Gleichungssystem (6.28) ergibt sich folgender Multiplikator für die Ausbildungszeit:

$$\frac{d\lambda_t}{d\varepsilon} = \frac{1}{Det} \cdot z_4 \cdot \sigma \overline{h}_{t-1} w_t \left(1 - 2\lambda_t\right) U_2' \left(1 - \eta_2\right). \tag{6.31}$$

Der Nettoeffekt wird auch hier bestimmt durch die Grenznutzenelastizität des Konsums der zweiten Lebensperiode η_2. Wie wir bereits gesehen haben, kann in der Empirie von einer Grenznutzenelastizität des Konsums größer eins ausgegangen werden. Eine Erhöhung des Bruttorentenniveaus impliziert ceteris paribus einen höheren Konsum während der Ruhestandsphase. Wenn also $\eta_2 > 1$ gilt, dann sinkt der Grenznutzen des Konsums U_2' sehr stark. Obwohl der Grenzertrag der Arbeitszeit gestiegen ist, besteht nur ein geringer Anreiz, den Konsum durch weitere Arbeitszeit nochmals zu erhöhen. Der Einkommenseffekt ist stark ausgeprägt, die Arbeitszeit wird reduziert und die Ausbildungszeit erhöht. Es ist demnach zu erwarten, dass die heutigen Individuen auf eine Erhöhung des späteren Bruttorentenniveaus mit einer höheren Investition in ihr Humankapital reagieren.

Wenn hingegen $\eta_2 < 1$ gilt, so erfolgt eine Umkehrung der Vorzeichen der Nettoeffekte. Der höhere Konsum lässt den Grenznutzen des Konsums nur leicht sinken. Der Substitutionseffekt, ausgelöst durch den gestiegenen Grenzertrag der Arbeitszeit, dominiert den Einkommenseffekt. Die Individuen erhöhen ihre Arbeitszeit und senken folglich ihre Ausbildungszeit.

Die dargestellten Ergebnisse stehen in Übereinstimmung mit den Ergebnissen in der Variante mit endogenem Bruttorentenniveau. Dort wurde die Wirkung einer Erhöhung des zukünftigen Beitragssatzes zur Rentenversicherung in Verbindung mit einer Erhöhung des Bruttorentenniveaus untersucht. Die Analyse ergab identische Ergebnisse in Abhängigkeit von der Grenznutzenelastizität des Konsums der zweiten Lebensperiode η_2, da sich in beiden Varianten sowohl ε als auch τ_{t+1} jeweils in die gleichen Richtungen bewegen.

Bezüglich der Veränderung des Bruttorentenniveaus ist auch noch eine weitere Möglichkeit denkbar, auf die kurz eingegangen werden soll. Zuvor wurde eine von den Rentnern durchgesetzte Erhöhung von ε unterstellt. Jedoch ist indes auch denkbar, dass die zukünftige Generation eine weitere Erhöhung ihres Beitragssatzes zur Rentenversicherung nicht akzeptiert. Angenommen, die nachfolgende Kindergeneration setzt eine Reduktion des Bruttorentenniveaus durch. Wie reagieren die heutigen Individuen darauf mit ihrer Ausbildungsentscheidung? Um eine Vermischung mit den Effekten einer Reduktion der Erwerbsbevölkerung zu vermeiden, wird eine gegebene Bevölkerungsstruktur unterstellt (konstantes n_{t+1}).

Zunächst kann durch die Reduktion des Bruttorentenniveaus der Beitragssatz zur Rentenversicherung in der Periode $t+1$ sinken, da die Rentenauszahlungen sinken. Die Reaktion der heutigen Individuen bezüglich ihrer Ausbildungszeit ergibt sich analog zum vorhergehend betrachteten Fall einer Steigerung von ε, nur mit umgekehrten Vorzeichen. Wenn $\eta_2 > 1$ gilt, dann führt der ceteris paribus reduzierte Konsum c_t^2 zu einem starken Anstieg des Grenznutzens des Konsums U_2'. Der Anreiz, den Konsumrückgang über eine höhere Arbeitszeit zu kompensieren, ist hoch. Die Arbeitszeit wird erhöht und die Ausbildungszeit sinkt. Wenn hingegen $\eta_2 < 1$ gilt, so steigt der Grenznutzen des Konsums nur leicht. Es wird nur ein sehr geringer Anreiz erzeugt, den Konsumrückgang durch mehr Arbeit zu kompensieren. Der gesunkene Grenzertrag der Arbeitszeit führt zu einer Reduktion der Arbeitszeit und einer Erhöhung der Ausbildungszeit.

6.4.3 Erhöhung des heutigen Beitragssatzes zur Rentenversicherung

Welche Reaktion der heutigen Individuen ist zu erwarten, wenn aufgrund der Finanzierungsprobleme der Rentenversicherung bereits der heutige Beitragssatz zur Rentenversicherung steigt? Die Auswertung von Gleichungssystem (6.28) ergibt:

$$\frac{d\lambda_t}{d\tau_t} = -\frac{1}{Det} \cdot z_4 \cdot \sigma \overline{h}_{t-1} w_t \left(1 - 2\lambda_t\right) U_1' \left(1 - \eta_1\right). \tag{6.32}$$

Der Nettoeffekt wird determiniert durch die Präferenzen der Individuen. Angenommen, die Nutzenfunktion $U(c_t^1)$ weise einen schnell abnehmenden Grenznutzen des Konsums auf, so gilt folglich $U_1'' << 0$ und $\eta_1 > 1$. Die Beitragssatzerhöhung impliziert ceteris paribus ein geringeres Nettoeinkommen und somit einen geringeren Konsum während der Erwerbsphase. Ein geringerer Konsum führt zu einem starken Anstieg des Grenznutzens des Konsums U_1'. Dies erzeugt wiederum einen starken Anreiz, den Konsumrückgang durch eine höhere Arbeitszeit rückgängig zu machen. Die Arbeitszeit wird erhöht und die Ausbildungszeit reduziert.

Wie reagiert hingegen der zukünftige Beitragssatz der Rentenversicherung, wenn der heutige Beitragssatz ansteigt? Die Richtung der Veränderung wird ebenfalls durch den Grenznutzen des Konsums der ersten Erwerbsphase η_1 bestimmt:

$$\frac{d\tau_{t+1}}{d\tau_t} = \frac{1}{Det} \cdot z_1 \cdot \sigma \overline{h}_{t-1} w_t \left(1 - 2\lambda_t\right) U_1' \left(1 - \eta_1\right). \tag{6.33}$$

In dem zunächst betrachteten Fall mit $\eta_1 > 1$ steigt der zukünftige mit dem heutigen Beitragssatz. Zur Erklärung muss das zuvor abgeleitete Ergebnis herangezogen werden. Wenn $\eta_1 > 1$ gilt, dann reagieren die Individuen auf eine Erhöhung von τ_t mit einer Reduktion der Ausbildungszeit und einer Steigerung der Arbeitszeit. Dies bedeutet wiederum ein höheres Erwerbseinkommen, wodurch ceteris paribus ebenfalls das spätere Renteneinkommen steigt. Um die gestiegenen Rentenauszahlungen finanzieren zu können, muss der zukünftige Beitragssatz τ_{t+1} steigen.

Wenn für die Individuen $\eta_1 < 1$ gilt, so ergeben sich analoge Ergebnisse mit umgekehrten Vorzeichen. Der reduzierte Konsum erhöht den Grenznutzen des Konsums nur leicht. Der Substitutionseffekt aufgrund des gesunkenen Grenzertrags der Arbeitszeit ist relativ stark ausgeprägt. Die Individuen reduzieren ihre Arbeitszeit und erhöhen folglich die Ausbildungszeit. Die gesunkene Arbeitszeit reduziert das erzielte Erwerbseinkommen und somit sinkt die spätere Rentenzahlung. Zur Finanzierung der gesunkenen Rentenauszahlungen kann der zukünftige Beitragssatz τ_{t+1} sinken.

In dem Spezialfall einer logarithmischen Nutzenfunktion mit $\eta_1 = 1$ gleichen sich Einkommens- und Substitutionseffekt aus, es findet somit keine Reallokation des Zeitbudgets statt. Dadurch entstehen aufgrund einer Erhöhung des heutigen Beitragssatzes zur Rentenversicherung keinerlei Veränderungen bei den gesamten Rentenauszahlungen, da diese durch den erzielten Bruttolohn determiniert werden. Folglich besteht auch keine Notwendigkeit einer Anpassung des zukünftigen Beitragssatzes τ_{t+1}.

Anzumerken bleibt, dass die dargestellten Ergebnisse der Reaktion der heutigen Individuen bezüglich ihrer Ausbildungszeit auf eine Erhöhung des heutigen Beitragssatzes in beiden betrachteten Modellvarianten identisch sind. Die Individuen reagieren unabhängig davon, ob das Bruttorentenniveau oder der zukünftige Beitragssatz an Veränderungen angepasst wird.

6.4.4 Steigerung der zukünftigen Entlohnung des Humankapitals

In Kapitel 6.3.4 wurde bereits ausführlich darauf eingegangen, warum in der Zukunft der Lohnsatz steigen wird. Welche Auswirkungen hat eine Erhöhung von w_{t+1} auf die Ausbildungsentscheidung der heutigen Individuen? Wie der Multiplikator

$$\frac{d\lambda_t}{dw_{t+1}} = \frac{1}{Det} \cdot \begin{vmatrix} 0 & 0 \\ z_7 & -z_4 \end{vmatrix} = 0. \tag{6.34}$$

zeigt, bleibt die heutige Ausbildungsentscheidung davon unberührt. Eine Veränderung der zukünftigen Entlohnung des Humankapitals betrifft die heutigen Individuen nicht direkt, sondern lediglich indirekt über die Budgetrestriktion der Rentenversicherung. In der bereits in Kapitel 6.3.4 analysierten Variante mit endogenem Bruttorentenniveau bedeutete dies, ε steigt mit w_{t+1}. Die Ausbildungsentscheidung der heutigen Individuen veränderte sich sodann gemäß der Präferenzen und der Stärke von Einkommens- und Substitutionseffekt. In der jetzigen Variante wird hingegen die Einnahmeseite der Rentenversicherung bei Veränderungen angepasst. Wie der folgende Multiplikator zeigt, sinkt der zukünftige Beitragssatz zur Rentenversicherung τ_{t+1} mit dem zukünftigen Lohnsatz w_{t+1}:

$$\frac{d\tau_{t+1}}{dw_{t+1}} = -\frac{1}{Det} \cdot b_1 z_7 < 0, \tag{6.35}$$

wobei $Det > 0$, $b_1 > 0$ und $z_7 > 0$ gilt. Die Beitragseinnahmen steigen mit dem Lohnsatz w_{t+1}, somit kann der Beitragssatz τ_{t+1} sinken, um die konstanten Rentenauszahlungen zu finanzieren. Für die heutigen Individuen ergeben sich hingegen keinerlei Veränderungen und demnach besteht keine Veranlassung, die gewählte Zeitallokation zu revidieren.

6.4.5 Steigerung der heutigen Entlohnung des Humankapitals

Die Analyse zuvor zeigte die Unabhängigkeit der heutigen Ausbildungsentscheidung vom zukünftigen Lohnsatz. Wie beeinflusst hingegen eine Erhöhung des heutigen Lohnsatzes, beispielsweise aufgrund eines beschleunigten technischen Fortschritts, die Ausbildungsentscheidung? Aus dem Gleichungssystem (6.28) ergibt sich folgender Multiplikator:

$$\frac{d\lambda_t}{dw_t} = \frac{1}{Det} \cdot z_4 \cdot \sigma \overline{h}_{t-1} \left(1 - 2\lambda_t\right) \left[\left(1 - \tau_t\right) U_1' \left(1 - \eta_1\right) + \varepsilon U_2' \left(1 - \eta_2\right)\right].$$
$$\text{(6.36)}$$

Wie man leicht erkennen kann, wird das Vorzeichen des Nettoeffektes bestimmt durch die beiden Grenznutzenelastizitäten des Konsums in den beiden Perioden, η_1 und η_2. Dabei sind wiederum neun Fälle zu unterscheiden. Wie bereits erläutert wurde, gibt es aus empirischer Sicht bisher keine Evidenz für eine starke Veränderung der Grenznutzenelastizität des Konsums über den Lebenszyklus. Folglich erscheint es plausibel, für η_1 und η_2 jeweils "gleichartige" Werte zu unterstellen und diese als die relevanten Szenarien zu untersuchen.

Das empirisch bedeutsamste Szenario ist gegeben, wenn $\eta_1 > 1$ und $\eta_2 > 1$ gilt. Ein höherer Lohnsatz impliziert ceteris paribus ein höheres Erwerbseinkommen und damit einen höheren Konsum, sowohl während der Aktivenphase als auch während der Ruhestandsphase. Der Grenznutzen des Konsums sinkt mit dem höheren Konsum sehr schnell. Folglich ist der Anreiz, aufgrund des höheren Grenzertrags der Arbeitszeit den Konsum durch eine höhere Arbeitszeit nochmals zu erhöhen, sehr gering. Der Einkommenseffekt ist relativ stark ausgeprägt, demnach sinkt die Arbeitszeit und die Individuen erhöhen ihre Ausbildungszeit.

Wie reagiert der zukünftige Beitragssatz der Rentenversicherung auf die Erhöhung des heutigen Lohnsatzes? Man erhält folgenden Multiplikator:

$$\frac{d\tau_{t+1}}{dw_t} = \frac{1}{Det} \cdot \left(b_1 z_8 - z_1 b_8\right) = \frac{1}{Det} \cdot b_1 z_8$$
$$- \frac{1}{Det} \cdot \left\{z_1 \cdot \sigma \overline{h}_{t-1} \left(1 - 2\lambda_t\right) \left[\left(1 - \tau_t\right) U_1' \left(1 - \eta_1\right) + \varepsilon U_2' \left(1 - \eta_2\right)\right]\right\}.$$
$$\text{(6.37)}$$

Der erste Term der geschweiften Klammer ist eindeutig positiv, da $b_1 > 0$ und $z_8 > 0$ gilt. Das Vorzeichen des zweiten Terms der geschweiften Klammer ist unklar und wird determiniert durch η_1 und η_2, wobei $z_1 > 0$ ist. Gilt $\eta_1 > 1$ und $\eta_2 > 1$, so ist der Term in der eckigen Klammer negativ, folglich ist der zweite Term der geschweiften Klammer positiv. Der Nettoeffekt einer Erhöhung von w_t auf den zukünftigen Beitragssatz τ_t bleibt hierbei uneindeutig, das Vorzeichen der geschweiften Klammer ist nicht zu bestimmen. Grund dafür sind zwei gegenläufige Effekte, die auf die Rentenzahlung wirken. Zum einen steigt die Rentenzahlung mit dem heutigen Lohnsatz. Zum anderen wurde jedoch bereits deutlich, dass die Individuen die Ausbildungszeit erhöhen und die Arbeitszeit als Reaktion auf die Lohnsatzerhöhung reduzieren. Eine gesunkene Arbeitszeit verringert hingegen das Erwerbseinkommen und somit auch die Rentenzahlung. Der Nettoeffekt dieser beiden gegenläufigen Effekte ist indes nicht zu bestimmen und demnach kann die endogene Reaktion des zukünftigen Beitragssatzes τ_{t+1} nicht vorhergesagt werden.

Welche Resultate ergeben sich für den Fall $\eta_1 < 1$ und $\eta_2 < 1$? Bezüglich der Ausbildungszeit gilt die analoge Argumentation mit umgekehrten Vorzeichen. Der höhere Konsum aufgrund der Lohnsteigerung lässt den Grenznutzen des Konsums nur leicht sinken. Der Substitutionseffekt ist stark ausgeprägt, also führt der höhere Grenzertrag der Arbeitszeit zu einer Erhöhung der Arbeitszeit und einer Reduktion der Ausbildungszeit durch die Individuen.

Für den Fall $\eta_1 < 1$ und $\eta_2 < 1$ wird der Multiplikator $\frac{d\tau_{t+1}}{dw_t}$ eindeutig positiv. Der Beitragssatz τ_{t+1} steigt mit dem Lohnsatz w_t, denn es werden zwei gleichgerichtete Effekte erzeugt. Die Rentenzahlung steigt ceteris paribus mit dem Lohnsatz w_t. Darüber hinaus erhöhen die Individuen, wie wir gesehen haben, ihre Arbeitszeit, was wiederum das erzielte Erwerbseinkommen und somit die Rentenzahlung steigen lässt. Folglich erhöhen beide Effekte die Rentenauszahlungen und zu deren Finanzierung muss der zukünftige Beitragssatz τ_{t+1} steigen.

In dem Spezialfall einer logarithmischen Nutzenfunktion gleichen sich wiederum Substitutions- und Einkommenseffekt aus. Die Individuen ändern ihre Ausbildungsentscheidung nicht. Jedoch muss der zukünftige Beitragssatz τ_{t+1} steigen, der Multiplikator $\frac{d\tau_{t+1}}{dw_t}$ ist positiv. Dies ist notwendig, da bei gleicher Arbeitszeit und gestiegenem Lohnsatz w_t die spätere Rentenzahlung steigt.

6.4.6 Veränderung des Humankapitalbestandes der Elterngeneration

In Kapitel 5.1 wurde bereits auf die in unserem Modell unterstellte intertemporale Interdependenz der Humankapitalbildung ausführlich eingegangen. Welche Resultate ergeben sich bezüglich unserer Fragestellung, wenn man unterstellt, dass beispielsweise aufgrund stärkerer Innovationen das Wissen und damit das durchschnittliche Humankapital der Elterngeneration steigt? Aus dem Gleichungssystem (6.28) erhält man folgenden Multiplikator für die Ausbildungszeit λ_t:

$$\frac{d\lambda_t}{d\overline{h}_{t-1}} = \frac{1}{Det} \cdot z_4 \cdot \sigma w_t \left(1 - 2\lambda_t\right) \left[\left(1 - \tau_t\right) U_1' \left(1 - \eta_1\right) + \varepsilon U_2' \left(1 - \eta_2\right)\right].$$
(6.38)

Der Parameter z_4 ist positiv, jedoch wird das Vorzeichen des Nettoeffektes durch die Grenznutzenelastizitäten des Konsums in den beiden Perioden η_1 und η_2 determiniert. Hierbei sind ebenfalls neun Fälle zu unterscheiden, wobei wiederum nur die empirisch bedeutsamsten analysiert werden.

Zunächst wird das Szenario mit $\eta_1 > 1$ und $\eta_2 > 1$ betrachtet. Wie leicht zu ersehen ist, ist der Multiplikator (6.38) dann positiv. Die Ausbildungszeit steigt mit dem durchschnittlichen Humankapitalbestand der Elterngeneration. Das Humankapital der Aktivengeneration t wird durch $h_t = \lambda_t \sigma \overline{h}_{t-1}$ gebildet, folglich steigt das Wissen der Individuen der Generation t mit dem Humankapitalbestand der Elterngeneration. Aus den Gleichungen für den Konsum in beiden Perioden (6.7) und (6.8) wird ersichtlich, dass ceteris paribus der Konsum in beiden Perioden steigt. Wenn $\eta_1 > 1$ und $\eta_2 > 1$ gilt, dann sinkt dadurch der Grenznutzen des Konsums U_1' und U_2' sehr stark. Es besteht nur ein geringer Anreiz, durch zusätzliche Arbeitszeit den Konsum abermals zu erhöhen. Der Einkommenseffekt dominiert, die Individuen reduzieren die Arbeitszeit und wählen eine höhere Ausbildungszeit. Dieses Ergebnis stellt für die Politik eine ebenso gute Nachricht dar, wie im Fall des endogenen Bruttorentenniveaus. Eine staatliche Förderung der Humankapitalbildung hätte demnach nicht nur positive spill-over Effekte auf alle zukünftigen Generationen, sondern auch einen positiven Einfluss auf die endogene Humankapitalbildung der Individuen der nachfolgenden Generation. Insofern ist davon auszugehen, dass eine eventuelle Politik der Förderung der Wissensgenerierung durch eine gleichgerichtete Reaktion der Individuen unterstützt wird.

Wie reagiert der zukünftige Beitragssatz zur Rentenversicherung hierauf? Der folgende Multiplikator ist für $\eta_1 > 1$ und $\eta_2 > 1$ negativ:

$$\frac{d\tau_{t+1}}{d\overline{h}_{t-1}} = -\frac{1}{Det} \cdot z_1 \cdot \sigma w_t \left(1 - 2\lambda_t\right) \left[\left(1 - \tau_t\right) U_1' \left(1 - \eta_1\right) + \varepsilon U_2' \left(1 - \eta_2\right)\right].$$
(6.39)

Wie in Kapitel 6.2 bereits erwähnt, übt der Humankapitalbestand der Elterngeneration keinen direkten Einfluss auf die Budgetrestriktion der Rentenversicherung aus, was aus Gleichung (6.12) deutlich wird. Eine Erhöhung von $\overline{h}_{t-1}$ erzeugt lediglich einen Niveaueffekt. Die Ausgabenseite der Rentenversicherung steigt, da ein höheres Humankapital die Rentenzahlungen an die Individuen der Generation t erhöht. Jedoch steigt im gleichen Umfang die Einnahmeseite der Rentenversicherung, da aufgrund der intertemporalen Interdependenz der Humankapitalbildung das Humankapital der Generation $t + 1$ ebenfalls steigt. Somit ergibt sich allein aus der Erhöhung von $\overline{h}_{t-1}$ keine Anpassungsnotwendigkeit, weil für die Rentenversicherung weiterhin Ausgaben gleich Einnahmen gilt. Jedoch erhöhen die Individuen ihre Ausbildungszeit, wie wir bereits gesehen haben. Die dadurch reduzierte Arbeitszeit lässt ceteris paribus das Erwerbseinkommen sinken, wodurch die spätere Rentenzahlung ebenfalls sinkt. Somit kann der zukünftige Beitragssatz zur Rentenversicherung τ_{t+1} fallen, um die gesunkenen Ausgaben zu finanzieren.

Im Fall von Grenznutzenelastizitäten des Konsums von kleiner als eins ergibt sich wiederum eine analoge Argumentation mit umgekehrten Vorzeichen. Der Substitutionseffekt, ausgelöst durch den Anstieg des Grenzertrags der Arbeitszeit, ist relativ stark ausgeprägt. Die Individuen wählen eine höhere Arbeitszeit und reduzieren ihre Ausbildungszeit. Aufgrund der höheren Arbeitszeit erzielen die Individuen ceteris paribus ein höheres Erwerbseinkommen, wodurch die spätere Rentenzahlung steigt. Demnach muss der zukünftige Beitragssatz τ_{t+1} zur Finanzierung der gestiegenen Ausgaben steigen.

Es bleiben noch zwei Dinge anzumerken. Erstens: Bei der Annahme des Spezialfalls einer logarithmischen Nutzenfunktion unterbleibt eine Reallokation des Zeitbudgets und folglich muss der zukünftige Beitragssatz nicht angepasst werden. Aufgrund des dargestellten Niveaueffekts erhalten die Individuen jedoch insgesamt eine höhere Rentenzahlung, wenn das durchschnittliche Humankapital der Elterngeneration steigt. Zweitens wirkt eine Erhöhung des durchschnittlichen Humankapitalbestands wie eine Erhöhung des Lohnsatzes w_t. Beides erhöht ceteris paribus das erzielte Erwerbseinkommen und löst in Abhängigkeit von den jeweiligen Präferenzen die gleichen Effekte aus.

6.4.7 Veränderung der Produktivität der Lerntechnologie

Die Lerntechnologie wird beeinflusst von dem Produktivitätsparameter σ, der als eine Art Katalysator im Zusammenspiel mit dem durchschnittlichen Humankapital der Elterngeneration aus einer Zeiteinheit Ausbildung eine bestimmte Menge an Humankapital erzeugt. Wie bereits dargestellt wurde, kann eine Verbesserung der Effizienz des Ausbildungssystems über eine Erhöhung von σ modelliert werden. Ein Anstieg dieses Parameters, also ein effizienteres Ausbildungssystem, hat die gleichen Auswirkungen wie eine

Lohnerhöhung oder eine Steigerung des Wissensstandes der Elterngeneration. Der Nettoeffekt einer Erhöhung von σ wird ebenfalls bestimmt durch die Grenznutzenelastizitäten des Konsum der beiden Lebensperioden, η_1 und η_2. Als Multiplikator für die Ausbildungszeit ergibt sich:

$$\frac{d\lambda_t}{d\sigma} = \frac{1}{Det} \cdot z_4 \cdot \overline{h}_{t-1} w_t \left(1 - 2\lambda_t\right) \left[\left(1 - \tau_t\right) U_1' \left(1 - \eta_1\right) + \varepsilon U_2' \left(1 - \eta_2\right)\right].$$

$$(6.40)$$

Wenn $\eta_1 > 1$ und $\eta_2 > 1$ gilt, dann dominiert wiederum der Einkommenseffekt den Substitutionseffekt. Die Individuen wählen eine geringere Arbeitszeit und eine höhere Ausbildungszeit. Darüber hinaus sinkt der zukünftige Beitragssatz τ_{t+1} mit dem Produktivitätsparameter der Lerntechnologie σ:

$$\frac{d\tau_{t+1}}{d\sigma} = \frac{1}{Det} \cdot \left(-b_1 z_6 - z_1 b_6\right) = \frac{1}{Det} \cdot \left\{-b_1 z_6\right\}$$

$$- \frac{1}{Det} \cdot \left\{z_1 \cdot \overline{h}_{t-1} w_t \left(1 - 2\lambda_t\right) \left[\left(1 - \tau_t\right) U_1' \left(1 - \eta_1\right) + \varepsilon U_2' \left(1 - \eta_2\right)\right]\right\}.$$

$$(6.41)$$

Es gilt $Det > 0$, $b_1 > 0$, $z_6 > 0$ und $z_1 > 0$. Bei $\eta_1 > 1$ und $\eta_2 > 1$ ist der Multiplikator (6.41) negativ. Wie Gleichung (6.12) zeigt, steigen die Einnahmen der Rentenversicherung mit σ. Zudem sinken die Ausgaben, da die Arbeitszeit der Individuen sinkt. Folglich kann der zukünftige Beitragssatz τ_{t+1} sinken, um ein ausgeglichenes Budget zu garantieren.

Im Fall $\eta_1 < 1$ und $\eta_2 < 1$ ist der Substitutionseffekt stärker ausgeprägt. Die Arbeitszeit steigt, die Ausbildungszeit sinkt. Die Reaktion des zukünftigen Beitragssatzes τ_{t+1} ist nicht eindeutig, das Vorzeichen des Multiplikators (6.41) ist nicht zu bestimmen. Grund hierfür sind zwei gegenläufige Effekte auf die Rentenversicherung. Die Einnahmen steigen mit σ. Aufgrund der höheren Arbeitszeit steigen jedoch auch die Ausgaben. Der Nettoeffekt ist nicht zu bestimmen, da nicht eindeutig ist, welche Veränderung überwiegt.

Unterstellt man den Spezialfall einer logarithmischen Nutzenfunktion mit $\eta_1 = \eta_2 = 1$, so kommt es wiederum zu keiner Reallokation des Zeitbudgets. Jedoch sinkt der zukünftige Beitragssatz τ_{t+1}, da die Einnahmen der Rentenversicherung mit σ steigen, was Gleichung (6.12) zeigt.

6.5 Zusammenfassung

In Kapitel 6 wurde die individuelle Ausbildungsentscheidung in einem Modell mit ausbildungsabhängiger Nutzenfunktion analysiert. Dabei wurde angenommen, die Ausbildung oder allgemein gesprochen die Humankapitalbildung besitze einen Eigenwert und erhöhe den Nutzen der Freizeit einer Person. Höher gebildete Individuen können besser am gesellschaftlichen Leben teilhaben und dies stiftet ihnen einen höheren Nutzen. Ein weiterer Analysebaustein bestand in der expliziten Modellierung einer Budgetrestriktion der gesetzlichen Rentenversicherung. Die aus der Notwendigkeit eines ausgeglichenen Budgets innerhalb einer Periode entstehenden Rückwirkungen auf die Ausbildungsentscheidung der Individuen wurden also in der Analyse mitberücksichtigt. Dies erschien aus mehreren im Text angesprochenen Gründen angezeigt, da insbesondere der demografische Wandel der Gesellschaft und die damit verbundene Reduktion der zukünftigen Beitragszahler über die Budgetrestriktion Einfluss auf die individuellen Entscheidungen erzeugt. Darüber hinaus sind Veränderungen in den Ausbildungsentscheidungen der Individuen budgetwirksam und die daraus resultierenden Rückwirkungen gilt es ebenfalls mit einzubeziehen.

Veränderungen auf der Einnahme- und/oder Ausgabeseite der Rentenversicherung implizieren aufgrund der Notwendigkeit eines ausgeglichenen Budgets Anpassungen im System. In Bezug auf den demografischen Wandel der Gesellschaft und dem damit verbundenen Rückgang der zukünftigen Beitragseinnahmen bedeutet dies, dass sowohl Änderungen an den zukünftigen Beitragssätzen als auch an der zukünftigen Rentenhöhe zu erwarten sein werden. Wie die bisherigen Maßnahmen der Politik in der Realität zeigen, soll ein Mix aus Beitragssatzerhöhungen und Rentenkürzungen die Finanzierungsprobleme der gesetzlichen Rentenversicherung abmildern. Um die wirkenden Effekte klarer herausarbeiten zu können, wurden in der vorliegenden Analyse die beiden Eckszenarien analysiert. Zum einen wurde das Szenario einer endogenen Anpassung der Ausgabeseite der Rentenversicherung untersucht, wobei das Bruttorentenniveau als Anpassungsvariable fungiert. Zum anderen wurde das Szenario untersucht, in dem die Einnahmeseite endogen durch eine Veränderung des zukünftigen Beitragssatzes der Rentenversicherung angepasst wird.

Im ersten Fall mit endogenem Bruttorentenniveau erzeugt der demografische Wandel im empirisch bedeutsamsten Szenario eine Reduktion der Ausbildungszeit der Individuen. Daher ist eine endogene Erhöhung der Produktivität des Faktors Arbeit, wodurch eine entstehende Sozialproduktslücke zumindest teilweise geschlossen werden könnte, in dieser Modellvariante nicht zu erwarten. Im zweiten Fall mit endogener Anpassung der Einnahmeseite der Rentenversicherung wird indes keinerlei Veränderung der individuellen Ausbildungsentscheidung erzeugt. Wenn die nachfolgende Generation die Anpassungslast des demografischen Wandels in Form eines höheren Beitragssatzes zur Rentenversicherung komplett zu tragen hat, wird die Entscheidung über die Zeitallokation der heutigen Generation nicht beeinflusst.

Im folgenden Kapitel 7 wird der Modellrahmen um einen wichtigen Baustein erweitert. Die bisherige Analyse unterstellte zu Beginn der zweiten Periode ein automatisches Eintreten der Indivduen in den Ruhestand. Der Zeitpunkt des Renteneintritts wurde somit exogen vorgegeben. In der Realität ist dies jedoch nicht der Fall. Die Individuen entscheiden über die Länge ihrer Arbeitszeit im Alter, so dass diese Entscheidung in das Optimierungskalkül der Personen eingeht. Die Renteneintrittsentscheidung stellt somit eine weitere Anpassungsvariable dar. Wie wir sehen werden, ist insbesondere die Entscheidung über die Humankapitalbildung eng mit der Renteneintrittsentscheidung verknüpft und somit erscheint es ökonomisch sinnvoll, die Analyse in der hier gewählten Form zu erweitern.

6.6   Anhang

Durch totales Differenzieren der Bedingung erster Ordnung (6.9), der Budgetrestriktion der Rentenversicherung (6.12) sowie der beiden Nebenbedingungen (6.7) und (6.8) erhält man:

$$
\begin{aligned}
(1 - \tau_t)\, \sigma \overline{h}_{t-1} w_t \cdot (1 - 2\lambda_t)\, U_1^{''} dc_t^1 + \sigma \overline{h}_{t-1} w_t \left(1 - 2\lambda_t\right) \varepsilon U_2^{''} dc_t^2 \\
+ \sigma \overline{h}_{t-1} w_t \left(1 - 2\lambda_t\right) U_2' d\varepsilon - 2\sigma \overline{h}_{t-1} w_t \left((1 - \tau_t)\, U_1' + \varepsilon U_2'\right) d\lambda_t \\
+ \overline{h}_{t-1} w_t \left(1 - 2\lambda_t\right) \left((1 - \tau_t)\, U_1' + \varepsilon U_2'\right) d\sigma \\
+ \sigma w_t \left(1 - 2\lambda_t\right) \left((1 - \tau_t)\, U_1' + \varepsilon U_2'\right) d\overline{h}_{t-1} \\
+ \sigma \overline{h}_{t-1} \left(1 - 2\lambda_t\right) \left((1 - \tau_t)\, U_1' + \varepsilon U_2'\right) dw_t \\
- \sigma \overline{h}_{t-1} w_t \left(1 - 2\lambda_t\right) U_1' d\tau_t + U_3^{''} d\lambda_t = 0 \quad (6.42)
\end{aligned}
$$

$$
\begin{aligned}
(1 - \lambda_t)\, w_t d\varepsilon - \varepsilon w_t d\lambda_t + \varepsilon \left(1 - \lambda_t\right) dw_t = \left(1 - \lambda_{t+1}\right) \lambda_{t+1} \sigma w_{t+1} n_{t+1} d\tau_{t+1} \\
+ \tau_{t+1} \sigma w_{t+1} n_{t+1} \left(1 - 2\lambda_{t+1}\right) d\lambda_{t+1} + \tau_{t+1} \left(1 - \lambda_{t+1}\right) \lambda_{t+1} w_{t+1} n_{t+1} d\sigma \\
+ \tau_{t+1} \left(1 - \lambda_{t+1}\right) \lambda_{t+1} \sigma n_{t+1} dw_{t+1} + \tau_{t+1} \left(1 - \lambda_{t+1}\right) \lambda_{t+1} \sigma w_{t+1} dn_{t+1} \quad (6.43)
\end{aligned}
$$

$$dc_t^1 = (1 - \tau_t)\,\sigma\overline{h}_{t-1}w_t\,(1 - 2\lambda_t)\,d\lambda_t + (1 - \tau_t)\,(1 - \lambda_t)\,\lambda_t\overline{h}_{t-1}w_t d\sigma$$
$$+ (1 - \tau_t)\,(1 - \lambda_t)\,\lambda_t\sigma w_t d\overline{h}_{t-1} + (1 - \tau_t)\,(1 - \lambda_t)\,\lambda_t\sigma\overline{h}_{t-1}dw_t$$
$$- (1 - \lambda_t)\,\lambda_t\sigma\overline{h}_{t-1}w_t d\tau_t \quad (6.44)$$

$$dc_t^2 = (1 - \lambda_t)\,\lambda_t\sigma\overline{h}_{t-1}w_t d\varepsilon + \varepsilon\sigma\overline{h}_{t-1}w_t\,(1 - 2\lambda_t)\,d\lambda_t + \varepsilon\,(1 - \lambda_t)\,\lambda_t\overline{h}_{t-1}w_t d\sigma$$
$$+ \varepsilon\,(1 - \lambda_t)\,\lambda_t\sigma w_t d\overline{h}_{t-1} + \varepsilon\,(1 - \lambda_t)\,\lambda_t\sigma\overline{h}_{t-1}dw_t \quad (6.45)$$

Durch Einsetzen von (6.44) und (6.45) in Gleichung (6.42) ergibt sich:

$$-b_1 d\lambda_t + b_2 d\varepsilon = -b_6 d\sigma - b_8 dw_t - b_9 d\overline{h}_{t-1} + b_{10} d\tau_t, \quad (6.46)$$

mit

$$b_1 \equiv -\left\{\left(\sigma\overline{h}_{t-1}w_t\,(1 - 2\lambda_t)\right)^2\left((1 - \tau_t)^2\,U_1'' + \varepsilon^2 U_2''\right)\right.$$
$$\left. -2\sigma\overline{h}_{t-1}w_t\left((1 - \tau_t)\,U_1' + \varepsilon U_2'\right) + U_3''\right\} > 0$$
$$b_2 \equiv \sigma\overline{h}_{t-1}w_t\,(1 - 2\lambda_t)\,U_2'\,(1 - \eta_2) \gtreqless 0$$
$$b_6 \equiv \overline{h}_{t-1}w_t\,(1 - 2\lambda_t)\left[(1 - \tau_t)\,U_1'\,(1 - \eta_1) + \varepsilon U_2'\,(1 - \eta_2)\right] \gtreqless 0$$
$$b_8 \equiv \sigma\overline{h}_{t-1}\,(1 - 2\lambda_t)\left[(1 - \tau_t)\,U_1'\,(1 - \eta_1) + \varepsilon U_2'\,(1 - \eta_2)\right] \gtreqless 0$$
$$b_9 \equiv \sigma w_t\,(1 - 2\lambda_t)\left[(1 - \tau_t)\,U_1'\,(1 - \eta_1) + \varepsilon U_2'\,(1 - \eta_2)\right] \gtreqless 0$$
$$b_{10} \equiv \sigma\overline{h}_{t-1}w_t\,(1 - 2\lambda_t)\,U_1'\,(1 - \eta_1) \gtreqless 0.$$

In diesen Parameter-Definitionen steht $\eta_1 \equiv -\frac{c_t^1 U_1''}{U_1'} > 0$ für die Grenznutzenelastizität des Konsums der ersten Lebensperiode und $\eta_2 \equiv -\frac{c_t^2 U_2''}{U_2'} > 0$ für die Grenznutzenelastizität des Konsum der zweiten Lebensperiode. Aus dem totalen Differenzial der Budgetrestriktion der Rentenversicherung (6.43) erhält man in Koeffizientenschreibweise:

$$-z_1 d\lambda_t + z_2 d\varepsilon = z_3 dn_{t+1} + z_4 d\tau_{t+1} - z_5 d\lambda_{t+1} + z_6 d\sigma + z_7 dw_{t+1} - z_8 dw_t, \quad (6.47)$$

mit

$$z_1 \equiv \varepsilon w_t > 0$$
$$z_2 \equiv (1 - \lambda_t)\,w_t > 0$$
$$z_3 \equiv \tau_{t+1}\,(1 - \lambda_{t+1})\,\lambda_{t+1}\sigma w_{t+1} > 0$$
$$z_4 \equiv (1 - \lambda_{t+1})\,\lambda_{t+1}\sigma w_{t+1}n_{t+1} > 0$$
$$z_5 \equiv -\tau_{t+1}\sigma w_{t+1}n_{t+1}\,(1 - 2\lambda_{t+1}) > 0$$
$$z_6 \equiv \tau_{t+1}\,(1 - \lambda_{t+1})\,\lambda_{t+1}w_{t+1}n_{t+1} > 0$$

$$z_7 \equiv \tau_{t+1} \left(1 - \lambda_{t+1}\right) \lambda_{t+1} \sigma n_{t+1} > 0$$
$$z_8 \equiv \varepsilon \left(1 - \lambda_t\right) > 0.$$

Aus den Gleichungen (6.46) und (6.47) erhält man das Gleichungssystem (6.13).

Kapitel 7

Endogene Ausbildungs- und Renteneintrittsentscheidung

In der vorhergehenden Analyse wurde die Ausbildungsentscheidung der heutigen Individuen analysiert. Eines der zentralen Probleme betraf die Frage, wie die individuelle Ausbildungsentscheidung durch den demografischen Wandel der Gesellschaft beeinflusst wird. Die endogene Ausbildungsentscheidung determiniert ceteris paribus die Humankapitalbildung der Individuen und damit die Produktivität der Arbeiter. Wie bereits erwähnt, ist eine Erhöhung der Produktivität ein notwendiger Kanal, um die volkswirtschaftlichen Kosten des demografischen Wandels abzumildern. Jedoch wird in der wissenschaftlichen und vermehrt auch in der politischen Diskussion argumentiert, dass darüber hinaus durch eine Verlängerung der Lebensarbeitszeit dem demografischen Wandel und den dadurch entstehenden Kosten entgegengewirkt werden muss. Somit wäre es insbesondere aus wirtschaftspolitischer Sicht wünschenswert, über Instrumente zu verfügen, die die Entscheidung der Individuen in die aus politischer Sicht richtige Richtung beeinflussen. Die Individuen sollten demnach sowohl eine forcierte Aus- und Weiterbildung als auch einen späteren Renteneintritt wählen.

In diesem Kapitel soll das zuvor entwickelte modelltheoretische Instrumentarium erweitert werden, um das Zusammenspiel zwischen individueller Ausbildungsentscheidung und individueller Renteneintrittsentscheidung zu analysieren. Wie in der Einleitung zu diesem Teil bereits dargelegt, wird in der Literatur die Interdependenz dieser Entscheidungen weitgehend nicht beachtet. Die Humankapitalbildung und die Renteneintrittsentscheidung werden meist unabhängig voneinander betrachtet. Dies ist jedoch eine verkürzte Sichtweise, weil beide Entscheidungen einander bedingen. Die in diesem Kapitel durchgeführte Synthese dieser beiden Literaturstränge soll die

Analyse realitätsnäher erweitern und wertvolle Hinweise für die Beurteilung
verschiedener Politikoptionen liefern. Dabei wird darauf zu achten sein, ob
mögliche staatliche Politikmaßnahmen die gewünschten Reaktionen der Individuen erzeugen oder ob eventuell ein Zielkonflikt zwischen einer verstärkten Humankapitalbildung und einem späteren Renteneintritt zu erwarten
sein wird. Dazu wird in Kapitel 7.1 zunächst die Modellerweiterung dargestellt und in Kapitel 7.2 das individuelle Optimierungskalkül abgeleitet. Die
optimale Ausbildungs- und Renteneintrittsentscheidung wird in Kapitel 7.3
analysiert, wobei die Auswirkungen verschiedener Parameterveränderungen
eingehend betrachtet werden. In Kapitel 7.4 wird eine zusätzliche Modellerweiterung vorgenommen, indem die Budgetrestriktion der Rentenversicherung in das Modell integriert wird. Eine kurze Zusammenfassung schließt
das Kapitel ab.

7.1 Grundstruktur des Modells

Grundlage der Analyse bildet weiterhin das Modell überlappender Generationen (OLG-Modell), wobei jede Generation sich aus identischen Individu-
en zusammensetzt. Die Individuen leben zwei gleich lange Perioden. Das zur
Verfügung stehende Zeitbudget der ersten Periode wird in Ausbildungszeit
und Arbeitszeit aufgeteilt. Es wird weiterhin der Learning-or-Doing-Ansatz
von Lucas (1988) unterstellt. Dies bedeutet, während der Ausbildungszeit
wird ausschließlich Humankapital gebildet und insbesondere kein Erwerbseinkommen erzielt. Das während der Erwerbstätigkeit erzielte Arbeitseinkommen wird abzüglich des zu leistenden Rentenversicherungsbeitrags vollständig konsumiert, es wird demnach von Ersparnisbildung abstrahiert. In
Kapitel 6.2 wurde bereits ausführlich erläutert, warum die Ersparnisbildung
hier nicht berücksichtigt wird. Der modelltheoretische Unterschied zu dem
in der bisherigen Analyse zugrunde gelegten Instrumentarium liegt darin,
dass zu Beginn der zweiten Lebensperiode die Individuen nicht mehr zwingend in den Ruhestand eintreten. Sie haben vielmehr die Wahl, entweder
sofort in Rente zu gehen oder aber noch eine bestimmte Zeit erwerbstätig zu
bleiben. Dies bedeutet, die Entscheidung über den Zeitpunkt des Renteneintritts ist Gegenstand der individuellen Optimierung. Die im Folgenden
gewählte Art der Modellierung basiert auf Breyer (1990), Conde-Ruiz und
Galasso (2004) und insbesondere Debus und Michaelis (2006).

7.2 Das individuelle Optimierungskalkül

Die Individuen wählen die Dauer ihrer Rentenzeit, sie optimieren über die Länge ihrer Freizeit im Alter. In der Literatur wird üblicherweise der Freizeit ein nutzenstiftender Effekt zugeschrieben (siehe beispielsweise Killingsworth, 1983; Barro und Sala-i-Martin, 2004; Gravelle und Rees, 2004 und Franz, 2006). Somit ist es üblich, die Freizeit in die Nutzenfunktion aufzunehmen. Ein Individuum der Generation t zieht also nicht nur Nutzen aus dem Konsum in den beiden Lebensperioden c_t^1 und c_t^2, sondern auch aus der Länge der Ruhestandsphase in der zweiten Periode, dargestellt als a_t^2:

$$V_t = U_t(c_t^1, c_t^2, a_t^2), \tag{7.1}$$

wobei die Nutzenfunktion die gleichen Eigenschaften aufweist wie die bisher verwendeten Nutzenfunktionen. Insbesondere weist die Länge der Ruhestandsphase ebenso wie der Konsum einen positiven und abnehmenden Grenznutzen auf. Da weiterhin von der Ersparnisbildung abstrahiert wird, ergibt sich für die Budgetrestriktion der ersten Lebensphase wiederum:

$$c_t^1 = (1 - \tau_t)(1 - \lambda_t)h_t w_t. \tag{7.2}$$

Aus Vereinfachungsgründen wird hier für die Lerntechnologie $h_t = \lambda_t$ unterstellt. Es werden demnach weiterhin konstante Grenzerträge der Ausbildungszeit unterstellt.[1] Es werden hingegen sowohl der Produktivitätsparameter σ, der auch die Effizienz des Ausbildungssystems darstellt, als auch die intertemporale Interdependenz der Ausbildung nicht mehr modelliert. Diese beiden Modellbausteine erzeugen keine Veränderungen an den qualitativen Aussagen und sind für unsere Fragestellung nicht von besonderer Bedeutung, weshalb in diesem Kapitel darauf verzichtet wird.

Der Konsum während der zweiten Lebensphase setzt sich aus zwei Komponenten zusammen:

$$c_t^2 = q_t^2 (1 - \tau_{t+1}) h_t w_{t+1} + a_t^2 p_t^2. \tag{7.3}$$

Die erste Komponente besteht aus dem während der zweiten Lebensphase erzielten Erwerbseinkommen. Entscheidet sich ein Individuum, zu Beginn der zweiten Periode nicht sofort in den Ruhestand einzutreten, sondern zunächst weiterhin sein Humankapital h_t auf dem Arbeitsmarkt anzubie-

---

[1]Die Diskussion konstanter vs. abnehmender Grenzerträge der Ausbildung wurde bereits in Kapitel 5.1 geführt, worauf hier nur verwiesen wird.

ten, so erhält dieses Individuum dafür die Entlohnung w_{t+1} als Lohnsatz pro Einheit Humankapital in der Periode $t + 1$. Davon ist der Rentenversicherungsbeitrag dieser Periode τ_{t+1} zu entrichten. Wenn q_t^2 den Anteil des Zeitbudgets bezeichnet, den ein Individuum der Generation t während seiner zweiten Lebensperiode erwerbstätig ist, so stellt $q_t^2 (1 - \tau_{t+1}) h_t w_{t+1}$ das erzielte Nettoeinkommen dar. Das zur Verfügung stehende Zeitbudget der zweiten Periode ist ebenfalls auf 1 normiert, somit gilt: $q_t^2 + a_t^2 = 1$.

Die zweite Komponente des Konsums während der Ruhestandsphase besteht aus dem Einkommen aus der Rentenversicherung. Die Rentenzahlung wird als lump-sum-Zahlung pro Zeiteinheit modelliert und mit p_t^2 dargestellt. Demnach ergibt sich die gesamte Rentenzahlung für eine Person durch $a_t^2 \cdot p_t^2$. Für ein Individuum sind die Rentenzahlung pro Zeiteinheit ebenso wie die Beitragssätze zur Rentenversicherung und die Lohnsätze in den beiden Perioden exogene Daten (Partialanalyse).

In diesem Kapitel wird die Budgetrestriktion der Rentenversicherung noch nicht berücksichtigt. Die Erweiterung der Berücksichtigung der Budgetrestriktion der Rentenversicherung wird in Kapitel 7.4 durchgeführt. Somit maximiert hier ein Individuum die Nutzenfunktion (7.1) unter den Nebenbedingungen der Budgetrestriktionen beider Perioden (7.2) und (7.3) durch die Wahl der Ausbildungszeit λ_t und der Länge der Ruhestandsphase a_t^2. Es gilt weiterhin perfekte Voraussicht und die Entscheidungen werden jeweils zu Beginn der ersten Periode gefällt. Die Bedingungen erster Ordnung im Nutzenmaximum für λ_t und a_t^2 lauten:

$$U_1' \cdot (1 - \tau_t)(1 - 2\lambda_t)w_t = -U_2' \cdot (1 - a_t^2)(1 - \tau_{t+1})w_{t+1} \qquad (7.4)$$

$$U_2' \cdot \left[(1 - \tau_{t+1})\lambda_t w_{t+1} - p_t^2 \right] = U_3', \qquad (7.5)$$

wobei U_1', U_2' und U_3' die partiellen Ableitungen der Nutzenfunktion nach dem ersten, zweiten und dritten Argument darstellen. Was sagen die beiden Bedingungen erster Ordnung aus? Eine Erhöhung der Ausbildungszeit λ_t erzeugt drei Teileffekte, wovon zwei auf den Konsum während der ersten Lebensperiode c_t^1 wirken. Das Humankapital eines Individuums h_t steigt und somit steigt der Konsum c_t^1. Eine höhere Ausbildungszeit bedeutet hingegen eine geringere Arbeitszeit. Dadurch reduziert sich ceteris paribus das Erwerbseinkommen und folglich auch der Konsum c_t^1. Der Nettoeffekt dieser beiden gegenläufigen Effekte ist eindeutig negativ, folglich sinkt der Konsum c_t^1 mit der Ausbildungszeit. Welche Erklärung gibt es dafür? Die rechte Seite der Gleichung (7.4) ist eindeutig negativ. Folglich ist λ_t größer als $\frac{1}{2}$, damit die linke Seite ebenfalls negativ ist. Würden die Individuen die Strategie der Einkommensmaximierung während der ersten Lebensphase verfolgen, so wäre die optimale Ausbildungszeit gerade $\lambda_t = \frac{1}{2}$. Genau dann wäre der Konsum c_t^1 ceteris paribus maximal. Wenn jedoch $\lambda_t > \frac{1}{2}$ gilt und die Ausbildungszeit steigt, dann sinkt das Erwerbseinkommen und somit auch der Konsum c_t^1. Jedoch erzeugt eine Erhöhung der Ausbildungszeit noch einen dritten, intertemporalen Effekt. Wenn die Individuen sich entscheiden, zu Beginn der zweiten Lebensphase weiterhin erwerbstätig zu sein, so profitieren sie für einen längeren Zeitraum von der Erhöhung des Humankapitals h_t. Das Erwerbseinkommen der zweiten Periode steigt und somit auch der Konsum c_t^2. Infolgedessen wird ein Anreiz erzeugt, eine optimale Ausbildungszeit von größer als $\frac{1}{2}$ zu wählen. Gemäß Gleichung (7.4) ist die optimale Ausbildungszeit dort gegeben, wo der Grenznutzen aus dem höheren Konsum c_t^2 gerade den Opportunitätskosten in Form eines reduzierten Konsums c_t^1 entspricht.

Wie Gleichung (7.5) zeigt, ist die optimale Länge der Erwerbstätigkeit in der zweiten Lebensphase erreicht, wenn die Opportunitätskosten in Form entgangener Freizeit gleich dem Grenznutzen des durch längere Arbeitszeit ermöglichten zusätzlichen Konsums c_t^2 sind. Der Term in der eckigen Klammer von Gleichung (7.5) ist gleich dem Grenzertrag der Arbeitszeit, ausgedrückt in Einheiten Konsum, $\partial c_t^2 / \partial q_t^2$. Dieser Grenzertrag ist plausiblerweise positiv, somit ist der während einer Zeiteinheit zu erzielende Nettolohn $(1 - \tau_{t+1})\lambda_t w_{t+1}$ größer als die Rentenzahlung pro Zeiteinheit p_t^2. Wäre dies nicht der Fall, so käme es zur Randlösung mit $a_t^2 = 1$. Die Individuen würden sich sinnvollerweise niemals für eine Erwerbstätigkeit während der zweiten Lebensperiode entscheiden.

7.3 Die optimale Ausbildungs- und Renteneintrittsentscheidung

In diesem Kapitel wird die Fragestellung analysiert, wie die Individuen mit ihrer Ausbildungszeit und ihrer Renteneintrittsentscheidung reagieren, wenn sich ceteris paribus die exogenen Parameter w_t, w_{t+1}, τ_t, τ_{t+1} und p_t^2 ändern. Dabei werden in einem ersten Schritt die Rückwirkungen der Budgetrestriktion der Rentenversicherung nicht berücksichtigt, dies geschieht in Kapitel 7.4. Folglich kann in diesem Kapitel die Bevölkerungsentwicklung über eine Veränderung des Parameters n_{t+1} noch nicht analysiert werden, sondern lediglich die Auswirkungen des demografischen Wandels über die Veränderung der oben genannten Parameter.

Die beiden abgeleiteten Bedingungen erster Ordnung für ein Nutzenmaximum, Gleichungen (7.4) und (7.5), ergeben ein System zweier Gleichungen mit den zwei endogenen Variablen Ausbildungszeit λ_t sowie der Länge der Ruhestandszeit während der zweiten Periode a_t^2. Um die oben skizzierte Fragestellung angehen zu können, müssen zunächst die beiden Bedingungen erster Ordnung total differenziert werden. Die im Anhang in Kapitel 7.6 aufgezeigten Umformungen ergeben das folgende in Matrizenform dargestellte Gleichungssystem:

$$\begin{bmatrix} l_1 & l_2 \\ m_1 & m_2 \end{bmatrix} \begin{bmatrix} d\lambda_t \\ da_t^2 \end{bmatrix} = \begin{bmatrix} l_3 dw_t & -l_4 d\tau_t & l_5 dw_{t+1} & -l_6 d\tau_{t+1} & -l_7 dp_t^2 \\ 0 & 0 & -m_5 dw_{t+1} & m_6 d\tau_{t+1} & m_7 dp_t^2 \end{bmatrix}.$$
$$(7.6)$$

Die jeweiligen Koeffizienten sind im Anhang definiert (siehe Kapitel 7.6). Mit Hilfe dieses Gleichungssystems können nun die bereits angesprochenen Fragestellungen, sprich Parameteränderungen und ihre Auswirkungen auf die individuelle Ausbildungzeit und Renteneintrittsentscheidung, untersucht werden. Dazu muss zunächst das Vorzeichen der Determinante des Gleichungssystems (7.6) bestimmt werden. Diese ergibt sich als $Det = l_1 m_2 - l_2 m_1$. Unter Berücksichtigung der Koeffizientendefinitionen lässt sich zeigen, dass die Relation $1 - 2\eta_2\mu \leqq 0$ eine hinreichende, aber nicht notwendige Bedingung für eine positive Determinante ist. Für plausible Werte kann diese hinreichende Bedingung als erfüllt anzusehen sein, weshalb im Folgenden angenommen wird: $Det > 0$. Auf den Ausdruck $\eta_2\mu$, also das Produkt aus der Grenznutzenelastizität des Konsums der zweiten Periode η_2 und der Konsumelastizität der Arbeitszeit in der zweiten Periode μ, wird im folgenden Kapitel näher eingegangen.

7.3.1   Reduktion der Rentenzahlung

Wie bereits diskutiert wurde, werden aufgrund des demografischen Wandels in der Zukunft die Rentenzahlungen sinken. Wie reagieren die heutigen Individuen bezüglich ihrer Ausbildungsentscheidung und ihres Renteneintritts, wenn sie dies antizipieren? In unserem Ansatz bedeutet das modelltheoretisch, die lump-sum-Rentenzahlung p_t^2 sinkt. Mit Hilfe der Cramer-Regel erhält man aus dem Gleichungssystem (7.6) folgenden Multiplikator für die Ausbildungszeit:

$$\frac{d\lambda_t}{dp_t^2} = -\frac{1}{Det} \left(l_7 m_2 + l_2 m_7\right)$$

$$= -\frac{1}{Det} \left[l_7 m_2 + m_7 \cdot (1 - \tau_{t+1}) w_{t+1} U_2' (1 - \eta_2 \mu)\right]. \quad (7.7)$$

Der erste Term in der eckigen Klammer ist eindeutig positiv, $l_7 m_2 > 0$, ebenso wie die Determinante und der Koeffizient m_7. Somit ist unter der hinreichenden, aber nicht notwendigen Bedingung $1 - \eta_2 \mu > 0$ die Gleichung (7.7) negativ. Die Ausbildungszeit der Individuen steigt, wenn die spätere Rentenzahlung sinkt.

Als Multiplikator für die Länge der Ruhestandsphase in der zweiten Lebensperiode ergibt sich:

$$\frac{da_t^2}{dp_t^2} = \frac{1}{Det} \left(l_1 m_7 + l_7 m_1\right) = \frac{1}{Det} \left[l_1 m_7 + l_7 \cdot (1 - \tau_{t+1}) w_{t+1} U_2' (1 - \eta_2 \mu)\right].$$
$$(7.8)$$

Der Term $l_1 m_7$ ist ebenso positiv wie der Koeffizient l_7. Folglich ist unter der gleichen hinreichenden, aber nicht notwendigen Bedingung wie oben, $1 - \eta_2 \mu > 0$, der Multiplikator positiv. Die Ruhestandszeit sinkt, wenn die spätere Rentenzahlung sinkt.

Welche ökomische Intuition kann indes für die abgeleiteten Ergebnisse angeführt werden? Antizipieren die Individuen eine Reduktion ihrer späteren Rentenzahlung aufgrund des demografischen Wandels der Gesellschaft, so antizipieren sie ceteris paribus einen geringeren Konsum während der zweiten Lebensphase, c_t^2 sinkt. Dadurch steigen die Opportunitätskosten der Freizeit. Die nutzenmaximale Reaktion der Individuen darauf ist eine Verlängerung ihrer Erwerbsphase im Alter, um den Konsumrückgang zumindest teilweise zu kompensieren. Dies bedeutet, sie werden ihren Renteneintritt nach hinten verschieben. Durch die längere Arbeitszeit im Alter steigt der Grenzertrag der Ausbildung, da das eigene Humankapital über einen längeren Zeitraum produktiv genutzt wird. Der Ertrag der Investition in das eigene Humankapital steigt, wodurch ein Anreiz erzeugt wird, die Ausbildungszeit zu erhöhen. Eine längere Ausbildungszeit führt zwangsläufig zu einer geringeren Arbeitszeit während der ersten Lebensphase, wodurch ceteris paribus der Konsum in der Jugend c_t^1 sinkt. Somit wird die durch eine Absenkung der Rentenzahlung induzierte Konsumreduktion über den gesamten Lebenszyklus alloziiert.

Wie sicher sind indes die dargestellten Ergebnisse, also wie wahrscheinlich ist die Einhaltung der hinreichenden, aber nicht notwendigen Bedingung $1 - \eta_2 \mu > 0$? Die Relation $\eta_2 \mu$ wird zum einen bestimmt von der Grenznutzenelastizität des Konsums der zweiten Lebensperiode η_2 und zum anderen von der Konsumelastizität der Arbeitszeit der zweiten Lebensperiode μ. Die letztgenannte, zwischen null und eins liegende Elastizität, definiert als $\mu \equiv \frac{dc_t^2}{dq_t^2} \frac{q_t^2}{c_t^2}$, gibt an, um wieviel Prozent der Konsum c_t^2 gesteigert werden kann, wenn die Arbeitszeit q_t^2 um ein Prozent erhöht wird. Wie anhand von Gleichung (7.3) für den Konsum während der zweiten Lebensphase leicht gezeigt werden kann, gilt $\mu = 1 - p_t^2/c_t^2$. Je geringer die Rentenzahlung, umso größer ist μ. Eine niedrige Rentenzahlung impliziert einen relativ geringen Konsum. Die Erhöhung der Arbeitszeit um ein Prozent führt dann ceteris paribus zu einer reltativ großen Steigerung des Konsums, was einer großen Elastizität μ entspricht. Auf diese Elastizität wird im folgenden Kapitel noch näher eingegangen.

In Kapitel 6.3.1 wurde bereits diskutiert, welche Werte für die Grenznutzenelastizität des Konsums die empirisch relevantesten sind. Empirische Studien schätzen Werte, die signifikant größer als eins sind. Evans (2005) ermittelt beispielsweise für 20 OECD-Länder einen Durchschnittswert von $1, 4$. Über Werte für die Konsumelastizität der Arbeitszeit der zweiten Lebensperiode μ können indes keine gehaltvollen Aussagen getroffen werden. Nimmt man für η_2 den Wert $1, 4$ an, so wäre die Bedingung $1 - \eta_2 \mu > 0$ erfüllt für $\mu \lessgtr 0, 7$. Da diese Relation lediglich eine hinreichende, aber nicht notwendige Bedingung für obige Ergebnisse darstellt, erscheinen die Resultate empirisch plausibel.

In der hier verwendeten Modellvariante führt der demografische Wandel der Gesellschaft zu einer Reaktion der Individuen, die für die Politik positiv zu bewerten ist. Die Individuen wählen einen späteren Renteneintritt und investieren stärker in ihre Humankapitalbildung.

7.3.2 Steigerung der heutigen Entlohnung des Humankapitals

Wie reagieren die heutigen Individuen bezüglich ihrer Ausbildungsentscheidung und ihrem Renteneintritt auf eine Erhöhung ihrer derzeitigen Entlohnung, beispielsweise aufgrund eines forcierten technischen Fortschritts? Die Auswertung des Gleichungssystems (7.6) liefert den folgenden Multiplikator:

$$\frac{d\lambda_t}{dw_t} = \frac{1}{Det} \cdot m_2 \cdot (1 - \tau_t)(1 - 2\lambda_t) U_1' [1 - \eta_1]. \tag{7.9}$$

Durch eine Lohnerhöhung wird ein Substitutions- und ein Einkommenseffekt ausgelöst. Ein höherer Lohnsatz lässt die Opportunitätskosten der

Ausbildungszeit in Form von entgangenem Einkommen steigen. Durch den Substitutionseffekt steigt demnach die Arbeitszeit und die Ausbildungszeit sinkt. Jedoch kann durch die Lohnerhöhung der gleiche Konsum c_t^1 mit weniger Arbeitszeit realisiert werden. Infolgedessen reduziert der Einkommenseffekt die Arbeitszeit und lässt die Ausbildungszeit steigen.

Für die Bestimmung des Nettoeffektes ist die Krümmung der Nutzenfunktion $U\left(c_t^1\right)$ von entscheidender Bedeutung. Als Maß für die Krümmung dient die Grenznutzenelastizität des Konsums der ersten Lebensperiode $\eta_1 \equiv -\frac{c_t^1 U_1''}{U_1'} > 0$. Gilt der empirisch relevante Fall mit $\eta_1 > 1$, so führt der durch eine Lohnerhöhung ceteris paribus gestiegene Konsum c_t^1 zu einem starken Sinken des Grenznutzen des Konsums $\left(U_1'' << 0\right)$. Folglich ist der Anreiz, den Konsum durch zusätzliche Arbeitszeit nochmals zu steigern, trotz des gestiegenen Grenzertrags der Arbeitszeit sehr gering. Der Multiplikator (7.9) ist positiv, der Einkommenseffekt überwiegt, die Ausbildungszeit steigt mit dem Lohn. Wenn hingegen $\eta_1 < 1$ gilt, dann ist der Substitutionseffekt stärker ausgeprägt. Die Individuen reduzieren ihre Ausbildungszeit und werden eine längere Arbeitszeit während der ersten Lebensphase wählen.

Wie reagieren die Individuen auf eine Lohnerhöhung bezüglich ihrer Entscheidung über den Zeitpunkt des Renteneintritts? Hierbei kommt der intertemporale Aspekt zum Tragen, wobei die intertemporale Verknüpfung zwischen den beiden Lebensphasen über das während der ersten Periode gebildete Humankapital stattfindet. Dieses Humankapital wird in der zweiten Periode ebenfalls einkommenswirksam eingesetzt und auf dem Arbeitsmarkt angeboten. Folglich ist diese intertemporale Verknüpfung bei der Analyse der Reaktion bezüglich des Renteneintritts zu berücksichtigen. Als Multiplikator erhält man:

$$\frac{da_t^2}{dw_t} = -\frac{1}{Det} \cdot \left(1 - \tau_{t+1}\right) w_{t+1} U_2' \left(1 - \tau_t\right) \left(1 - 2\lambda_t\right) U_1' \left[1 - \eta_2 \mu\right] \left[1 - \eta_1\right].$$

(7.10)

Somit wird deutlich, dass das Vorzeichen des Nettoeffektes durch den Term $\left[1 - \eta_2 \mu\right] \left[1 - \eta_1\right]$ determiniert wird. Hierbei gelte der empirisch bedeutsamste Fall mit $\eta_1 > 1$, d.h., die Individuen erhöhen die Ausbildungszeit aufgrund einer Erhöhung des Lohns.

Der Nettoeffekt und damit die Richtung der Reallokation des Zeitbudgets im Alter wird bestimmt durch das Produkt aus Grenznutzenelastizität des Konsums η_2 und Konsumelastizität der Arbeitszeit der zweiten Periode μ. Der erste Faktor stellt ein Maß für die Krümmung der Nutzenfunktion

$U\left(c_t^2\right)$ dar, definiert als $\eta_2 \equiv -\frac{c_t^2 U_2''}{U_2'}$. Je größer η_2, umso stärker sinkt der Grenznutzen des Konsums U_2' durch eine Erhöhung des Konsums. Dadurch sinkt der Anreiz, den durch eine Lohnerhöhung ceteris paribus induzierten Konsumanstieg durch eine längere Arbeitszeit abermals zu erhöhen. Demnach kann für hohe Werte von η_2 eine Dominanz des Einkommenseffektes erwartet werden. Die Individuen reagieren somit auf die Lohnerhöhung tendenziell mit einem nach vorne verschobenen Renteneintritt. Wenn man dabei berücksichtigt, dass es empirisch gesehen keine Evidenz für ein starkes Schwanken des Grenznutzen des Konsums über den Lebenszyklus gibt und es demnach sinnvoll erscheint, für η_1 und η_2 ähnliche Werte anzusetzen, so ist der Fall $\eta_2 > 1$ plausibel.[2] Jedoch wird das Vorzeichen des Nettoeffektes einer Lohnerhöhung nicht ausschließlich durch die Grenznutzenelastizitäten des Konsums determiniert, sondern darüber hinaus auch durch die Konsumelastizität der Arbeitszeit der zweiten Lebensphase μ, worauf im Folgenden eingegangen wird.

Für die relative Stärke von Einkommens- und Substitutionseffekt ist die in der Ausgangssituation gewählte Aufteilung des Zeitbudgets von besonderer Bedeutung. Darüber hinaus kommt hierbei die intertemporale Verknüpfung der Humankapitalbildung mit der Renteneintrittsentscheidung zum Tragen. Wie wir gesehen haben, steigt die Humankapitalbildung mit dem Lohn. Ist im ursprünglichen Gleichgewicht die optimale Arbeitszeit bereits sehr hoch, so ist zu erwarten, dass die Konsumsteigerung infolge des höheren Humankapitals hauptsächlich für eine Ausweitung der Freizeit genutzt wird. Die diesbezügliche Eigenschaft der Zeitallokation im ursprünglichen Gleichgewicht spiegelt sich in der Konsumelastizität der Arbeitszeit wider. Unter Berücksichtigung von Gleichung (7.3) für den Konsum während der zweiten Lebensphase ergibt sich $\mu = 1 - p_t^2/c_t^2$. Dies bedeutet, je geringer die Rentenzahlung p_t^2 ist, umso größer ist diese Elastizität. Je höher diese Elastizität (beispielsweise bei einer geringen Rentenzahlung), umso größer sind die Opportunitätskosten der Freizeit in Form von entgangenem Konsum. Folglich ist die nutzenmaximale Arbeitszeit im Ausgangsgleichgewicht relativ hoch. Je höher die Elastizität μ ist, umso wahrscheinlicher wird eine Dominanz des Einkommenseffektes zu erwarten sein.

Die exakte Bedingung für das Vorzeichen des Nettoeffektes einer Lohnerhöhung auf die Renteneintrittsentscheidung ist gemäß Gleichung (7.10) durch $\eta_2\mu \gtrless 1$ gegeben. Für $\eta_2\mu > 1$ überwiegt insgesamt der Einkommenseffekt. Die Individuen reagieren auf die Lohnerhöhung mit einem Vorziehen

---

[2]Siehe auch Kapitel 6.3.6.

ihres Renteneintritts und entscheiden sich für mehr Freizeit. Wenn hingegen $\eta_2\mu < 1$ gilt, dominiert der Substitutionseffekt mit einer längeren Arbeitszeit im Alter. Die Ruhestandsphase wird nach hinten verschoben. Im Spezialfall einer logarithmischen Nutzenfunktion mit $\eta_2 = 1$ ist stets $\eta_2\mu < 1$ gegeben. Unterstellt man in Übereinstimmung mit Evans (2005) $\eta_2 = 1,4$, so ist der kritische Wert wiederum bei $\mu \approx 0,7$ gegeben.

Bleibt noch Folgendes anzumerken: Unterstellt man $\eta_1 < 1$ mit einer Reduktion der Ausbildungszeit der Individuen als Reaktion auf die Lohnerhöhung, so gilt eine analoge Argumentation. Lediglich die Vorzeichen kehren sich um.

7.3.3 Erhöhung des zukünftigen Beitragssatzes zur Rentenversicherung

Alterung der Gesellschaft wird nicht nur zu einem Sinken der zukünftigen Rentenzahlungen führen, sondern darüber hinaus werden auch die zukünftigen Steuer- und Sozialabgaben steigen. Wie reagieren die heutigen Individuen auf eine antizipierte Erhöhung des zukünftigen Beitragssatzes zur Rentenversicherung? Aus dem Gleichungssystem (7.6) erhält man folgenden Multiplikator für die Ausbildungszeit:

$$\frac{d\lambda_t}{d\tau_{t+1}} = -\frac{1}{Det}\left(l_6 m_2 + l_2 m_6\right)$$

$$= -\frac{1}{Det}\left\{q_t^2 w_{t+1} U_2' \left[1 - \eta_2\left(1 - a_t^2 p_t^2/c_t^2\right)\right] \cdot m_2 + l_2 m_6\right\}. \quad (7.11)$$

Der Term $l_2 m_6$ ist ebenso eindeutig positiv wie der Koeffizient m_2. Folglich ist $l_6 = q_t^2 w_{t+1} U_2' \left[1 - \eta_2\left(1 - a_t^2 p_t^2/c_t^2\right)\right] > 0$ eine hinreichende, aber nicht notwendige Bedingung für einen negativen Multiplikator (7.11). Im Spezialfall einer logarithmischen Nutzenfunktion mit $\eta_2 = 1$ ist diese Bedingung erfüllt. Ob die Bedingung im empirisch relevanten Szenario mit $\eta_2 > 1$ ebenfalls erfüllt ist, kann nicht eindeutig bestimmt werden. Da die Bedingung jedoch lediglich eine hinreichende, aber nicht notwendige Bedingung darstellt, wird von einem negativen Multiplikator (7.11) ausgegangen. Die Individuen reduzieren ihre Ausbildungszeit, wenn sie einen Anstieg der zukünftigen Steuer- und Sozialabgaben antizipieren. Durch Ausbildung wird Humankapital gebildet, das in beiden Perioden auf dem Arbeitsmarkt angeboten und somit einkommenswirksam wird. Wenn jedoch auf das erzielte Einkommen während der zweiten Lebensphase ein höherer Rentenversicherungsbeitrag zu leisten ist, reduziert sich der Ertrag aus der Ausbildung und folglich wird ein Anreiz erzeugt, die Ausbildungszeit zu reduzieren.

Welche Reaktion der Individuen ist indes bezüglich ihrer Renteneintritts-entscheidung zu erwarten? Das Gleichungssystem (7.6) führt zu:

$$\frac{da_t^2}{d\tau_{t+1}} = \frac{1}{Det}\left(l_1 m_6 + l_6 m_1\right) = \frac{w_{t+1} U_2' \cdot A}{Det} \cdot \left(1 - \eta_2 \mu\right), \qquad (7.12)$$

wobei für A gilt: $A \equiv 2U_1'\left(1 - \tau_t\right)\lambda_t w_t - \lambda_t\left[\left(1 - \tau_t\right)\left(1 - 2\lambda_t\right)w_t\right]^2 U_1'' + q_t^2\left(1 - \tau_{t+1}\right)w_{t+1}U_2' > 0$. Folglich wird das Vorzeichen des Multiplikators (7.12) durch den Term $1 - \eta_2 \mu$ determiniert. Bezüglich der Reallokation des Zeitbudgets im Alter gilt es zwischen Substitutions- und Einkommens-effekt zu unterscheiden. Die höhere Beitragsbelastung vermindert ceteris paribus den Grenzertrag der Arbeitszeit. Diesem Substitutionseffekt entge-gen wirkt der Einkommenseffekt. Um den gleichen Konsum realisieren zu können, muss eine längere Arbeitszeit aufgewendet werden. Welcher der bei-den Effekte dominiert, wird durch das Produkt aus Grenznutzenelastizität des Konsums der zweiten Periode η_2 und Konsumelastizität der Arbeitszeit der zweiten Periode μ determiniert. Dabei gilt im Wesentlichen der in der Analyse zuvor bereits dargelegte Sachverhalt. Gilt $\eta_2 \mu > 1$, so dominiert der Einkommens- den Substitutionseffekt. Der Konsumrückgang infolge des höheren Beitragssatzes wird abgemildert durch eine Verlängerung der Er-werbstätigkeit im Alter. Der Renteneintritt wird nach hinten verschoben. Bei $\eta_2 \mu < 1$ überwiegt der Substitutionseffekt und die Individuen entschei-den sich für eine längere Freizeit, verlegen ihren Renteneintritt nach vorne und werden im Alter weniger arbeiten. Für $\eta_2 \mu = 1$ gleichen sich beide Effekte gerade aus und eine Reallokation des Zeitbudgets unterbleibt. Wie bereits erwähnt wurde, kann empirisch nicht eindeutig bestimmt werden, welches Szenario gegeben sein wird. Im Spezialfall einer logarithmischen Nutzenfunktion mit $\eta_2 = 1$ gilt stets $\eta_2 \mu < 1$, die Individuen entscheiden sich für mehr Freizeit, der Substitutionseffekt dominiert den Einkommens-effekt.

7.3.4   Steigerung der zukünftigen Entlohnung des Humankapitals

Nachdem bereits eine Veränderung des heutigen Lohnsatzes analysiert wur-de, soll jetzt eine Veränderung der zukünftigen Entlohnung des Humankapi-tals diskutiert werden. In Kapitel 6.3.4 wurde bereits ausführlich diskutiert, warum man in der Zukunft einen Anstieg des Lohnsatzes als Preis für das eingesetzte Humankapital erwarten kann. Wie reagieren die heutigen Individuen bezüglich ihrer Ausbildungsentscheidung und ihrem Renteneintritt, wenn sie eine Lohnerhöhung in der Zukunft antizipieren? Als Multiplikator für die Ausbildungszeit ergibt sich:

$$\frac{d\lambda_t}{dw_{t+1}} = \frac{1}{Det} \cdot (l_5 m_2 + l_2 m_5)$$

$$= \frac{1}{Det} \cdot \left\{ l_2 m_5 + m_2 \cdot q_t^2 \left(1 - \tau_{t+1}\right) U_2' \left[1 - \eta_2 (1 - a_t^2 p_t^2 / c_t^2)\right] \right\}. \quad (7.13)$$

Der erste Term in der geschweiften Klammer ist positiv, $l_2 m_5 > 0$. Da m_2 ebenfalls positiv ist, ist der Multiplikator (7.13) eindeutig positiv, wenn $[1 - \eta_2 (1 - a_t^2 p_t^2 / c_t^2)] > 0$ gilt. Somit ist $\eta_2 < c_t^2 / (c_t^2 - a_t^2 p_t^2)$ eine hinreichende, aber nicht notwendige Bedingung für $\frac{d\lambda_t}{dw_{t+1}} > 0$. Der Multiplikator für die Länge der Ruhestandszeit a_t^2 lautet:

$$\frac{da_t^2}{dw_{t+1}} = -\frac{1}{Det} \cdot (l_1 m_5 + l_5 m_1). \quad (7.14)$$

Unter Berücksichtigung der im Anhang in Kapitel 7.6 angegebenen Koeffizientendefinitionen ergibt sich Folgendes: Bei $[1 - \eta_2 (1 - a_t^2 p_t^2 / c_t^2)] > 0$ gilt ebenfalls $[1 - \eta_2 (1 - p_t^2 / c_t^2)] > 0$.[3] Folglich sind bei $\eta_2 < c_t^2 / (c_t^2 - a_t^2 p_t^2)$ die Koeffizienten l_5, m_1 und l_5 positiv und damit ist $\frac{da_t^2}{dw_{t+1}} < 0$.

Wie kann man die Ergebnisse interpretieren? Die Lohnerhöhung im Alter löst einen Substitutions- und Einkommenseffekt aus. Der Grenzertrag der Arbeitszeit im Alter steigt, die Opportunitätskosten der Freizeit in Form von entgangenem Einkommen steigen, Arbeit im Alter wird attraktiver. Der Substitutionseffekt lässt die Arbeitszeit im Alter infolgedessen steigen. Jedoch kann eine Person den gleichen Konsum mit einer geringeren Arbeitszeit im Alter realisieren. Der Einkommenseffekt erzeugt den Anreiz, die Arbeitszeit zu reduzieren und den Eintritt in den Ruhestand zeitlich gesehen nach vorne zu ziehen.

Wenn die Grenznutzenelastizität des Konsums der zweiten Lebensperiode η_2 den oben abgeleiteten Schwellenwert unterschreitet, dann dominiert eindeutig der Substitutionseffekt. Die Individuen reagieren auf die Lohnerhöhung im Alter mit einer Ausweitung ihrer späteren Arbeitszeit. Der Renteneintritt wird nach hinten verschoben und die Freizeit wird reduziert.

---

[3]Dabei ist zu berücksichtigen, dass $\mu = 1 - p_t^2 / c_t^2$ gilt.

Wenn dies der Fall ist, dann steigt aufgrund der längeren Arbeitszeit im Alter der Grenzertrag der Ausbildung. Der Substitutionseffekt überwiegt auch hierbei den Einkommenseffekt, die Individuen erhöhen ihre Ausbildungszeit während der Jugend, $\frac{d\lambda_t}{dw_{t+1}}$ ist positiv.

7.3.5 Erhöhung des heutigen Beitragssatzes zur Rentenversicherung

In Kapitel 7.3.3 wurde eine Erhöhung des zukünftigen Beitragssatzes zur Rentenversicherung aufgrund des demografischen Wandels der Gesellschaft diskutiert. Jedoch zeigen die Diskussionen über die sozialen Sicherungssysteme bereits die heutigen immensen Finanzierungsschwierigkeiten auf. Somit ist von einem Anstieg der Steuer- und Abgabenbelastung bereits in naher Zukunft auszugehen. Deshalb soll hier analysiert werden, wie die Individuen reagieren, wenn der heutige Beitragssatz zur Rentenversicherung steigt.

Das Gleichungssystem (7.6) liefert folgenden Multiplikator für die Ausbildungszeit:

$$\frac{d\lambda_t}{d\tau_t} = -\frac{1}{Det} \cdot m_2 \cdot (1 - 2\lambda_t) \, w_t U_1' \left[1 - \eta_1 \right]. \tag{7.15}$$

Die Erhöhung der heutigen Steuer- und Abgabenbelastung löst einen Substitutions- und Einkommenseffekt aus. Der Grenzertrag der Arbeitszeit sinkt, da ceteris paribus während der gleichen Arbeitszeit ein geringeres Nettoeinkommen erzielt wird. Die Opportunitätskosten der Ausbildungszeit in Form von entgangenem Einkommen sinken, die Ausbildungszeit steigt. Wie der Einkommenseffekt hingegen besagt, kann die Aufrechterhaltung des alten Konsumniveaus nur mit einer längeren Arbeitszeit realisiert werden. Aufgrund des Einkommenseffektes steigt die Arbeitszeit und es sinkt die Ausbildungszeit.

Der Nettoeffekt wird hierbei wiederum determiniert durch die Präferenzen der Individuen, sprich durch den Verlauf der Nutzenfunktion $U\left(c_t^1\right)$. Der Multiplikator (7.15) wird negativ im empirisch bedeutsamsten Szenario mit einer Grenznutzenelastizität des Konsums der ersten Lebensperiode von $\eta_1 > 1$. Der Einkommenseffekt überwiegt, die Ausbildungszeit sinkt mit dem heutigen Beitragssatz zur Rentenversicherung. Für $\eta_1 < 1$ gilt $\frac{d\lambda_t}{d\tau_t} > 0$, die Individuen erhöhen ihre Ausbildungszeit, der Substitutionseffekt dominiert. Im Spezialfall einer logarithmischen Nutzenfunktion gleichen sich beide Effekte wiederum aus und die Individuen wählen keine andere Aufteilung ihrer zur Verfügung stehenden Zeit während der ersten Lebensphase.

Welches Resultat ergibt sich indes für den Zeitpunkt des Eintritts in den Ruhestand? Als Multiplikator erhält man:

$$\frac{da_t^2}{d\tau_t} = \frac{1}{Det} \cdot (1 - \tau_{t+1})\, w_{t+1} U_2' \,(1 - 2\lambda_t)\, w_t U_1' \,[1 - \eta_2\mu]\,[1 - \eta_1]. \quad (7.16)$$

Das Vorzeichen des Nettoeffektes wird demnach determiniert durch den Term $[1 - \eta_2\mu]\,[1 - \eta_1]$. Angenommen, es gelte $\eta_1 > 1$. Dies bedeutet, die Individuen reagieren auf die Erhöhung des heutigen Beitragssatzes mit einer Reduktion ihrer Ausbildungszeit. Diese Reduktion der Ausbildungszeit und die dadurch induzierte Reduktion der Humankapitalbildung löst wiederum aufgrund der intertemporalen Interdependenz einen Substitutions- und Einkommenseffekt aus. Das während der Jugend gebildete Humankapital wird im Alter auf dem Arbeitsmarkt angeboten und ist somit einkommenswirksam. Ein geringeres Humankapital impliziert ceteris paribus einen geringeren Konsum während der zweiten Lebensphase. Der Grenzertrag der Arbeitszeit sinkt, wodurch Arbeit unattraktiver wird. Jedoch muss eine längere Arbeitszeit im Alter aufgewendet werden, um das gleiche Konsumniveau c_t^2 erreichen zu können.

Die relative Stärke der beiden gegenläufigen Effekte wird bestimmt durch das Produkt aus Grenznutzenelastizität des Konsums η_2 und Konsumelastizität der Arbeitszeit der zweiten Periode μ. Je höher η_2, umso stärker steigt der Grenznutzen des Konsums U_2' durch den Konsumrückgang. Folglich erzeugt dies einen starken Anreiz, den Konsumrückgang durch eine längere Arbeitszeit im Alter zu kompensieren, obwohl der Grenzertrag der Arbeitszeit gesunken ist. Der Wert der Konsumelastizität μ hängt, wie bereits ausführlich diskutiert, eng mit der in der Ausgangssituation gewählten Zeitallokation zusammen. Je höher der Konsum im Alter c_t^2, umso größer ist die Elastizität $\mu = 1 - p_t^2/c_t^2$. Da dann die Opportunitätskosten der Freizeit in Form von entgangenem Konsum sehr hoch sind, wird im Nutzenmaximum eine lange Arbeitszeit im Alter gewählt. Der Einkommenseffekt wird in dieser Konstellation bei einer großen Elastizität μ relativ stark ausgeprägt sein. Infolgedessen werden die Individuen bei einer Erhöhung des heutigen Beitragssatzes zur Rentenversicherung ihre Arbeitszeit im Alter verlängern, den Eintritt in den Ruhestand nach hinten verschieben und somit ihre Freizeit reduzieren.

Welches Vorzeichen jetzt der Nettoeffekt einer Beitragserhöhung aufweist, ist indes nicht eindeutig zu bestimmen. Wie aus Gleichung (7.16) ersichtlich wird, ist für $\eta_2\mu > 1$ der Multiplikator $\frac{da_t^2}{d\tau_t}$ negativ. Die Individuen reduzieren die Länge ihrer Freizeit im Alter, der Einkommenseffekt dominiert. Bei $\eta_2 \mu < 1$ hingegen überwiegt der Substitutionseffekt und der Renteneintritt wird nach vorne verschoben.

Unterstellt man für die dargestellte Analyse $\eta_1 < 1$, so gilt die analoge Argumentation mit umgekehrten Vorzeichen. Die Effekte einer Erhöhung der heutigen Steuer- und Abgabenbelastung sind exakt die gleichen wie bei einer Reduktion des heutigen Lohnsatzes. Eine Steigerung von τ_t wirkt wie eine Reduktion von w_t. Für das verfügbare Nettoeinkommen als Finanzierungsquelle des Konsums spielt es keine Rolle, ob der Beitragssatz zur Rentenversicherung steigt oder der Lohnsatz sinkt. Somit ist die Entscheidung der Individuen über eine Reallokation ihres Zeitbudgets in beiden Fällen identisch.

7.4 Die Budgetrestriktion der Rentenversicherung

Die vorhergehende Analyse hat die zentralen Wirkungszusammenhänge des Modellrahmens deutlich gemacht und dargestellt, welche Effekte verschiedene Parameterveränderungen auf die Ausbildungs- und Renteneintrittsentscheidung erzeugen. Diese Analyse soll in dem folgenden Kapitel um die Rückwirkungen der Budgetrestriktion der Rentenversicherung erweitert werden (siehe Debus und Michaelis, 2006).

Die gesetzliche Rentenversicherung ist nach dem Umlageverfahren organisiert. Die heutigen Rentenauszahlungen werden durch die Beitragseinnahmen der heutigen Erwerbstätigen finanziert. Die Reduktion der Erwerbsbevölkerung führt in der Zukunft zu einer geringeren Anzahl an Beitragszahlern, die die Renten der heute erwerbstätigen Personen aufzubringen haben. Die sich daraus ergebenden Finanzierungsprobleme machen Anpassungen im System unausweichlich. Veränderungen in den Beiträgen sowie in der Rentenhöhe sind demnach endogen aufgrund der Budgetrestriktion der Rentenversicherung. Die daraus resultierenden Rückwirkungen auf die Entscheidung der Individuen gilt es zu berücksichtigen.

Darüber hinaus ist die Budgetwirksamkeit von Veränderungen der Wirtschaftssubjekte bezüglich ihrer Ausbildungs- und Renteneintrittsentscheidung für die Rentenversicherung zu beachten. Wählen die Individuen beispielsweise eine längere Lebensarbeitszeit, so impliziert dies im Zeitablauf zum einen höhere Einnahmen und zum anderen aber auch geringere Ausgaben (Konzept der ex-post-Budgetneutralität, siehe Michaelis und Pflüger, 2000). Die ökonomische Rationalität der stufenweisen Erhöhung des gesetzlichen Renteneintrittsalters auf 67 Jahre durch die Regierung Merkel im Jahr 2007 basiert genau auf diesen Rückwirkungen der Budgetrestriktion der Rentenversicherung. Diese exogene Politikmaßnahme hat zum Ziel, die Einnahmen zu erhöhen und gleichzeitig die Ausgaben zu reduzieren, um dadurch den zukünftigen Finanzierungsproblemen entgegenzuwirken. In unserer Analyse geht es indes um die Reaktion der Individuen auf Veränderungen in den Rahmenbedingungen, also um die endogene Entscheidung über den Zeitpunkt des Eintritts in den Ruhestand.

In den §§ 35 und 36 des sechsten Sozialgesetzbuchs ist geregelt, dass das gesetzliche Renteneintrittsalter lediglich eine "Kann-Regelung" darstellt (Regelaltersrente). Die Individuen können problemlos über diese Altersgrenze hinaus erwerbstätig bleiben. Sie bekommen lediglich das Recht eingeräumt, nach Erreichung der dort geregelten Altersgrenze ohne Abschläge bei ihrer Rentenzahlung in den Ruhestand eintreten zu können. Dies ist wichtig für unsere Analyse, da ein fest vorgegebenes Renteneintrittsalter somit nicht modelliert werden muss. Die Individuen können sich theoretisch bis zu ihrem Ableben für die Erwerbstätigkeit entscheiden.

Die Berücksichtigung der Rückwirkungen der Budgetrestriktion der Rentenversicherung ermöglicht außerdem die Analyse weitergehender Fragestellungen, was in den folgenden Kapiteln geschehen soll. Angenommen, die zukünftige Generation der Erwerbstätigen akzeptiere keine weiteren Beitragssatzerhöhungen und setze im demokratischen Entscheidungsprozess stattdessen eine Reduktion der späteren Rentenhöhe durch. Wie reagieren die heutigen Individuen bezüglich ihrer Ausbildungs- und Renteneintrittsentscheidung, wenn sie dies antizipieren? In der Zukunft wird es zu einer Steigerung der Entlohnung des Faktors Humankapital kommen. Wie beeinflussen die dadurch induzierten Rückwirkungen auf die Rentenversicherung die Entscheidungen der Individuen?

7.4.1 Die optimale Ausbildungs- und Renteneintrittsentscheidung

Die Erweiterung des zuvor verwendeten Analyserahmens erstreckt sich, wie erwähnt, auf die Modellierung der Budgetrestriktion der Rentenversicherung, die wie folgt lautet:

$$a_t^2 p_t^2 N_t = \tau_{t+1} \left(1 - \lambda_{t+1}\right) h_{t+1} w_{t+1} N_{t+1} + \tau_{t+1} q_t^2 h_t w_{t+1} N_t. \qquad (7.17)$$

Auf der linken Seite der Gleichung (7.17) stehen die Ausgaben der Rentenversicherung in der Periode $t+1$. Jedes der N_t identischen Individuen der Generation t erhält in der Periode $t+1$ eine Rentenzahlung in Höhe von $a_t^2 p_t^2$, wobei a_t^2 wiederum den Anteil der Ruhestandszeit am gesamten zur Verfügung stehenden Zeitbudget der Periode $t+1$ darstellt. Die auf der rechten Seite dargestellten Einnahmen setzen sich aus zwei Komponenten zusammen. Der erste Term stellt die Beitragseinnahmen von den N_{t+1} Erwerbstätigen der Generation $t+1$ dar. Darüber hinaus müssen die Individuen der Generation t, sofern sie sich zu Beginn der Periode $t+1$ für eine zunächst anhaltende Erwerbstätigkeit entscheiden ($a_t^2 < 1$), von ihrem Einkommen ebenfalls Rentenversicherungsbeiträge abführen. Ihr am Arbeitsmarkt angebotenes Humankapital h_t wird mit dem in Periode $t+1$ geltenden Lohnsatz w_{t+1} entlohnt. Die gewählte Arbeitszeit wird mit $q_t^2 = (1 - a_t^2)$ dargestellt. Von dem in Periode $t+1$ erzielten Bruttoeinkommen ist der Anteil τ_{t+1} als Rentenversicherungsbeitrag zu entrichten (zweiter Term der rechten Seite).

Bevor unter anderem die bereits skizzierten Fragestellungen analysiert werden sollen, bedarf es noch einer weiteren Anmerkung. Wie aus Gleichung (7.17) leicht zu ersehen ist, muss bei Veränderungen der Ausgangskonstellation und damit bei Veränderungen der Einnahme- und/oder Ausgabesituation der Rentenversicherung entweder die Einnahmeseite oder die Ausgabeseite oder beides angepasst werden. In der Realität werden die Auswirkungen des demografischen Wandels der Gesellschaft zu Anpassungen auf beiden Seiten der Budgetrestriktion führen. Um jedoch die wirkenden Effekte sauber herausarbeiten zu können, erscheint es angebracht, sich bei der Analyse auf die Eckszenarien zu konzentrieren. In der vorliegenden Arbeit wird der Fall einer endogenen Anpassung der Ausgabeseite dargestellt. Somit fungiert die Rentenzahlung pro Zeiteinheit p_t^2 als endogene Variable.[4]

Der Übersichtlichkeit halber werden hier die beiden Bedingungen erster Ordnung für die optimale Ausbildungs- und Renteneintrittsentscheidung nochmals aufgeführt:

$$U_1^{'} \cdot (1 - \tau_t)(1 - 2\lambda_t)w_t = -U_2^{'} \cdot (1 - a_t^2)(1 - \tau_{t+1})w_{t+1} \qquad (7.18)$$

$$U_2^{'} \cdot \left[(1 - \tau_{t+1})\lambda_t w_{t+1} - p_t^2\right] = U_3^{'}. \qquad (7.19)$$

Zusammen mit der Budgetrestriktion der Rentenversicherung aus Gleichung (7.17) bilden diese beiden Gleichungen ein System von drei Gleichungen mit

---

[4]Es lässt sich zeigen, dass die im Folgenden abgeleiteten Ergebnisse weitgehend auch in dem Szenario gelten, bei dem nicht die Rentenzahlung p_t^2, sondern der Beitragssatz τ_{t+1} endogen ist, sich also die Einnahmeseite anpasst. Da diese Modellvariante jedoch mit einem höheren Rechenaufwand verbunden ist, wird hier der Übersichtlichkeit halber auf die Darstellung verzichtet.

den drei endogenen Variablen λ_t, a_t^2 und p_t^2. Die im Anhang in Kapitel 7.6 aufgezeigten Umformungen ergeben unter der Berücksichtigung von $h_t = \lambda_t$ und $h_{t+1} = \lambda_{t+1}$ das folgende in Matrizenform dargestellte Gleichungssystem:

$$
\begin{bmatrix} l_1 & l_2 & l_7 \\ m_1 & m_2 & -m_7 \\ -g_1 & g_2 & a_t^2 \end{bmatrix} \begin{bmatrix} d\lambda_t \\ da_t^2 \\ dp_t^2 \end{bmatrix} =
$$

$$
\begin{bmatrix} l_3 dw_t & -l_4 d\tau_t & l_5 dw_{t+1} & -l_6 d\tau_{t+1} & 0 \\ 0 & 0 & -m_5 dw_{t+1} & m_6 d\tau_{t+1} & 0 \\ 0 & 0 & g_5 dw_{t+1} & g_6 d\tau_{t+1} & g_8 dn_{t+1} \end{bmatrix}. \quad (7.20)
$$

Die jeweiligen Koeffizienten sind im Anhang in Kapitel 7.6 definiert. Um mit diesem Gleichungssystem die bereits skizzierten Fragestellungen analysieren zu können, muss zunächst das Vorzeichen der Determinante bestimmt werden. Für die Determinante ergibt sich $Det = l_1 \left(m_2 a_t^2 + g_2 m_7 \right) - l_2 \left(m_1 a_t^2 - g_1 m_7 \right) + l_7 \left(m_1 g_2 + g_1 m_2 \right)$. Wie sich zeigen lässt, ist die Relation $\frac{\tau_{t+1}}{a_t^2} \geq 1 - \eta_2 \mu \geq 0$ eine hinreichende, aber nicht notwendige Bedingung für ein positives Vorzeichen der Determinante. Im Folgenden wird die Determinante als positiv angenommen.

7.4.2 Reduktion der Erwerbsbevölkerung

Die Berücksichtigung der Rückwirkungen der Budgetrestriktion der Rentenversicherung in der Analyse ermöglicht es, den direkten Einfluss der Bevölkerungsentwicklung zu betrachten. In der modelltheoretischen Umsetzung bedeutet dies eine Reduktion des Parameters n_{t+1}. Die Relation der Anzahl Erwerbstätiger sinkt, $N_{t+1} < N_t$.

Mit Hilfe der Cramer-Regel ergibt die Auswertung des Gleichungssystems (7.20):

$$
\frac{d\lambda_t}{dn_{t+1}} = -\frac{1}{Det} \cdot g_8 \left(l_2 m_7 + m_2 l_7 \right)
$$

$$
= -\frac{1}{Det} \cdot g_8 \left[m_2 l_7 + m_7 \cdot (1 - \tau_{t+1}) w_{t+t} U_2' (1 - \eta_2 \mu) \right]. \quad (7.21)
$$

Die Determinante wird als positiv angenommen. Die Koeffizienten g_8, m_2, l_7 sowie m_7 sind ebenfalls positiv. Somit ist unter der hinreichenden, aber nicht notwendigen Bedingung $\eta_2 \mu \leq 1$ der Multiplikator (7.21) negativ. Für

die Veränderung der Länge der Ruhestandszeit in der zweiten Periode erhält
man:

$$\frac{da_t^2}{dn_{t+1}} = \frac{1}{Det} \cdot g_8 \left(l_1 m_7 + m_1 l_7 \right)$$

$$= \frac{1}{Det} \cdot g_8 \left[l_1 m_7 + l_7 \cdot (1 - \tau_{t+1}) w_{t+1} U_2' (1 - \eta_2 \mu) \right]. \quad (7.22)$$

Da die Koeffizienten g_8, l_1, m_7 sowie l_7 jeweils positiv sind, ist die Relation $\eta_2 \mu \leq 1$ eine hinreichende, aber nicht notwendige Bedingung für ein
positives Vorzeichen.

Was ist die ökonomische Aussage dieser Ergebnisse? Aufgrund der Bevölkerungsreduktion sinkt die Zahl der zukünftigen Beitragszahler in die
Rentenversicherung. Demnach muss die endogene Rentenzahlung ceteris paribus sinken, um ein Defizit zu vermeiden. Wenn die heutigen Individuen
dies antizipieren, so werden sie von einer Reduktion des späteren Konsums
ausgehen. Dadurch steigen die Opportunitätskosten der Freizeit in Form von
entgangenem Konsum. Die Freizeit wird unattraktiver und die Individuen
reagieren darauf mit einer Ausdehnung der Arbeitszeit im Alter. Der Renteneintritt wird nach hinten verschoben, a_t^2 sinkt. Eine längere Arbeitszeit
im Alter erhöht zudem den Grenzertrag der Ausbildung, da das gebildete
Humankapital über einen längeren Zeitraum produktiv, sprich einkommenswirksam genutzt wird. Somit steigt der Anreiz, während der Jugendphase
eine längere Ausbildungszeit zu wählen, λ_t steigt. Infolgedessen sinkt die
Arbeitszeit während der ersten Lebensperiode, somit wird die antizipierte
Reduktion des späteren Konsums auf beide Lebensphasen alloziiert.

Die Individuen wählen eine längere Ausbildungszeit und sie werden im
Alter länger arbeiten. Folglich stellt sich die Frage nach der Veränderung
der Lebensarbeitszeit. Die Reduktion der Arbeitszeit aufgrund der längeren Ausbildung ist kleiner als die Verlängerung der Arbeitszeit im Alter,
wenn gilt: $\frac{d\lambda_t}{dn_{t+1}} + \frac{da_t^2}{dn_{t+1}} < 0$. Wie man anhand der Gleichungen (7.21) und
(7.22) zeigen kann, ist das Vorzeichen dieses Ausdrucks identisch mit dem
Vorzeichen von $l_7 (m_1 - m_2) + m_7 (l_1 - l_2)$. Jedoch ist es selbst für speziel-
le Parameterkonstellationen wie $\eta_2 \mu = 1$ mit $m_1 = l_2 = 0$ nicht möglich,
ökonomisch sinnvoll interpretierbare Bedingungen für die Veränderung der
Lebensarbeitszeit zu identifizieren. Es ist sowohl eine Verlängerung als auch
eine Verkürzung denkbar.

Ähnliche Überlegungen gelten auch für die Veränderung des Lebenseinkommens. Die Arbeitszeit in der ersten Lebensperiode sinkt, während die
Arbeitszeit im Alter steigt. Das Arbeitseinkommen im Alter wird durch

zwei Quellen erhöht. Zum einen steigt die Arbeitszeit. Zum anderen erzeugt die längere Ausbildung ein höheres Humankapital, was wiederum das Arbeitseinkommen im Alter steigen lässt. Insbesondere bei einem sehr hohen Lohnsatz w_{t+1} kann nicht ausgeschlossen werden, dass der Anstieg des Arbeitseinkommens im Alter die Reduktion des Arbeitseinkommens in der Jugend überkompensiert.

Wie bereits dargestellt, hat die Politik einer sukzessiven Verlängerung der Arbeitszeit im Alter durch die Regierung Merkel zum Ziel, die zukünftigen Finanzierungsprobleme der gesetzlichen Rentenversicherung, verursacht durch den Rückgang der Anzahl der Beitragszahler, abzumildern. Wie die oben durchgeführte Analyse zeigt, unterstützt die endogene Reaktion der Individuen auf den demografischen Wandel der Gesellschaft diese Politik. Die Individuen verschieben den Zeitpunkt ihres Eintritts in den Ruhestand nach hinten. Dadurch sinken zum einen die späteren Ausgaben der Rentenversicherung. Zum anderen steigen aufgrund der längeren Phase der Beitragszahlungen die Einnahmen. Darüber hinaus steigen die Einnahmen auch deshalb, weil die Individuen sich für eine höhere Humankapitalbildung entscheiden. Durch die intertemporale Interdependenz der Humankapitalbildung steigt das Humankapital der nachfolgenden Generation und somit ceteris paribus auch die Beitragszahlungen dieser Generation aus dem höheren Einkommen.

Die Ergebnisse dieses Kapitels bei Berücksichtigung der Rückwirkungen der Budgetrestriktion der Rentenversicherung bestätigen die Grundaussagen der Ergebnisse des Modells ohne Budgetrestriktion der Rentenversicherung (siehe Kapitel 7.3.1). Dort wurde die Reaktion der Individuen auf eine exogene Reduktion der lump-sum-Rentenzahlung analysiert. Das grundlegende Resultat, dass sowohl die Arbeitszeit im Alter als auch die Humankapitalbildung infolge des demografischen Wandels steigt, reagiert somit nicht sensitiv auf eine realitätsnähere Modellierung der Rentenzahlung.

7.4.3 Simultane Reduktion des zukünftigen Beitragssatzes und der späteren Rentenzahlung

In der Realität wird der demografische Wandel der Gesellschaft sowohl zu einer Erhöhung der zukünftigen Beitragssätze zur Rentenversicherung als auch zu einer Reduktion des späteren Rentenniveaus führen. Beide Maßnahmen reduzieren das durch eine verminderte Zahl an Beitragszahlern entstehende Defizit in der gesetzlichen Rentenversicherung. Im politischen Prozess wird hingegen zu klären sein, welcher der beiden Anpassungskanäle dominieren wird. Dies wiederum entscheidet darüber, wie die entstehenden

Kosten des demografischen Wandels auf die einzelnen Generationen verteilt werden. Trägt primär die Generation der Alten die Anpassungslast in Form einer geringeren Rente oder die nachfolgende Kindergeneration in Form höherer Beitragssätze?

Im Folgenden wird von einer konstanten Bevölkerungsentwicklung ausgegangen, um eine Vermischung der Auswirkungen einer Reduktion der Erwerbstätigenzahl mit den Folgen einer Veränderung des Beitragssatzes zu vermeiden. Es wird unterstellt, der jüngeren Generation gelinge es, eine Reduktion des zukünftigen Beitragssatzes durchzusetzen. Bei konstanter Bevölkerungsentwicklung bedeutet dies eine simultane Reduktion der späteren Rentenzahlung für die ältere Generation. Wie reagieren darauf die heutigen Individuen, also die ältere Generation, bezüglich ihrer Ausbildungs- und Renteneintrittsentscheidung? Aus dem Gleichungssystem (7.20) ergeben sich folgende Multiplikatoren:

$$\frac{d\lambda_t}{d\tau_{t+1}} = -\frac{1}{Det} \cdot \left[l_2 \left(m_6 a_t^2 + g_6 m_7\right) + l_6 \left(m_2 a_t^2 + m_7 g_2\right) - l_7 \left(m_6 g_2 - g_6 m_2\right)\right]$$
(7.23)

$$\frac{da_t^2}{d\tau_{t+1}} = \frac{1}{Det} \cdot \left[l_1 \left(m_6 a_t^2 + g_6 m_7\right) + l_6 \left(m_1 a_t^2 - m_7 g_1\right) + l_7 \left(m_1 g_6 + g_1 m_6\right)\right].$$
(7.24)

Wie die Koeffizientendefinitionen des Anhangs in Kapitel 7.6 deutlich machen, ist eine eindeutige Bestimmung der Vorzeichen der jeweiligen Nettoeffekte nur im Spezialfall einer logarithmischen Nutzenfunktion mit $\eta_2 = 1$ möglich. In diesem Spezialfall gilt $\frac{d\lambda_t}{d\tau_{t+1}} < 0$ und $\frac{da_t^2}{d\tau_{t+1}} > 0$. Antizipieren die Individuen der Generation t eine Reduktion des Beitragssatzes zur Rentenversicherung τ_{t+1} in der Zukunft mit der Folge einer Reduktion der späteren Renten, so ist sowohl mit einer Erhöhung ihrer Ausbildungszeit während der Jugend als auch ihrer Arbeitszeit im Alter zu rechnen.

Wie wir bereits gesehen haben, gilt bei einer Fokussierung auf den Spezialfall einer logarithmischen Nutzenfunktion mit $\eta_2 = 1$ gleichfalls $\eta_2 \mu < 1$. Dies wiederum bedeutet, der Substitutionseffekt dominiert den Einkommenseffekt. Der Grenzertrag der Arbeitszeit im Alter steigt durch die Reduktion des zu zahlenden Beitragssatzes. Darüber hinaus steigen durch die antizipierte Rentenkürzung die Opportunitätskosten der Freizeit in Form von entgangenem Konsum. Beides führt bei einem relativ stark ausgeprägten Substitutionseffekt zu einer Reduktion der Freizeit. Die Individuen werden ihren Renteneintritt nach hinten verschieben und eine längere Arbeitszeit im Alter wählen. Die längere Arbeitszeit erhöht wiederum den Grenzertrag der Ausbildung, da das gebildete Humankapital über einen längeren

Zeitraum produktiv eingesetzt wird. Folglich erhöhen die Individuen der Generation t ihre Ausbildungszeit in der Jugend.

7.4.4 Steigerung der zukünftigen Entlohnung des Humankapitals

In Kapitel 6.3.4 wurde bereits ausführlich diskutiert, warum in der Zukunft von einem Anstieg der Entlohnung des Humankapitals auszugehen ist. Für die Rentenversicherung ist dies positiv zu bewerten. Es sinkt zwar die Zahl der Beitragszahler, jedoch erhöht sich die Bemessungsgrundlage der Beitragszahlungen.[5] In der modelltheoretischen Analyse ergeben sich folgende Multiplikatoren:

$$\frac{d\lambda_t}{dw_{t+1}} = \frac{1}{Det} \cdot \left[l_5 \left(m_2 a_t^2 + g_2 m_7 \right) + l_2 \left(m_5 a_t^2 - g_5 m_7 \right) - l_7 \left(m_5 g_2 + g_5 m_2 \right) \right] \tag{7.25}$$

$$\frac{d a_t^2}{dw_{t+1}} =$$
$$- \frac{1}{Det} \cdot \left[l_1 \left(m_5 a_t^2 - g_5 m_7 \right) + l_5 \left(m_1 a_t^2 - g_1 m_7 \right) - l_7 \left(m_1 g_5 - g_1 m_5 \right) \right]. \tag{7.26}$$

Unter Berücksichtigung der im Anhang in Kapitel 7.6 dargestellten Koeffizientendefinitionen wird deutlich, dass selbst bei einer Unterstellung des Spezialfalls einer logarithmischen Nutzenfunktion das Vorzeichen der jeweiligen Nettoeffekte nicht eindeutig zu bestimmen ist. Der Grund dafür sind gegenläufig wirkende Effekte, deren relative Stärken nicht zu bestimmen sind.

Wie wir bereits gesehen haben, dominiert bei einer logarithmischen Nutzenfunktion mit $\eta_2 = 1$ der Substitutionseffekt den Einkommenseffekt. Somit führt eine Lohnerhöhung in der Periode $t+1$ zu einer Ausweitung der Arbeitszeit im Alter, der Zeitpunkt des Eintritts in den Ruhestand wird nach hinten verschoben. Die längere Arbeitszeit erhöht wiederum den Grenzertrag der Ausbildungszeit aufgrund der längeren Nutzung des gebildeten Humankapitals. Dadurch wird ein Anreiz erzeugt, während der Jugend stärker in Ausbildung zu investieren.

---

[5]In einer Modellerweiterung mit einer lohnabhängigen Rentenzahlung anstatt einer lump-sum-Rente ist durch einen w_{t+1}-Anstieg die Ausgabeseite ebenfalls betroffen.

In der gewählten Modellvariante mit lump-sum-Rentenzahlung steigt hingegen durch eine Lohnerhöhung in der Periode $t + 1$ ceteris paribus die spätere Rente der heutigen Individuen, was wiederum in die entgegengesetzte Richtung wirkt. Der ceteris paribus höhere Konsum c_t^2 führt zu einer Reduktion der Opportunitätskosten der Freizeit in Form von entgangenem Konsum. Die Freizeit wird attraktiver, die Individuen reduzieren ihre Arbeitszeit im Alter und verlegen ihren Renteneintritt nach vorne. Dadurch sinkt der Grenzertrag der Ausbildungszeit, die Investition in das eigene Humankapital wird reduziert. Der Nettoeffekt dieser gegenläufigen Effekte ist jedoch unklar und nicht eindeutig zu bestimmen.

Bleibt noch Folgendes festzuhalten: Die in Kapitel 7.3.3 und 7.3.4 abgeleitete Isomorphie zwischen einer Reduktion des Beitragssatzes zur Rentenversicherung τ_{t+1} und einer Erhöhung der zukünftigen Entlohnung des Humankapitals w_{t+1} geht hier verloren. Eine Senkung des zukünftigen Beitragssatzes reduziert die spätere Rentenzahlung, während eine Erhöhung von w_{t+1} eine Rentenerhöhung nach sich zieht. Die Konsequenzen für die optimale Ausbildungs- und Renteneintrittsentscheidung können dementsprechend divergieren.[6]

7.5   Zusammenfassung

In Kapitel 7 wurde der bis dahin entwickelte Analyserahmen erweitert um die Interdependenz der individuellen Ausbildungsentscheidung und der individuellen Entscheidung über den Zeitpunkt des Eintritts in den Ruhestand. Dies erschien angebracht, obwohl in der Literatur beide Stränge, sprich Humankapitalbildung und Renteneintrittsentscheidung, weitgehend unabhängig voneinander betrachtet werden. Wie die Analyse jedoch gezeigt hat, werden die Ergebnisse insbesondere der Auswirkungen des demografischen Wandels der Gesellschaft auf die Humankapitalbildung stark davon beeinflusst, ob die Renteneintrittsentscheidung berücksichtigt wird oder nicht. Da in der Realität der Zeitpunkt des Renteneintritts nicht exogen vorgegeben wird, was man an dem Unterschied von tatsächlichem und gesetzlichem

---

[6] Ahituv und Zeira (2000) betonen einen weiteren Aspekt des technischen Fortschritts. Ein forcierter technologischer Wandel lässt das Humankapital der älteren Arbeiter überproportional erodieren, da sie einen geringeren Anreiz haben, dieser Abschreibung durch Weiterbildung entgegenzuwirken. Der Zeitraum für die Erträge einer weiteren Ausbildungsinvestion ist für ältere Arbeiter geringer. Als Konsequenz der im Vergleich zu den jüngeren Arbeitnehmern geringeren Effizienz ergibt sich eine Tendenz zur Frühverrentung.

Rentenzugangsalter sehen kann, wird die Analyse somit realitätsnäher gestaltet.

In einem ersten Schritt wurde die Analyse ohne die explizite Modellierung einer Budgetrestriktion der Rentenversicherung durchgeführt. Hierbei konnte der demografische Wandel jedoch nur indirekt modelliert werden, beispielsweise über die Reduktion der zukünftigen Rentenzahlungen. Im Ergebnis entscheiden sich die heutigen Individuen sowohl für eine längere Arbeitszeit im Alter als auch für eine stärkere Investition in ihr Humankapital. Der Renteneintritt wird nach hinten verschoben und die Ausbildungszeit in der Jugend verlängert.

Der demografische Wandel führt zu einer Reduktion der zukünftigen Zahl der Beitragszahler in die gesetzliche Rentenversicherung. Anpassungen im Rentensystem sind somit endogen. Dieser Tatsache wurde in der vorliegenden Analyse Rechnung getragen, indem die Budgetrestriktion der Rentenversicherung in den Modellrahmen integriert wurde. Das zuvor abgeleitete Ergebnis wurde hierbei bestätigt. Wenn die Rückwirkungen der Budgetrestriktion der Rentenversicherung in die Entscheidung der Individuen einfließen, so werden sie weiterhin infolge des demografischen Wandels ihre Arbeitszeit im Alter erhöhen und die Humankapitalbildung steigern. Für die Politik ist dies eine gute Nachricht. Die zukünftigen Finanzierungsprobleme der gesetzlichen Rentenversicherung werden durch die endogenen Entscheidungen der Individuen abgemildert. Die Einnahmen der Rentenversicherung steigen und die Ausgaben sinken, wenn die Individuen eine längere Arbeitszeit im Alter wählen. Darüber hinaus wird durch die forcierte Humankapitalbildung die Produktivität des Faktors Arbeit steigen. Die endogene Wachstumstheorie zeigt, dass dadurch ein positiver Effekt auf das Wachstum einer Volkswirtschaft erzeugt wird. Somit könnte die erhöhte Humankapitalbildung die mit dem Rückgang der Erwerbsbevölkerung verbundene Sozialproduktslücke verringern.

Die skizzierten Ergebnisse unterscheiden sich von den Resultaten in der Analyse ohne Berücksichtigung der Renteneintrittsentscheidung (Kapitel 6). Dort reagierten die Individuen auf eine Reduktion der zukünftigen Rentenzahlung mit einer Verringerung der Humankapitalbildung. Wenn hingegen für die Individuen die Möglichkeit besteht, auf den demografischen Wandel und eine damit verbundene Reduktion der Rentenzahlung mit einer Verlängerung der Arbeitszeit im Alter zu reagieren, so wird ein weiterer Effekt auf die Ausbildung erzeugt. Aus einer Investition in das Humankapital können dann über einen längeren Zeitraum Erträge erzielt werden. Somit steigt der Anreiz, die Humankapitalbildung zu forcieren. Die vorliegende Analyse macht folglich deutlich, dass sich die Literatur weiterentwickeln muss. Die bisherige überwiegende Nichtberücksichtigung der Interdependenzen von Humankapitalbildung und Renteneintrittsentscheidung kann nicht mehr aufrechterhalten bleiben. Vielmehr sollten zukünftige Analysen in der Richtung einer simultanen Betrachtung beider Entscheidungen weitergeführt werden. Die Interdependenzen werden indes verstärkt durch die Berücksichtigung der Möglichkeit der Weiterbildung für die Individuen. In dieser Arbeit besteht diese Möglichkeit nicht. Die Individuen entscheiden sich zu Beginn der ersten Periode über die Länge ihrer Ausbildungs- und Rentenzeit. In der Realität spielt hingegen die Weiterbildung während der Arbeitsphase eine wichtige Rolle. Die Individuen können folglich zu jedem Zeitpunkt ihre Humankapitalbildung an bestimmte Veränderungen anpassen, indem sie die Intensität ihrer Weiterbildung variieren, theoretisch bis kurz vor ihrem Renteneintritt. Durch die Intergration der Weiterbildung in die Analyse verstärken sich die Interdependenzen von Humankapitalbildung und Renteneintrittsentscheidung, wodurch die Notwendigkeit der Weiterentwicklung der Literatur noch deutlicher wird.

Von der Politik wird zu entscheiden sein, durch welchen Mix an Veränderungen der "Stellschrauben" der Rentenversicherung die zukünftigen Finanzierungsprobleme gelöst werden sollen. Die Ergebnisse der vorliegenden Analyse legen die Empfehlung nahe, primär eine Reduktion der Rentenzahlung statt einer Erhöhung des zukünftigen Beitragssatzes zur Rentenversicherung als Anpassungsinstrument zu wählen. Die Individuen werden sich dann für eine längere Arbeitszeit im Alter entscheiden, da der Rentenbezug vergleichsweise unattraktiver wird. Dadurch wird wiederum der Anreiz einer stärkeren Investition in das eigene Humankapital erzeugt.

Bei der Betrachtung der Ergebnisse muss jedoch berücksichtigt werden, dass es sich hierbei um Resultate einer Partialanalyse handelt. Weitere Analysen müssen zeigen, ob die skizzierten Politikempfehlungen auch in einem allgemeiner formulierten Modellrahmen Bestand haben.

7.6 Anhang

Durch totales Differenzieren der beiden Bedingungen erster Ordnung (7.4) und (7.5) sowie der beiden Nebenbedingungen (7.2) und (7.3) ergibt sich:

$$
\begin{aligned}
& U_1' \left(1 - \tau_t\right) \left(1 - 2\lambda_t\right) dw_t - 2U_1' \left(1 - \tau_t\right) w_t d\lambda_t - U_1' \left(1 - 2\lambda_t\right) w_t d\tau_t \\
& + \left(1 - \tau_t\right) \left(1 - 2\lambda_t\right) w_t U_1'' dc_t^1 + q_t^2 U_2' \left(1 - \tau_{t+1}\right) dw_{t+1} - q_t^2 U_2' w_{t+1} d\tau_{t+1} \\
& \qquad - U_2' \left(1 - \tau_{t+1}\right) w_{t+1} da_t^2 + q_t^2 \left(1 - \tau_{t+1}\right) w_{t+1} U_2'' dc_t^2 = 0 \quad (7.27)
\end{aligned}
$$

$$
\begin{aligned}
& U_2' dp_t^2 + U_2' \lambda_t w_{t+1} d\tau_{t+1} - U_2' \left(1 - \tau_{t+1}\right) \lambda_t dw_{t+1} - U_2' \left(1 - \tau_{t+1}\right) w_{t+1} d\lambda_t \\
& \qquad - \left[\left(1 - \tau_{t+1}\lambda_t\right) w_{t+1} - p_t^2\right] U_2'' dc_t^2 + U_3'' da_t^2 = 0 \quad (7.28)
\end{aligned}
$$

$$
dc_t^1 = \left(1 - \tau_t\right) \left(1 - \lambda_t\right) \lambda_t dw_t - \left(1 - \lambda_t\right) \lambda_t w_t d\tau_t + \left(1 - \tau_t\right) \left(1 - 2\lambda_t\right) w_t d\lambda_t \tag{7.29}
$$

$$
\begin{aligned}
dc_t^2 = {} & q_t^2 \left(1 - \tau_{t+1}\right) \lambda_t dw_{t+1} + q_t^2 \left(1 - \tau_{t+1}\right) w_{t+1} d\lambda_t - q_t^2 \lambda_t w_{t+1} d\tau_{t+1} \\
& + a_t^2 dp_t^2 - \left[\left(1 - \tau_{t+1}\right) \lambda_t w_{t+1} - p_t^2\right] da_t^2. \quad (7.30)
\end{aligned}
$$

Setzt man die Gleichungen (7.29) und (7.30) in Gleichung (7.27) ein, so führt dies in Koeffizientenschreibweise zu:

$$
l_1 d\lambda_t + l_2 da_t^2 = l_3 dw_t - l_4 d\tau_t + l_5 dw_{t+1} - l_6 d\tau_{t+1} - l_7 dp_t^2 \tag{7.31}
$$

mit

$$
\begin{aligned}
l_1 &\equiv 2U_1' \left(1 - \tau_t\right) w_t - \left[\left(1 - \tau_t\right) \left(1 - 2\lambda_t\right) w_t\right]^2 U_1'' \\
&\quad - \left[q_t^2 \left(1 - \tau_{t+1}\right) w_{t+1}\right]^2 U_2'' > 0 \\
l_2 &\equiv \left(1 - \tau_{t+1}\right) w_{t+1} U_2' \left[1 - \eta_2 \mu\right] \gtreqless 0 \\
l_3 &\equiv \left(1 - \tau_t\right) \left(1 - 2\lambda_t\right) U_1' \left[1 - \eta_1\right] \gtreqless 0 \\
l_4 &\equiv \left(1 - 2\lambda_t\right) w_t U_1' \left[1 - \eta_1\right] \gtreqless 0 \\
l_5 &\equiv q_t^2 \left(1 - \tau_{t+1}\right) U_2' \left[1 - \eta_2 \left(1 - a_t^2 p_t^2/c_t^2\right)\right] \gtreqless 0 \\
l_6 &\equiv q_t^2 w_{t+1} U_2' \left[1 - \eta_2 \left(1 - a_t^2 p_t^2/c_t^2\right)\right] \gtreqless 0 \\
l_7 &\equiv -q_t^2 \left(1 - \tau_{t+1}\right) a_t^2 w_{t+1} U_2'' > 0.
\end{aligned}
$$

Hierbei steht $\eta_1 \equiv -\frac{c_t^1 U_1''}{U_1'} > 0$ für die Grenznutzenelastizität des Konsums der ersten Lebensperiode, $\eta_2 \equiv -\frac{c_t^2 U_2''}{U_2'} > 0$ für die Grenznutzenelastizität des Konsums der zweiten Lebensperiode und $\mu \equiv \frac{dc_t^2}{dq_t^2} \frac{q_t^2}{c_t^2}$ für die Konsumelastizität der Arbeitszeit der zweiten Lebensperiode. Für diese im Intervall

$[0, 1]$ liegende Elastizität ergibt sich unter Berücksichtigung von Gleichung (7.3): $\mu = 1 - p_t^2/c_t^2$.

Durch Einsetzen der Gleichungen (7.29) und (7.30) in Gleichung (7.28) ergibt sich:

$$m_1 d\lambda_t + m_2 da_t^2 = -m_5 dw_{t+1} + m_6 d\tau_{t+1} + m_7 dp_t^2 \qquad (7.32)$$

mit

$$m_1 \equiv (1 - \tau_{t+1}) \, w_{t+1} U_2' \left[1 - \eta_2 \mu\right] \gtrless 0$$
$$m_2 \equiv -U_3'' - \left[(1 - \tau_{t+1}) \lambda_t w_{t+1} - p_t^2\right]^2 U_2'' > 0$$
$$m_5 \equiv (1 - \tau_{t+1}) \lambda_t U_2' \left[1 - \eta_2 \mu\right] \gtrless 0$$
$$m_6 \equiv \lambda_t w_{t+1} U_2' \left[1 - \eta_2 \mu\right] \gtrless 0$$
$$m_7 \equiv U_2' - a_t^2 \left[(1 - \tau_{t+1}) \lambda_t w_{t+1} - p_t^2\right] U_2'' > 0.$$

Aus den Gleichungen (7.31) und (7.32) erhält man das Gleichungssystem (7.6).

Berücksichtigung der Budgetrestriktion der Rentenversicherung

Das totale Differenzieren der Budgetrestriktion der Rentenversicherung aus Gleichung (7.17) ergibt:

$$-g_1 d\lambda_t + g_2 da_t^2 + a_t^2 dp_t^2 = g_5 dw_{t+1} + g_6 d\tau_{t+1} + g_8 dn_{t+1} \qquad (7.33)$$

mit

$$g_1 \equiv \tau_{t+1} q_t^2 w_{t+1} > 0$$
$$g_2 \equiv p_t^2 + \tau_{t+1} \lambda_t w_{t+1} > 0$$
$$g_5 \equiv \tau_{t+1} (1 - \lambda_{t+1}) \lambda_{t+1} n_{t+1} + \tau_{t+1} q_t^2 \lambda_t > 0$$
$$g_6 \equiv (1 - \lambda_{t+1}) w_{t+1} n_{t+1} + q_t^2 \lambda_t w_{t+1} > 0$$
$$g_8 \equiv \tau_{t+1} (1 - \lambda_{t+1}) \lambda_{t+1} w_{t+1} > 0.$$

Gleichung (7.33) bildet zusammen mit den Gleichungen (7.31) und (7.32) das Gleichungssystem (7.20).

Teil III

Lohn- und Beschäftigungseffekte des demografischen Wandels: eine modelltheoretische Analyse

Kapitel 8

Fragestellung

Der demografische Wandel der Gesellschaft äußert sich in mehreren Ausprägungen.[1] In der Analyse dieses Teils der vorliegenden Arbeit ist die Veränderung der Altersstruktur der Erwerbsbevölkerung von besonderem Interesse. Die demografische Entwicklung führt zu einem Anstieg des Anteils älterer Arbeiter. Im Jahr 1995 waren rund 32 Prozent der Erwerbspersonen älter als 45 Jahre. Bis zum Jahr 2020 wird ein Anstieg des Anteils älterer Arbeiter auf rund 45 Prozent prognostiziert. Demgegenüber wird der Anteil der unter 35-Jährigen von rund 43 Prozent (1995) auf rund 30 Prozent (2020) sinken (siehe Arnds und Bonin, 2003 und Börsch-Supan, 2003).

Die demografische Entwicklung erzeugt Auswirkungen auf alle Bereiche des Arbeitsmarktes. In dem vorliegenden Teil der Arbeit liegt der Fokus auf die Auswirkungen der demografischen Entwicklung auf die Lohnverhandlungen und die Arbeitslosigkeit. Der demografische Wandel wird hierbei in der Ausprägung der Veränderung der Altersstruktur der Erwerbsbevölkerung betrachtet.

Die Altersstruktur der Erwerbsbevölkerung verändert sich, wenn die auf den Arbeitsmarkt eintretenden Kohorten gegenüber den bisher am Arbeitsmarkt vertretenen bzw. aus dem Arbeitsmarkt ausscheidenden Kohorten unterschiedlich groß sind. Die wissenschaftliche Forschung untersucht in diesem Zusammenhang, ob die unterschiedliche Größe und das unterschiedliche Alter einzelner Kohorten Einfluss auf die Arbeitsmarkt-Performance der jeweiligen Kohorte hat.

In der Theorie kompetitiver Arbeitsmärkte ist der Einfluss unterschiedlicher Kohortengrößen auf den Lohn und die Arbeitslosigkeit eindeutig. Der Lohn spiegelt in kompetitiven Arbeitsmärkten die relative Knappheit des

---

[1]Für eine ausführliche Darstellung siehe Teil I.

Produktionsfaktors Arbeit wider. Sind Mitglieder unterschiedlicher Kohorten keine perfekten Substitute, sondern als unterschiedliche Produktionsfaktoren anzusehen, so gilt Folgendes: Treten immer weniger junge Arbeiter in den Arbeitsmarkt ein, so wird dieser Produktionsfaktor relativ knapp gegenüber dem Produktionsfaktor ältere Arbeiter. Für die Unternehmen wird es zunehmend schwerer, junge Arbeiter beschäftigen zu können. Deshalb sind sie bereit, einen höheren Preis, also einen höheren Lohn für junge Arbeiter zu zahlen. In einem kompetitiven Arbeitsmarkt sind darüber hinaus alle Produktionsfaktoren voll beschäftigt, wobei der Lohn als Anpassungsvariable fungiert (siehe Nickell, 1993 und Fertig und Schmidt, 2004).

In einer Volkswirtschaft wie Deutschland, wo der Lohn durch Arbeitnehmer- und Arbeitgebervertreter in Tarifverhandlungen ausgehandelt wird, ist schwerlich davon auszugehen, dass der Lohn tatsächlich die relative Knappheit der einzelnen Kohorten zueinander vollkommen reflektiert. Vielmehr spielen die Verhandlungsmacht der beteiligten Gruppen sowie deren Interessen bei der Lohnbildung eine entscheidende Rolle. Die Gewerkschaften treten dabei stärker als Lobbyisten der älteren Arbeiter denn der jüngeren auf (siehe Schnabel und Wagner, 2006a). Das Durchschnittsalter der Gewerkschaftsmitglieder in Deutschland liegt deutlich über dem aller Beschäftigten, selbst ohne Berücksichtigung der Rentner (siehe beispielsweise Schnabel, 1993; Frerichs und Pohl, 2004 sowie Addison, Schnabel und Wagner, 2007). Folglich ist das typische Gewerkschaftsmitglied der Gruppe der älteren Arbeiter zuzuordnen. Die für die Lohnverhandlung zuständigen Gewerkschaftsfunktionäre sind unter Umständen nicht bereit, eine Verbesserung der relativen Lohnstruktur zu Gunsten junger Arbeiter gemäß des zuvor dargestellten Prozesses hinzunehmen. Vielmehr werden sie daran interessiert sein, trotz der geänderten Altersstruktur eine relativ stabile Lohnstruktur zu erhalten. Diejenige Gruppe von Arbeitern, deren relativer Lohn im Verhältnis zur relativen Knappheit zu hoch ist (was im beschriebenen Fall für ältere Arbeiter zutrifft), wird folglich eine relativ hohe Arbeitslosigkeit zu verzeichnen haben. Diese Beschreibung stimmt weitgehend mit Beobachtungen auf vielen kontinentaleuropäischen Arbeitsmärkten überein (siehe Fertig und Schmidt, 2004).

Verhindern Rigiditäten auf dem Arbeitsmarkt die vollständige Anpassung der Lohnstruktur an die relative Knappheit der Produktionsfaktoren, so wird die Anpassung über die Beschäftigung erfolgen. Die empirische Literatur auf diesem Gebiet analysiert die alters- und kohortenspezifische Arbeitslosigkeit und Beschäftigung. Dabei wird eine Reihe unterschiedlicher Aspekte mit verschiedenen methodischen Ansätzen untersucht, was es er-

schwert, ein einheitliches Bild zu erstellen. Jedoch sprechen Korenman und
Neumark (2000) von einer über alle Studien hinweg zu erkennenden Tendenz für die Evidenz eines negativen Einflusses der Kohortengröße auf die
Beschäftigung und den Lohn einer Kohorte in vielen Ländern.[2] Jedoch ist
bezüglich der Übertragung der Ergebnisse der empirischen Studien in diesem Bereich auf den möglichen Einfluss des demografischen Wandels der
Gesellschaft Folgendes anzumerken: Die empirischen Studien untersuchen
den Einfluss des "Baby-Booms" und die damit verbundenen Veränderungen
der Kohortengrößen in der zweiten Hälfte des vergangenen Jahrhunderts auf
die angesprochenen Größen. Die Kohorten des "Baby-Booms" der fünfziger
und sechziger Jahre des vergangenen Jahrhunderts traten im erwerbsfähigen Alter in den Arbeitsmarkt ein und veränderten die Altersstruktur der
Erwerbsbevölkerung. Die Kohortengröße der jungen Arbeiter stieg in Relation zur Kohortengröße älterer Arbeiter (siehe beispielsweise Börsch-Supan,
1999). Die empirischen Studien untersuchen folglich die Auswirkung einer
Erhöhung der Relation junger Arbeiter zu alten Arbeitern. Bei der zukünftigen demografischen Entwicklung verläuft die Veränderung der Bevölkerungsstruktur hingegen in die entgegengesetzte Richtung. Wie wir bereits
gesehen haben, steigt der Anteil älterer Erwerbstätiger gegenüber dem Anteil junger Erwerbstätiger. Demnach können die Ergebnisse der empirischen
Studien lediglich als Approximation der möglichen Auswirkung des demografischen Wandels angesehen werden. Insbesondere aufgrund von Rigiditäten auf dem Arbeitsmarkt ist nicht unbedingt von einer symmetrischen
Wirkung im Vergleich zu den Untersuchungen bezüglich der "Baby-Boom"
Generation auszugehen. Dies sollte beim Studium des folgenden Literatur-
überblicks berücksichtigt werden.

In ihrer eigenen Analyse untersuchen Korenman und Neumark (2000)
den Effekt von Veränderungen der Altersstruktur der Bevölkerung auf die
Arbeitslosigkeit und die Beschäftigung junger Arbeiter. Die Autoren verwenden Zeitreihen-Daten 15 verschiedener Länder für den Zeitraum 1970-
1994. Wie die Analyse zeigt, erhöhen größere Kohorten junger Arbeiter die
Arbeitslosenrate junger Arbeiter. Außerdem finden die Autoren leichte Evidenz dafür, dass Institutionen, die die Flexibilität auf dem Arbeitsmarkt
reduzieren, eine ausgeprägte Reaktion der Arbeitslosenrate auf eine Veränderung der Altersstruktur erzeugen.

Shimer (2001) verwendet Daten aller Staaten der USA für die Periode
1978-1996, um die Reaktion der Arbeitslosigkeit junger Arbeiter auf die Ver-

---

[2]Für einen ausführlichen Überblick der einzelnen Studien siehe Korenman und Neumark (2000).

änderung der Bevölkerungsstruktur zu analysieren. Es wird ein stark negativer Effekt eines Anstiegs der relativen Kohortengröße junger Arbeiter auf
die Arbeitslosigkeit junger und alter Arbeiter identifiziert. Dies bedeutet, je
größer die relative Kohortengröße junger Arbeiter ist, umso niedriger fällt
die Arbeitslosenrate beider Gruppen aus. Der Autor räumt jedoch ein, dass
er dieses überraschende Ergebnis nicht eindeutig erklären kann. Er führt als
möglichen Erklärungsansatz den verwendeten Schätzansatz an. In der Analyse wird eine fixed effect-Schätzung mit Paneldaten der Staaten der USA
durchgeführt, mit vollkommener Querschnitts-Kapitalmobilität. Durch die
fixed effects entfällt eine Quelle der Variation, die in anderen Studien wichtig war, nämlich die Veränderung der Kosten des Kapitals, die mit dem
Anteil junger Personen an der Bevölkerung korreliert sind.

Nickell (1993) untersucht den Effekt der relativen Kohortengröße auf den
relativen Lohn junger Männer in Großbritannien für den Zeitraum 1961-
1989. Dabei wird unterschieden zwischen einem Sektor ohne und einem
Sektor mit gewerkschaftlicher Lohnbildung. Die Ergebnisse beider Analysen
erzeugen einen substanziellen negativen Effekt der Kohortengröße auf den
relativen Lohn junger Männer. Die relative Verfügbarkeit junger Männer beeinflusst also deren Lohn, selbst dann, wenn der Lohn durch Gewerkschaften
ausgehandelt wird.

Den Effekt der Kohortengröße auf die altersspezifischen Arbeitslosenraten in West-Deutschland vor der Wiedervereinigung untersucht Zimmermann (1991). In der Analyse werden aggregierte Zeitreihen-Daten für junge
Arbeiter (im Alter von 15-34 Jahre) und alte Arbeiter (35-54 Jahren) für
den Zeitraum 1967-1988 verwendet. Dabei wird zwischen kurz- und langfristigen Auswirkungen unterschieden. Der identifizierte positive Einfluss
der Kohortengröße auf die Arbeitslosigkeit ist in der kurzen Frist stärker
als langfristig. Darüber hinaus beeinflussen große Kohorten junger Arbeiter in der kurzen Frist nicht die Arbeitslosenraten alter Arbeiter. Jedoch
scheint langfristig eine Interdependenz zu bestehen. Die Arbeitslosenrate
alter Arbeiter steigt langfristig, wenn große Kohorten neu in den Arbeitsmarkt eintreten.

Schmidt (1993) analysiert wie Zimmermann (1991) den Effekt der Veränderung der Altersstruktur auf die altersspezifischen Arbeitslosenraten in
West-Deutschland. In seinem theoretischen Modell vertritt eine Monopolgewerkschaft verschiedene Altersgruppen, deren relative Größen sich im
Zeitablauf verändern. Maximiert die Gewerkschaft die Lohnsumme, so reflektiert der Lohn einer jeden Gruppe nicht die relative Knappheit dieser
Gruppe. Aufgrund der gewerkschaftlichen Lohnbildung fungiert nicht der

Lohn als hauptsächliche Anpassungsvariable. Folglich passen sich die Arbeitslosenraten der verschiedenen Altersgruppen an. Das stilisierte Modell lässt vermuten, dass bei einer Veränderung der Altersstruktur der Erwerbsbevölkerung die Arbeitslosenraten stärker reagieren als die Löhne. Wird die veränderte Altersstruktur nicht vollständig in höhere Löhne für junge Arbeiter übertragen, so sollte ihre relative Beschäftigung steigen und die relative Arbeitslosenrate sinken. Die Schätzungen auf Basis der Daten für West-Deutschland bestätigen das theoretische Modell von Schmidt (1993). Jedoch ist ein starker Zusammenhang zwischen der Kohortengröße und der relativen Arbeitslosenrate nur für einige Altersgruppen nachzuweisen.

In den vorhergehend angesprochenen Analysen bleibt der Lohnbildungsprozess weitgehend unberücksichtigt. In dem theoretischen Modell von Schmidt (1993) wird die Lohnbildung zwar explizit modelliert, jedoch wird der Lohn durch eine Monopolgewerkschaft gesetzt. Im weiteren Verlauf dieses Teils der Arbeit wird deutlich, dass die Modellierung einer Monopolgewerkschaft die Praxis der Lohnverhandlungen insbesondere in Deutschland nicht adäquat reflektiert. Der Lohnbildungsprozess wird in der wissenschaftlichen Literatur eingehend analysiert. Die Forschung auf diesem Feld hat eine Reihe von Ansätzen hervorgebracht. Übersichten und ausführliche Darstellungen der einzelnen Ansätze finden sich beispielsweise bei Farber (1986), Cahuc und Zylberberg (2004), Wagner und Jahn (2004), Ehrenberg und Smith (2006) sowie Franz (2006).

Der im folgenden Kapitel dargestellte Ansatz von Pissarides (1989) modelliert den Lohnbildungsprozess durch die Verhandlung effizienter Kontrakte. Gewerkschaften und Unternehmen verhandeln über den Lohn und die Beschäftigung, wobei zwischen jungen und alten Arbeitern unterschieden wird. Die Gewerkschaften behandeln zudem die verschiedenen Gruppen unterschiedlich, indem sie nach einer Senioritätsregel verfahren und mehr Wert auf die Belange alter Arbeiter legen. Gemäß dieser Senioritätsregel geht der Nutzen alter Arbeiter mit einem höheren Gewicht in die Nutzenfunktion der Gewerkschaften ein. Pissarides (1989) analysiert mit seinem Modell die Frage, welche Auswirkungen der demografische Wandel auf die Löhne und Arbeitslosenraten junger und alter Arbeiter erzeugt, wenn die Gewerkschaften diese Senioritätsregel in ihren Verhandlungen berücksichtigen. Die demografische Entwicklung wird modelliert als Veränderung der Altersstruktur der Erwerbsbevölkerung. Die Relation alter Erwerbsfähiger

zu jungen Erwerbsfähigen steigt, wobei jedoch die Summe aller Erwerbsfähigen konstant bleibt.

Pissarides (1989) erhält teilweise nicht zu erwartende Resultate. Beispielsweise führt die Veränderung der Altersstruktur sowohl zu einer Reduktion der Löhne als auch zu einer Reduktion der Arbeitslosenraten beider Gruppen, also zu einem ähnlich kontraintuitiven Ergebnis wie Shimer
(2001) es erhält. Wie bei jeder modelltheoretischen Analyse stellt sich hierbei die Frage, ob das unterstellte Modell die Realität adäquat abbildet
oder ob realitätsnähere Ansätze existieren. Die theoretische Literatur ist auf
dem Gebiet der Analyse der Auswirkungen des demografischen Wandes auf
Lohnverhandlungen und auf Arbeitslosigkeit nicht sehr stark ausgeprägt.
Es existieren keine weiteren theoretischen Ansätze, die die bei Pissarides
(1989) untersuchten Fragestellungen betrachten. Ziel dieses Teils der vorliegende Arbeit ist es, diese Lücke zumindest ein Stück weit zu schließen. Wie
wir später sehen werden, existiert gegenüber dem Modellansatz von Pissarides (1989) ein in der Praxis bedeutsameres Szenario. Darin verhandeln
Unternehmen und Gewerkschaften über den Lohn, wobei den Unternehmen das weitgehend exklusive Recht der Wahl der Beschäftigung obliegt. In
der wissenschaftlichen Literatur wird diese Form der Verhandlung mit dem
Right-to-Manage-Ansatz modelliert. Mit Hilfe dieses Ansatzes untersucht
die vorliegende Studie insbesondere die Sensitivität der kontraintuitiven
Resultate von Pissarides (1989) hinsichtlich der gewählten Modellannahmen. Die durchgeführte Analyse kann diese kontraintuitiven Ergebnisse bei
Pissarides (1989) nicht bestätigen. Beispielsweise steigen in dem entwickelten Right-to-Manage-Ansatz infolge des demografischen Wandels die Löhne
beider Gruppen, wohingegen die Arbeitslosenrate junger Arbeiter aufgrund
der Modellierung einer konstanten Lohnersatzquote konstant bleibt, während die Arbeitslosenrate alter Arbeiter steigt. Der Anstieg auch der Löhne
älterer Arbeiter trotz der relativ größeren Verfügbarkeit dieser Gruppe ist
auf die beschriebene Senioritätsregel der Gewerkschaften zurückzuführen,
bei der diese besonderen Wert auf die Interessen älterer Arbeiter legen. Folglich muss konstatiert werden, dass die Ergebnisse bei Pissarides (1989) auf
die Verwendung des speziellen Ansatzes der effizienten Kontrakte zurückzuführen sind und mit dem hier entwickelten, als bedeutsamer einzustufenden
Right-to-Manage-Ansatz nicht reproduziert werden. Insbesondere ist nicht
zu erwarten, dass die Veränderung der Altersstruktur der Erwerbsbevölkerung die Altersarbeitslosigkeit reduzieren wird, wie bei Pissarides (1989)
prognostiziert. Die Alterung der Gesellschaft dürfte vielmehr, unter ansonsten gleichen Bedingungen, die Arbeitslosenrate älterer Arbeiter erhöhen.

Der Rest dieses Teils ist wie folgt aufgebaut: In Kapitel 9 wird das Modell von Pissarides (1989) ausführlich dargestellt. In Kapitel 10 wird der angesprochene Right-to-Manage-Ansatz detailliert erläutert. Die bei Pissarides (1989) analysierten Fragestellungen werden mit Hilfe dieses Ansatzes untersucht und Simulationen des unterstellten Analyserahmens durchgeführt. In Kapitel 11 folgt eine kurze Zusammenfassung.

Kapitel 9

Das Modell von Pissarides (1989)

Das in diesem Kapitel dargestellte Modell von Pissarides (1989) analysiert den Einfluss der Alterung der Gesellschaft auf die Arbeitslosigkeit in einer Volkswirtschaft. Dies impliziert eine Interdependenz der Altersstruktur der Erwerbstätigen und insbesondere deren Veränderung mit der Beschäftigung. Im Fokus der Analyse steht folgender Einflusskanal: die Annahme, der zufolge die Gewerkschaften verschiedene Gruppen von Arbeitern unterschiedlich behandeln. Im Besonderen wird davon ausgegangen, dass die Gewerkschaften mehr Wert auf die Belange der älteren Arbeiter legen und demnach die Gruppe der jüngeren Arbeiter in ihrer Nutzenfunktion weniger stark berücksichtigen. Diese Art des Agierens seitens der Gewerkschaften wird in der Literatur als Senioritätsregel bzw. seniority bezeichnet (siehe beispielsweise Grossman, 1983; Pissarides, 1989; Altonji und Shakotko, 1995 und Altonji und Williams, 2005). Die Interessen älterer bzw. länger im Unternehmen beschäftigter Arbeiter (der letztgenannte Fall wird als job seniority bezeichnet) werden von den Gewerkschaften überproportional hoch bewertet und sie richten ihre Verhandlungen mit den Unternehmen danach aus. Die Gewerkschaften handeln für die jeweiligen Gruppen unterschiedliche Löhne und, falls dies Gegenstand der Verhandlungen ist, unterschiedliche Beschäftigungsmengen aus, mit einer stärkeren Gewichtung für die Gruppe älterer Arbeiter bzw. derjenigen Arbeiter mit längerer Betriebszugehörigkeit. Der Begriff Senioritätsregel bzw. seniority wird synonym verwendet für einen weiteren, das Alter bzw. die Betriebszugehörigkeit betreffenden Sachverhalt. Es handelt sich dabei um eine Regel für Entlassungen. Werden Entlassungen in den Unternehmen gemäß einer Senioritätsregel durchgeführt, so werden zunächst die jüngeren Arbeiter bzw. diejenigen mit der kürzesten Betriebszugehörigkeit entlassen (last in first out) (siehe beispielsweise Carruth und Oswald, 1987; Burda, 1990; Drazen und Gottfries, 1994 und Booth und Frank, 1996). Im Folgenden bezieht sich der Begriff Senioritätsregel jedoch nicht auf die Entlassungsregel, sondern ausschließlich auf die höhere Gewichtung des Nutzens älterer Arbeiter in der gewerkschaftlichen Nutzenfunktion.

Wie kann man die Sichtweise belegen, die Gewerkschaften würden gemäß der zuvor skizzierten Senioritätsregel handeln und demnach die Interessen der älteren Arbeiter höher gewichten? Das typische Gewerkschaftsmitglied ist der Gruppe der älteren Arbeiter zuzuordnen. Das Durchschnittsalter der Gewerkschaftsmitglieder beispielsweise in Deutschland liegt deutlich über dem aller Beschäftigten, selbst wenn die Rentner als Gewerkschaftsmitglieder nicht mitberücksichtigt werden (siehe beispielsweise Schnabel, 1993; Frerichs und Pohl, 2004 und Addison, Schnabel und Wagner, 2007). Da die Gewerkschaften in erster Linie gegenüber ihren Mitgliedern verpflichtet sind, ist es umso verständlicher, wenn sie sich stärker als Lobbyisten der älteren Arbeiter denn der jüngeren sehen. Darüber hinaus ist der typische Gewerkschaftsfunktionär als Repräsentant der Arbeitnehmer gegenüber den Arbeitgebern in der Regel selbst höheren Alters. Die jeweiligen Hierarchieebenen zu durchlaufen benötigt eine längere Zeit. In den Tarifverhandlungen sind die erfahrenen Gewerkschaftsfunktionäre zumindest in der Mehrheit. Je älter ein Gewerkschaftsfunktionär ist, umso eher wird er bereit sein, die Interessen älterer Arbeiter stärker durchzusetzen.

Ein weiteres Argument für die stärkere Vertretung der Interessen älterer Arbeiter durch die Gewerkschaften kann darin gesehen werden, dass die Gewerkschaften die älteren Arbeiter als diejenigen ansehen, die ihre Hilfe am meisten benötigen. Junge Arbeiter sind flexibler, mobiler und anpassungsfähiger und folglich besser in der Lage, auf veränderte Rahmenbedingungen zu reagieren, als dies bei älteren Arbeitern der Fall ist. Kurz gesagt, junge Arbeiter können sich tendenziell besser selbst helfen als ältere Arbeiter. Gewerkschaften sind im Rahmen der Sozialpartnerschaft für die Aushandlung der Tarifverträge mit den Arbeitgebervertretern zuständig. Durch diese Rolle sind sie insbesondere die Vertreter der Interessen der arbeitenden Bevölkerung. Daraus lässt sich wiederum eine stärkere Gewichtung der Belange älterer Arbeiter ableiten, denn es liegt in der Natur der Sache, dass mit der Länge der Betriebszugehörigkeit auch das Alter eines Arbeiters steigt. Eine Insider-Outsider-Betrachtung liefert einen weiteren Erklärungsansatz für eine unterschiedliche Behandlung verschiedener Gruppen durch die Gewerkschaften (siehe beispielsweise Grossman, 1983; Oswald, 1985; Lindbeck und Snower, 1989 sowie Lindbeck und Snower, 2001). Gemäß einer solchen Betrachtung erhält ein Arbeiter durch eine längere Betriebszugehörigkeit einen Insider-Status. Werden durch die Gewerkschaften Insider stärker repräsentiert als Outsider, so erklärt dies wiederum eine höhere Gewichtung älterer Arbeiter (als Insider).

Pissarides verfolgt diesen letztgenannten Ansatz und nimmt an, dass die Gewerkschaften zwischen Insider und Outsider unterscheiden. Wie wir später sehen werden, bestehen in dem Modell zwei unterschiedliche Möglichkeiten, durch die ein Arbeiter den Insider-Status erlangt. Das entscheidende Kriterium zur Unterscheidung der beiden Möglichkeiten ist, ob ein arbeitslos gewordener Insider in einem anderen Unternehmen einen Insider-Job oder einen Outsider-Job erhält. Darauf wird im Detail später ausführlich einzugehen sein.

In der komplett gewerkschaftlich organisierten Modellwirtschaft verhandeln Unternehmen und Gewerkschaft auf der Firmenebene über den Lohn und über die Beschäftigung. Eine ausführliche Diskussion der Besonderheit dieses sogenannten Ansatzes der effizienten Kontrakte wird in einem Exkurs im folgenden Kapitel 9.1 durchgeführt. Der Meinungsbildungsprozess innerhalb der Gewerkschaften ist indes hier nicht Gegenstand der Analyse. Stattdessen werden in Übereinstimmung mit dem überwiegenden Teil der Literatur die Gewerkschaften als rational handelnde Wirtschaftssubjekte angesehen, deren Präferenzen eindeutig zu determinieren sind. Die Verhandlung wird über einen Nash Bargaining Ansatz modelliert. Dieser in der wissenschaftlichen Literatur und insbesondere im Bereich der Verhandlungen auf dem Arbeitsmarkt weitverbreitete Verhandlungsansatz wird in einem weiteren Exkurs in Kapitel 9.2 näher erläutert. In Kapitel 9.3 wird die Verhandlung zwischen Gewerkschaft und Unternehmen auf der Mikroebene dargestellt, bevor in Kapitel 9.4 das allgemeine Gleichgewicht abgeleitet wird. Der Einfluss des demografischen Wandels der Gesellschaft, modelliert als Veränderung der Altersstruktur der Erwerbsbevölkerung, wird in Kapitel 9.5 analysiert.

9.1 Exkurs 1: Der Ansatz der effizienten Kontrakte

In der wissenschaftlichen Literatur über Lohnverhandlungen finden sich mehrere verschiedene Ansätze. Einen davon, den Ansatz der effizienten Kontrakte, verwendet Pissarides (1989). Dessen Besonderheit liegt darin, dass Unternehmen und Gewerkschaften sowohl über Löhne als auch über Beschäftigung verhandeln. In der Literatur existiert demgegenüber ein weiterer Ansatz, bei dem lediglich über den Lohn verhandelt wird. Dieses sogenannte Right-to-Manage-Modell wird in Kapitel 10 ausführlich diskutiert. Zur Abgrenzung gegenüber dem Ansatz der effizienten Kontrakte soll deshalb an dieser Stelle lediglich kurz auf diesen Ansatz eingegangen werden.

Wie bereits angedeutet, verhandeln Unternehmen und Gewerkschaften im Right-to-Manage-Modell lediglich über den Lohn. Den Unternehmen obliegt das exklusive Recht der Wahl der Beschäftigung. Folglich wählen sie gemäß des gesetzten bzw. ausgehandelten Lohns die gewinnmaximale Arbeitseinsatzmenge. Theoretisch gesprochen wählen sie demnach einen Punkt auf der Arbeitsnachfragekurve. Jedoch hat bereits Leontief (1946) darauf hingewiesen, dass Kombinationen von Lohn und Beschäftigung auf der Arbeitsnachfragekurve nicht effizient sind. Es gibt Punkte und damit Lohn-Beschäftigung-Kombinationen abseits der Arbeitsnachfragekurve, die es ermöglichen, zumindest eine der beiden Parteien besserzustellen, ohne dass die andere Partei sich verschlechtert. Folglich verletzen Kombinationen auf der Arbeitsnachfragekurve das Kriterium der Pareto-Optimalität bzw. der Pareto-Effizienz. Beispielsweise ist es möglich, ausgehend von einer Verhandlungslösung mit einer Kombination von Lohn und Beschäftigung auf der Arbeitsnachfragekurve eine andere Kombination zu wählen, bei der die Gewerkschaft einen höheren Nutzen erzielt, ohne einen gleichzeitigen Gewinnverlust des Unternehmens zu induzieren. Anhand von Graphik 9.1 soll dies näher verdeutlicht werden.

Angenommen, Gewerkschaft und Unternehmen einigen sich auf den Lohn w^{RTM} (wobei RTM für Right-to-Manage steht). Das Unternehmen wählt daraufhin gemäß der Grenzproduktivitätsentlohnung die gewinnmaximale Beschäftigung N^{RTM}, also einen Punkt auf der Arbeitsnachfragekurve. Durch diesen Punkt A verläuft die Isogewinnlinie des Unternehmens π^2 sowie die Indifferenzkurve der Gewerkschaft V^1. Der Punkt A ist jedoch nicht pareto-effizient, was deutlich wird, wenn man die zuvor angesprochene Möglichkeit durchspielt. Wenn Gewerkschaft und Unternehmen sich beispielsweise auf Punkt B einigen, so würde dies ein höheres Nutzenniveau für die Gewerkschaft implizieren, denn Punkt B liegt auf einer höheren Indifferenzkurve als Punkt A (nämlich auf V^2). Der Gewinn des Unternehmens bleibt indes unverändert, Punkt B liegt weiterhin auf der Isogewinnlinie π^2. Folglich war Punkt A nicht pareto-effizient, da durch eine veränderte Kom-

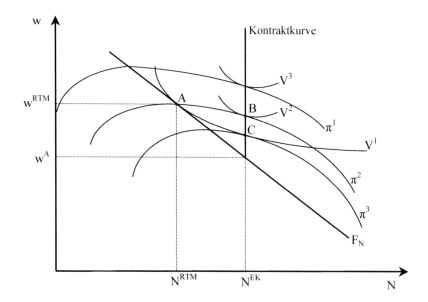

Abbildung 9.1: Effiziente Kontrakte

bination von Lohn und Beschäftigung eine der beiden Parteien bessergestellt werden kann, ohne die andere Partei schlechterzustellen.

Eine pareto-effiziente Verbesserung gegenüber Punkt A würde auch eine Einigung auf die Kombination in Punkt C darstellen. Das Unternehmen verbessert sich durch die Erreichung einer weiter unten gelegenen (niedrigeren) Isogewinnlinie. Je niedriger die Isogewinnlinie, umso höher der Gewinn des Unternehmens. Aus Sicht der Gewerkschaft ist der Übergang von Punkt A zu Punkt C nutzenniveauneutral, da beide Punkte auf der gleichen Indifferenzkurve V^1 liegen. Kurz gesagt sind alle Lohn und Beschäftigungskombinationen innerhalb der durch die Isogewinnlinie π_2 und der Indifferenzkurve V^1 gebildeten Linse pareto-superior gegenüber der Kombination in Punkt A. Diese pareto-superioren Kombinationen sind wiederum gekennzeichnet durch einen niedrigeren Lohn und eine höhere Beschäftigung gegenüber Punkt A.

Jedoch sind nicht alle Punkte innerhalb der Linse auch pareto-effizient. Lediglich Punkte auf der in Abbildung 9.1 eingezeichneten Kontraktkurve sind pareto-effizient. Solche pareto-effizienten Punkte ergeben sich dort,

wo sich jeweils eine Isogewinnlinie und eine Indifferenzkurve tangieren. Die
Verbindung der Tangentialpunkte aller Isogewinnlinien und aller Indifferenzkurven ergeben die Kontraktkurve. Gegenüber dem Punkt A sind alle Punkte auf der Kontraktkurve innerhalb der Linse, also zwischen den
Punkten B und C, pareto-effizient. Bei allen anderen Punkten auf der Kontraktkurve außerhalb der Linse verschlechtert sich hingegen jeweils eine der
beiden Parteien im Vergleich zu Punkt A.

Wie werden jedoch Punkte auf der Kontraktkurve realisiert? Die Verhandlung lediglich über den Lohn führt, wie bereits angesprochen, zu Punkten auf der Arbeitsnachfragekurve (Right-to-Manage-Modell). Bei Leontief
(1946) und Fellner (1947) ist bereits zu lesen, dass Gewerkschaft und Unternehmen sich besserstellen, wenn sie über den Lohn und die Beschäftigung
verhandeln. Spätestens seit Hall und Lilien (1979) und McDonald und Solow (1981) ist dieser Sachverhalt verstärkt diskutiert worden. Ergebnisse
bezüglich der Verhandlung über Lohn und Beschäftigung müssen jedoch in
einen verbindlichen Kontrakt münden. Das Unternehmen könnte ansonsten
den Gewinn erhöhen, indem es nach der Einigung auf einen bestimmten
Punkt auf der Kontraktkurve mit einem bestimmten Lohn die mit diesem
Lohn korrespondierende Beschäftigungsmenge auf der Arbeitsnachfragekurve wählen würde. In Abbildung 9.1 wäre dies eine horizontale Bewegung von
einem bestimmten Punkt der Kontraktkurve bis zur Arbeitsnachfragekurve. Durch die geringere Beschäftigung bei gleichem Lohn würde der Gewinn
des Unternehmens steigen. Folglich müssen Verhandlungen über Lohn und
Beschäftigung in einem verbindlichen Kontrakt festgeschrieben werden. Anders ausgedrückt muss dem Unternehmen das Recht auf die eigenständige
Festsetzung der Höhe der Beschäftigung vertraglich entzogen werden.

Der Verlauf der Kontraktkurve wird determiniert durch den Grad der Risikoaversion der Gewerkschaft. Die in Abbildung 9.1 dargestellte senkrechte Kontraktkurve korrespondiert mit einer risikoneutralen Gewerkschaft.
Technisch gesprochen ist in diesem Fall die zweite Ableitung der vom Lohn
abhängigen linearen Nutzenfunktion $V(w)$ gleich null, $V''(w) = 0$.[1] Die
Kontraktkurve ist dann eine Senkrechte über dem Alternativeinkommen
w^A.[2] Der ausgehandelte Lohn bei effizienten Kontrakten liegt unterhalb des
ausgehandelten Lohns im Right-to-Manage-Ansatz. Die Beschäftigung wird

---

[1] Die mathematische Herleitung der Kontraktkurve erfolgt bei der ausführlichen (auch
mathematisch-formalen) Darstellung des Modells von Pissarides (1989) in Kapitel 9.3.

[2] Die ausführliche ökonomische Erklärung des Alternativeinkommens erfolgt in Kapitel 9.4.

so weit erhöht, bis der Grenzertrag der Arbeit gleich dem Alternativeinkommen ist und über der Beschäftigung im Right-to-Manage-Ansatz liegt.

Risikoaverse Gewerkschaften sind hingegen gekennzeichnet durch eine konkave Nutzenfunktion mit $V''(w) < 0$. Die Kontraktkurve weist eine positive Steigung auf. D.h., es besteht ein positiver Zusammenhang zwischen der Beschäftigung und dem Lohn. Da der Lohnsatz über dem Alternativeinkommen liegt, ist die Beschäftigung höher als bei einer risikoneutralen Gewerkschaft. Wie die Theorie jedoch zeigt, ist die Beschäftigung im Fall einer risikoneutralen Gewerkschaft gleich der markträumenden Beschäftigung in einem Modell ohne Verhandlung auf einem kompetitiven Arbeitsmarkt (siehe beispielsweise Layard, Nickell und Jackman, 1991 sowie Booth, 1995). Somit impliziert eine positiv geneigte Kontraktkurve eine Beschäftigung, die höher ist als die markträumende Beschäftigung. Anders ausgedrückt impliziert eine positiv geneigte Kontraktkurve eine Überbeschäftigung (Oswald, 1985). Jedoch kann diese Aussage lediglich auf die Mikroebene bezogen werden. Nach der Aggregation auf die Makroebene verliert sich dieser positive Beschäftigungseffekt. Im allgemeinen Gleichgewicht ist eine höhere Beschäftigung als die markträumende Beschäftigung nicht möglich (siehe Layard und Nickell, 1990).

Risikofreudige Gewerkschaften weisen konvexe Nutzenfunktionen auf, $V''(w) > 0$. Die Kontraktkurve ist negativ geneigt, verläuft jedoch steiler als die Arbeitsnachfragekurve. Kombinationen von Lohn und Beschäftigung unterhalb der Arbeitsnachfragekurve sind nicht effizient. Das Unternehmen könnte Lohn und Beschäftigung erhöhen, ohne den Gewinn zu reduzieren, wenn es sich entlang der Isogewinnlinie bis auf die Arbeitsnachfragekurve bewegen würde. Die Gewerkschaft würde dadurch ebenfalls besser gestellt, folglich besteht kein Anreiz, eine Kombination unterhalb der Arbeitsnachfragekurve zu wählen.[3]

Nachdem das Konzept der effizienten Kontrakte allgemein dargestellt wurde, soll im folgenden Kapitel der in der Verhandlungstheorie und insbesondere in der Modellierung der Verhandlung über Löhne und ggf. Beschäftigung häufig verwendete Nash Bargaining Ansatz allgemein erläutert werden. Im Anschluss daran werden die erarbeiteten Konzepte bei der Darstellung des Modells von Pissarides (1989) formal-theoretisch angewendet.

---

[3]Zur Diskussion risikoneutraler, risikoaverser und risikofreudiger Gewerkschaften und deren Auswirkungen auf die Kontraktkurve siehe beispielsweise Ulph und Ulph (1990), Booth (1995), Goerke und Holler (1997) sowie Michaelis (1998).

9.2   Exkurs 2: Der Nash Bargaining Ansatz

In der ökonomischen Literatur über Verhandlungen zwischen mehreren Parteien nimmt der Nash Bargaining Ansatz eine überragende Rolle ein. Insbesondere in der Arbeitsmarktliteratur werden Verhandlungen zwischen Unternehmen und Gewerkschaften oftmals durch den Nash Bargaining Ansatz modelliert (siehe beispielsweise Farber, 1986; Booth, 1996 oder Layard, Nickell und Jackman, 1991). Der Ansatz geht zurück auf Nash (1950). Nash betrachtet darin nicht den eigentlichen Verhandlungsprozess, bei dem eine Verhandlungspartei ein Angebot unterbreitet und die Gegenpartei dies entweder annimmt oder ablehnt und durch ein Gegenangebot beantwortet. Vielmehr werden Bedingungen festgelegt, die eine sinnvolle Verhandlungslösung erfüllen muss. Nur dieses Ergebnis, das die formulierten Bedingungen (Axiome) erfüllt, wird als das optimale Ergebnis identifiziert. Alle anderen Verhandlungsergebnisse sind nicht pareto-optimal.

Welches sind nun die Axiome, die eine vernünftige Verhandlungslösung erfüllen sollte (siehe beispielsweise Gravelle und Rees, 2004 und Lingens, 2004)?

1. *Pareto-Optimalität*: Die Verhandlungsparteien sollten sich auf das Ergebnis einigen, bei dem sichergestellt ist, dass es keine andere Verhandlungslösung gibt, bei der nicht zumindest eine Partei bessergestellt werden könnte, ohne eine andere Partei schlechterzustellen.

2. *Symmetrie*: Zwei identische Verhandlungspartner sollten sich auf ein Ergebnis einigen, bei dem beide Partner den gleichen Nutzen erzielen. Alle anderen Ergebnisse würden eine verzerrte Struktur der Verhandlung in Richtung eines Verhandlungspartners implizieren.

3. *Unabhängigkeit von irrelevanten Alternativen*: Alternativen, bei denen beide Parteien bessergestellt werden, die jedoch nicht zu erreichen sind, dürfen keinen Einfluss auf das Verhandlungsergebnis erzeugen. Nur Alternativen, die auch erreicht werden könnten, dürfen berücksichtigt werden.

4. *Unabhängigkeit von äquivalenter Nutzentransformation*: Die Maßeinheit, in der der Nutzen gemessen wird, darf keinen Einfluss auf das Ergebnis haben. Eine Verhandlung, bei der die Präferenzen der Parteien sich durch eine lineare Transformation einer anderen Verhandlung ergeben, muss die gleiche Aufteilung erzeugen, wie die Verhandlung ohne Transformation.

Nash (1950) hat nachgewiesen, dass eine Verhandlungslösung nur dann alle vier Axiome erfüllt, wenn die zu maximierenden Verhandlungsgewinne beider Parteien multiplikativ miteinander verknüpft sind. Alle anderen funktionalen Verknüpfungen implizieren den Verstoß der Verhandlungslösung gegen mindestens ein Axiom.[4] Das zu maximierende so genannte Nash-Produkt (NP) stellt sich demnach wie folgt dar:

$$NP = \left(U_1 - \overline{U}_1\right)^{\beta} \cdot \left(U_2 - \overline{U}_2\right)^{1-\beta}, \qquad (9.1)$$

wobei U_1 bzw. U_2 den Nutzen der Verhandlungspartei 1 bzw. 2 bei einer Einigung angeben. Das Nutzenniveau der beiden Parteien, wenn es zu keiner Einigung kommt, wird mit $\overline{U}_1$ bzw. $\overline{U}_2$ bezeichnet. Diese werden auch als Fallback-Positionen bezeichnet, da sie die Positionen darstellen, auf die die jeweilige Partei bei einem Scheitern der Verhandlungen zurückfällt (siehe beispielsweise Layard, Nickell und Jackman, 1991; Booth, 1996 sowie Landmann und Jerger, 1999). Somit stellen die Klammerterme die jeweiligen Verhandlungsgewinne der beiden Parteien dar. Der Parameter β steht für die Verhandlungsmacht der ersten Partei, wohingegen die Verhandlungsmacht der zweiten Partei mit $1 - \beta$ bezeichnet wird. Das Axiom der Symmetrie (Axiom Nummer 2) kann folglich nur gelten, wenn beide Parteien die gleiche Verhandlungsmacht besitzen.

9.3 Verhandlung auf Unternehmensebene

Nachdem zuvor der Nash Bargaining Ansatz allgemein dargestellt wurde, soll im Folgenden die Modellstruktur ausführlich erläutert werden. Wie bereits erwähnt, verhandelt jedes Unternehmen mit einer Firmen-Gewerkschaft sowohl über den Lohn als auch über die Höhe der Beschäftigung.

Der Gewinn π eines Unternehmens berechnet sich aus dem Ertrag abzüglich der Kosten:

$$\pi = F\left(N_1, N_2\right) - w_1 N_1 - w_2 N_2. \qquad (9.2)$$

Der Ertrag wird dargestellt durch die Produktionsfunktion $F\left(.\right)$, die die Inada-Bedingungen erfüllt. Der Output wird determiniert durch die eingesetzte Arbeitsmenge, wobei es zwei Gruppen von Arbeitern gibt. Die eingesetzte Menge an jungen Arbeitern wird mit N_1 bezeichnet, der Einsatz

---

[4]Mathematische Beweise dafür finden sich in vielen Lehrbüchern, siehe beispielsweise Muthoo (1999).

an alten Arbeitern mit N_2. Für junge Arbeiter ist der Lohn w_1 zu zahlen, alte Arbeiter erhalten den Lohn w_2, so dass die Lohnkosten für beide Gruppen sich durch $w_1 N_1$ bzw. $w_2 N_2$ ergeben. Die Fallback-Position, also der Gewinn bei Nichteinigung mit der Gewerkschaft, sei mit der Konstanten $\bar{\pi}$ bezeichnet.

Die Nutzenfunktion der Gewerkschaft V besteht aus der gewichteten Summe der Nutzenfunktionen der beiden Gruppen junger und alter Arbeiter, V_1 und V_2:

$$V = \alpha V_1 + V_2. \tag{9.3}$$

Der Gewichtungsfaktor $\alpha \leq 1$ gibt an, mit welcher relativen Gewichtung die beiden Gruppen in die gewerkschaftliche Nutzenfunktion eingehen. Wenn α den Wert 1 annimmt, werden die Nutzenfunktionen beider Gruppen gleich gewichtet. Interessant ist hingegen der Fall, wenn α kleiner als 1 ist. Dies bedeutet, der Nutzen der jungen Arbeiter geht mit einem geringeren Gewicht in die gewerkschaftliche Nutzenfunktion ein als der Nutzen der alten Arbeiter. In diesem Szenario legt die Gewerkschaft mehr Wert auf die Belange und Interessen der älteren Arbeiter. Anders ausgedrückt, die alten Arbeiter werden als Insider betrachtet, während die jungen Arbeiter als Outsider angesehen werden.[5] Später wird deutlich, dass auch nur in diesem Fall im Verhandlungsprozess unterschiedliche Ergebnisse für beide Gruppen zustande kommen, selbstverständlich unter der Voraussetzung identischer Produktivitäten beider Gruppen von Arbeitern.

Für eine jeweilige Gruppe wird der Nutzen determiniert durch die Summe der Nutzen der einzelnen Mitglieder dieser Gruppe. Der Nutzen eines Arbeiters wiederum wird definiert über den erzielten Lohn. Für einen jungen Arbeiter ergibt sich der Nutzen aus $v(w_1)$, für einen älteren Arbeiter aus $v(w_2)$. Der Nutzen eines nicht in dem betrachteten Unternehmen beschäftigten Gewerkschaftsmitglieds wird determiniert durch das Alternativeinkommen, dargestellt als $\bar{v}_1$ bzw. $\bar{v}_2$. Über die Zusammensetzung des Alternativeinkommens aus einer eventuellen Arbeitslosenunterstützung bei Arbeitslosigkeit und einem eventuellen Lohn bei einer Beschäftigung in einem anderen Unternehmen wird im folgenden Kapitel noch näher einzugehen sein.

Für die Gewerkschaft ergibt sich für jede Gruppe Arbeiter eine Rente aus der Beschäftigung in Höhe von N_1 jungen bzw. N_2 alten Arbeitern in einem Unternehmen. Exemplarisch soll hier die Rente aus der Beschäfti-

---

[5]Diese Sichtweise drückt sich auch in dem Titel des Papiers von Pissarides (1989) aus: "Unemployment Consequences of an Aging Population: An Application of Insider-Outsider Theory".

gung N_2 alter Arbeiter in einem Unternehmen dargestellt werden. Dabei sei L_2 die Zahl alter Gewerkschaftsmitglieder. Somit ergibt sich die Rente der Gewerkschaft $V_2 - \overline{V}_2$ als:[6]

$$V_2 - \overline{V}_2 = N_2 v\,(w_2) + (L_2 - N_2)\,\overline{v}_2 - L_2\overline{v}_2, \tag{9.4}$$

wobei V_2 den Nutzen aus der Beschäftigung in diesem Unternehmen darstellt. $\overline{V}_2$ stellt den Nutzen der nicht in diesem Unternehmen beschäftigten alten Gewerkschaftsmitglieder dar. Von den alten Gewerkschaftsmitgliedern sind N_2 in dem betrachteten Unternehmen beschäftigt. Nach wenigen Umformungen erhält man:

$$V_2 - \overline{V}_2 = N_2\,[v\,(w_2) - \overline{v}_2]. \tag{9.5}$$

Als gesamte gewerkschaftliche Rente aus der Beschäftigung von N_1 jungen und N_2 alten Arbeitern in dem Unternehmen ergibt sich sodann:

$$V - \overline{V} = \alpha N_1\,[v\,(w_1) - \overline{v}_1] + N_2\,[v\,(w_2) - \overline{v}_2]. \tag{9.6}$$

Die Verhandlung zwischen dem Unternehmen und der Gewerkschaft wird über ein Nash Bargaining modelliert. Wie bereits erwähnt, werden sowohl die Löhne als auch die Beschäftigung beider Gruppen verhandelt. Das zu maximierende Nash-Produkt lautet:

$$NP = \left(V - \overline{V}\right)^{\beta} \cdot (\pi - \overline{\pi})^{1-\beta}. \tag{9.7}$$

Nach Einsetzen der Gleichungen (9.2) und (9.6) ergeben sich als Bedingungen erster Ordnung für die Löhne sowie die Beschäftigung der beiden Gruppen:

$$\frac{\partial NP}{\partial w_1} = \beta \alpha v'\,(w_1)\,(\pi - \overline{\pi}) - (1-\beta)\left(V - \overline{V}\right) = 0 \tag{9.8}$$

$$\frac{\partial NP}{\partial w_2} = \beta v'\,(w_2)\,(\pi - \overline{\pi}) - (1-\beta)\left(V - \overline{V}\right) = 0 \tag{9.9}$$

$$\frac{\partial NP}{\partial N_1} = \beta \alpha\,[v\,(w_1) - \overline{v}_1]\,(\pi - \overline{\pi}) + (1-\beta)\left(V - \overline{V}\right)(F_1 - w_1) = 0 \tag{9.10}$$

$$\frac{\partial NP}{\partial N_2} = \beta\,[v\,(w_2) - \overline{v}_2]\,(\pi - \overline{\pi}) + (1-\beta)\left(V - \overline{V}\right)(F_2 - w_2) = 0. \tag{9.11}$$

---

[6]Für die Unterscheidung alternativer Nutzenfunktionen gegenüber der hier verwendeten utilitaristischen Nutzenfunktion siehe beispielsweise Goerke und Holler (1997).

Hierbei bezeichnen F_1 bzw. F_2 die partiellen Ableitungen der Produktions-funktion $F(N_1, N_2)$ nach dem ersten bzw. zweiten Argument.

Setzt man die beiden Bedingungen erster Ordnung (9.8) und (9.9) gleich, so erhält man als Relation der Löhne beider Gruppen:

$$\alpha v'(w_1) = v'(w_2). \tag{9.12}$$

Das Lohndifferenzial wird demnach lediglich von der Struktur der Nutzen-funktionen der einzelnen Individuen sowie dem Gewichtungsfaktor α beein-flusst. Insbesondere die Produktivität der Gruppenmitglieder wie auch die Relation der Gruppengrößen haben keinen Einfluss auf das Lohndifferenzial. Unterstellt man konkave Nutzenfunktionen mit positiven und abnehmenden Grenznutzen des Lohns, so zeigt Gleichung (9.12), dass der Lohn beider Gruppen gleich ist, sofern der Gewichtungsfaktor der Gewerkschaft gleich eins ist. Wenn der Nutzen beider Gruppen mit dem gleichen Gewicht in die gewerkschaftliche Nutzenfunktion eingeht, dann wird die Gewerkschaft für junge und alte Arbeiter den gleichen Lohn aushandeln. Gilt hingegen $\alpha < 1$, wobei die Gewerkschaft mehr Wert auf die Belange der alten Arbeiter legt, dann ist der ausgehandelte Lohn für alte Arbeiter w_2 höher als der Lohn jun-ger Arbeiter w_1. Anders ausgedrückt, der Lohn der (Gewerkschafts-)Insider ist höher als der Lohn der (Gewerkschafts-)Outsider. Bleibt noch Folgendes festzuhalten: Gilt $\alpha < 1$, so kann Gleichung (9.12) nicht erfüllt sein, sofern die Arbeiter risikoneutral sind, da in diesem Fall $v'(w_i) = 1$ gilt.

Für die Kontraktkurven ergeben sich aus den Gleichungen (9.8) und (9.10) sowie aus den Gleichungen (9.9) und (9.11) die bekannten McDonald-Solow-Bedingungen (siehe McDonald und Solow, 1981):

$$w_1 - F_1 = \frac{v(w_1) - \overline{v}_1}{v'(w_1)} \tag{9.13}$$

$$w_2 - F_2 = \frac{v(w_2) - \overline{v}_2}{v'(w_2)}. \tag{9.14}$$

Die Kontraktkurven der beiden Gruppen sind charakterisiert durch gleiche Steigungen der Indifferenzkurven der Gewerkschaft und der Isogewinnli-nien des Unternehmens für die jeweilige Gruppe, da die Kontraktkurven aus der Verbindung der Tangentialpunkte der Indifferenzkurven und Iso-gewinnlinien bestehen. Die Höhe der Beschäftigung von jungen und alten Arbeitern in einem Unternehmen wird determiniert durch die Struktur der Nutzenfunktionen der Arbeiter, da die Form der Nutzenfunktionen und da-mit der Grad an Risikoaversion die Lage der Kontraktkurven bestimmt.

Dies wird deutlich, indem man die Steigung der Kontraktkurven im Lohn-Beschäftigung-Raum berechnet. Dazu werden die Gleichungen (9.13) und (9.14) nach w_1 und N_1 bzw. w_2 und N_2 differenziert (siehe beispielsweise Goerke und Holler, 1997 und Michaelis, 1998):

$$\frac{dw_1}{dN_1} = \frac{F_{11} \cdot [v'(w_1)]^2}{[v(w_1) - \overline{v}_1] \cdot v''(w_1)} \qquad (9.15)$$

$$\frac{dw_2}{dN_2} = \frac{F_{22} \cdot [v'(w_2)]^2}{[v(w_2) - \overline{v}_2] \cdot v''(w_2)}. \qquad (9.16)$$

Risikoaverse Arbeiter sind gekennzeichnet durch konkave Nutzenfunktionen, folglich gilt $v''(.) < 0$ (siehe beispielsweise Muthoo, 1999 sowie Gravelle und Rees, 2004). Die Nenner der Gleichungen (9.15) und (9.16) sind demnach negativ. Die Produktionsfunktion weist abnehmende Grenzerträge auf. Mit zunehmender Beschäftigung sinkt der Grenzertrag der Arbeit, folglich gilt: $F_{11} < 0$ und $F_{22} < 0$. Somit ergibt sich für die Kontraktkurven risikoaverser Arbeiter eine positive Steigung.[7] Die Kontraktkurve (einer jeweiligen Gruppe) startet auf der Arbeitsnachfragekurve des Unternehmens in Höhe des Alternativeinkommens, das ein Arbeiter außerhalb des Unternehmens erzielen kann, was wie folgt zu erklären ist. Für die Arbeitsnachfragekurve des Unternehmens gilt $F_i = w_i$, mit $i = 1, 2$. Folglich ist für jeden Punkt entlang der Arbeitsnachfragekurve die jeweilige linke Seite der Gleichungen (9.13) und (9.14) gleich null. Die jeweilige rechte Seite wird jedoch nur dann null, wenn $v(w_1) = \overline{v}_1$ gilt. Demnach startet die Kontraktkurve mit ihrem positiven Verlauf auf der Arbeitsnachfragekurve in Höhe des Alternativeinkommens. Dies impliziert eine höhere Beschäftigung in dem Unternehmen im Vergleich zur Beschäftigung gemäß der Grenzproduktivitätsentlohnung (also einem Punkt auf der Arbeitsnachfragekurve). Analytisch kann dies folgendermaßen abgeleitet werden. Aus den Gleichungen der Kontraktkurven (9.13) sowie (9.14) ist zu erkennen, dass für Löhne, die über dem Alternativeinkommen liegen, der Grenzertrag der Arbeit geringer ist als der Lohn w_i. Die jeweiligen rechten Seiten der beiden Gleichungen sind positiv, wenn der jeweilige Lohn über dem Alternativeinkommen liegt. Die jeweiligen linken Seiten sind jedoch nur dann positiv, wenn der jeweilige Grenzertrag der Arbeit geringer ist als der Lohn. Somit ist die Beschäftigung in dem Unternehmen höher als im Fall der Beschäftigung gemäß der Grenzproduktivitätsentlohnung. Darüber hinaus ist die Beschäftigung bei einer positi-

---

[7]Zur Diskussion des Verlaufs von Kontraktkurven in Abhängigkeit vom Grad der Risikoaversion siehe Kapitel 9.1 und die dort angegebene Literatur.

ven Kontraktkurve höher als im Fall eines kompetitiven Arbeitsmarktes bei vollkommener Konkurrenz (Überbeschäftigung) (siehe beispielsweise Goerke und Holler, 1997). Jedoch muss angemerkt werden, dass dieses Ergebnis lediglich auf einer partialanalytischen Sichtweise beruht und demnach nur auf der Mikroebene gilt. Wie Layard und Nickell (1990) nachgewiesen haben, entsteht nach der Aggregation auf der Makroebene kein positiver Beschäftigungseffekt durch effiziente Kontrakte. Auf der Makroebene gibt es keine Überbeschäftigung durch effiziente Kontrakte.

Was ändert sich, wenn die Arbeiter risikoneutral sind? Die Nutzenfunktion der Arbeiter ist in diesem Fall linear, mit $v(w_i) = w_i$; $v'(w_i) = 1$ und $v''(w_i) = 0$ (siehe beispielsweise Michaelis, 1998 sowie Gravelle und Rees, 2004). Die Kontraktkurven modifizieren sich folglich zu $F_i = \bar{v}_i$ (siehe Gleichungen (9.13) und (9.14)), der Grenzertrag der Arbeit entspricht dem Alternativeinkommen. Die Steigungen der Kontraktkurven sind unendlich (siehe Gleichungen (9.15) und (9.16)), demnach sind im Lohn-Beschäftigung-Raum die Kontraktkurven jeweils vertikale Geraden über dem Alternativeinkommen. Die Beschäftigung in dem Unternehmen ist unabhängig vom Lohn w_i, die eingesetzte Arbeitsmenge wird erweitert, bis der Grenzertrag der Arbeit dem Alternativeinkommen entspricht.

Interessant bleibt festzuhalten, dass auf der Unternehmensebene der Gewichtungsfaktor der Gewerkschaft keinen Einfluss auf die Höhe der Beschäftigung der jeweiligen Gruppen hat. Außerdem beeinflusst die Gruppengröße die Beschäftigung lediglich über die Grenzerträge der Arbeit. Sofern man für junge und alte Arbeiter identische Produktivitäten unterstellt, hat die relative Gruppengröße überhaupt keinen Einfluss. Wir werden jedoch sehen, dass diese Ergebnisse lediglich in der Partialanalyse auf der Unternehmensebene gelten und sich im folgenden allgemeinen Gleichgewichtsmodell ändern.

9.4   Allgemeines Gleichgewichtsmodell

Nachdem im vorherigen Kapitel die Verhandlung auf Unternehmensebene dargestellt wurde, soll nun die Aggregation auf Makroebene vorgenommen werden. Dazu müssen die auf Mikroebene exogenen Alternativeinkommen $\bar{v}_i$ endogenisiert werden. Es wird angenommen, alle Unternehmen seien identisch. Wird ein Arbeiter entlassen, so findet er mit der Wahrscheinlichkeit $(1 - u_i)$ eine Anstellung in einem anderen Unternehmen, wobei u_i die gesamtwirtschaftliche Arbeitslosenrate der jeweiligen Gruppe von jungen bzw. alten Arbeitern darstellt. Das Alternativeinkommen eines Arbeiters der Gruppe $i = 1, 2$ stellt sich wie folgt dar:

$$\overline{v}_i = (1 - u_i) \, v \, (\overline{w}_i) + u_i v \, (b_i) \,. \tag{9.17}$$

Hierbei bezeichnet $\overline{w}_i$ den Lohn, den ein Arbeiter der Gruppe i in einem anderen Unternehmen erzielen kann. Die Wiedereinstellungswahrscheinlichkeit liegt bei $(1 - u_i)$. Mit der Wahrscheinlichkeit u_i findet ein arbeitslos gewordener Arbeiter keine neue Anstellung und erhält dann ein Arbeitslosengeld in Höhe von b_i.

Der kritische Punkt in der Analyse besteht in der Annahme bezüglich des Lohns $\overline{w}_i$, den ein Arbeiter der Gruppe i bei Wiedereinstellung in einem anderen Unternehmen erzielen kann. Wir haben im vorherigen Kapitel gesehen, dass sich der Lohn von jungen Arbeitern gegenüber dem Lohn alter Arbeiter unterscheidet, wenn die Gewerkschaft den Nutzen beider Gruppen unterschiedlich bewertet (siehe Gleichung (9.12)). Für junge Arbeiter ist der Sachverhalt eindeutig. Wenn ein junger Arbeiter arbeitslos wird, so erhält er bei einer Wiedereinstellung in einem anderen Unternehmen wiederum einen so genannten junior job. Dies bedeutet, in jeder anderen Firma erzielt ein junger Arbeiter den gleichen Lohn, den er zuvor in seinem bisherigen Unternehmen erhalten hat, nämlich den Lohn eines juniors, also eines jungen Arbeiters bzw. eines Arbeiters mit kurzer Betriebszugehörigkeit. Es gilt folglich:

$$\overline{w}_1 = w_1. \tag{9.18}$$

Bei alten Arbeitern gestaltet sich der Sachverhalt indes nicht so eindeutig. Zum einen kann unterstellt werden, dass arbeitslos gewordene alte Arbeiter nach einer Wiedereinstellung den gleichen Lohn wie zuvor erhalten. Anders ausgedrückt, erhält ein alter Arbeiter in einem anderen Unternehmen einen so genannten senior job, folglich gilt:

$$\overline{w}_2 = w_2. \tag{9.19}$$

Bei dieser Art der Entlohnung spielt das Alter die entscheidende Rolle. Ein alter Arbeiter erhält in jedem Unternehmen einen senior job, auch wenn er beispielsweise erst mit 50 Jahren neu in das Unternehmen eintritt. Solch ein Prinzip der Entlohnung nach dem Alter erfolgt in der Realität in Deutschland überwiegend im öffentlichen Dienst.

In der privaten Wirtschaft herrscht indes weitestgehend ein anderes Prinzip der Entlohnung, wobei die Entlohnung die Länge der Betriebszugehörigkeit berücksichtigt. Neu eingestellte Arbeiter werden in Relation zu vergleichbaren Arbeitern mit längerer Betriebszugehörigkeit in eine niedrigere Lohngruppe eingruppiert. Dementsprechend erhalten arbeitslos gewordene alte Arbeiter nach einer Wiedereinstellung in einem anderen Unternehmen einen junior job.[8] Modelltheoretisch folgt daraus:

$$\overline{w}_2 = w_1. \tag{9.20}$$

Um die jeweiligen allgemeinen Gleichgewichtssituationen ableiten zu können, wird folgende Cobb-Douglas-Produktionsfunktion unterstellt:

$$F(N_1, N_2) = (N_1 + N_2)^\gamma, \tag{9.21}$$

mit $0 < \gamma < 1$. Beide Typen von Arbeitern gelten gemäß der von Pissarides (1989) gewählten Modellierung somit als perfekte Substitute. Aus den Kontraktkurven (9.13) und (9.14) erhält man folglich:

$$w_1 - \frac{v(w_1) - \overline{v}_1}{v'(w_1)} = w_2 - \frac{v(w_2) - \overline{v}_2}{v'(w_2)}. \tag{9.22}$$

Im jeweiligen Zähler der beiden Brüche in Gleichung (9.22) stehen die Renten der jeweiligen Gruppen junger und alter Arbeiter aus der Beschäftigung in einem Unternehmen. Diese gilt es im Folgenden näher zu spezifizieren.

Die soeben diskutierte mögliche Entlohnung eines arbeitslos gewordenen Arbeiters in einem anderen Unternehmen ist hier von entscheidender Bedeutung. Für junge Arbeiter ist sinnvollerweise lediglich der Fall $\overline{w}_1 = w_1$ relevant. Unter Berücksichtigung von Gleichung (9.17) ergibt sich:

$$v(w_1) - \overline{v}_1 = u_1 [v(w_1) - v(b_1)]. \tag{9.23}$$

Es wird eine konstante Lohnersatzquote $\rho = b_1/\overline{w}_1$ unterstellt. Für logarithmische Nutzenfunktionen der Arbeiter erhält man sodann:

$$v(w_1) - \overline{v}_1 = u_1 [\ln w_1 - \ln(\rho w_1)], \tag{9.24}$$

woraus sich durch Umformen ergibt:

$$v(w_1) - \overline{v}_1 = -u_1 \ln \rho. \tag{9.25}$$

---

[8]Für eine ausführlichere Diskussion, welches Szenario die Realität besser abbildet, siehe Kapitel 10.3.1 und die dort angegebene Literatur.

Im Fall alter Arbeiter sind hingegen die beiden zuvor geschilderten Fälle zu unterscheiden.

Senior job

Zunächst wird das Szenario betrachtet, bei dem alte Arbeiter in jedem Unternehmen nach einer Wiedereinstellung einen senior job erhalten, es gilt:

$$\overline{w}_2 = w_2. \tag{9.26}$$

Für die Rente eines alten Arbeiters aus der Beschäftigung in einem Unternehmen ergibt sich analog zum Fall junger Arbeiter:

$$v\left(w_2\right) - \overline{v}_2 = -u_2 \ln \rho. \tag{9.27}$$

Das abgeleitete Lohndifferenzial aus Gleichung (9.12) stellt sich bei logarithmischen Nutzenfunktionen wie folgt dar:

$$w_1 = \alpha w_2. \tag{9.28}$$

Die Relation der Arbeitslosenraten beider Gruppen erhält man, indem in Gleichung (9.22) die Gleichungen (9.25), (9.27) und (9.28) eingesetzt werden:

$$u_2 = u_1 \alpha - \frac{1-\alpha}{\ln \rho}. \tag{9.29}$$

Dabei wird deutlich, dass die gleichgewichtige Arbeitslosenrate beider Gruppen gleich ist, wenn $\alpha = 1$ gilt. Die Gewerkschaften bevorzugen in diesem Fall keine der beiden Gruppen. Der Nutzen junger und alter Arbeiter geht mit dem gleichen Gewicht in die gewerkschaftliche Nutzenfunktion ein.

Wie gestaltet sich hingegen die Relation der Arbeitslosenraten, wenn $\alpha < 1$ ist? Dazu wird Gleichung (9.29) nach α abgeleitet:

$$\frac{\partial u_2}{\partial \alpha} = u_1 + \frac{1}{\ln \rho}. \tag{9.30}$$

Das Vorzeichen ist auf den ersten Blick nicht zu bestimmen, denn es gilt: $\ln \rho = \ln \left(b_i/\overline{w}_i\right) = \ln b_i - \ln \overline{w}_i < 0$. Sinnvollerweise ist das Arbeitslosengeld b_i kleiner als das Alternativeinkommen bei Beschäftigung in einem anderen Unternehmen $\overline{w}_i$. Aus Gleichung (9.25) erhält man:

$$u_1 = -\frac{v\left(w_1\right) - \overline{v}_1}{\ln \rho}. \tag{9.31}$$

Diesen Ausdruck für u_1 setzt man in Gleichung (9.30) ein und man erhält sodann:

$$\frac{\partial u_2}{\partial \alpha} = \frac{1 - v\left(w_1\right) + \overline{v}_1}{\ln \rho}. \tag{9.32}$$

Aus Gleichung (9.13) für die Kontraktkurve junger Arbeiter ergibt sich nach einigen Umformungen:

$$\frac{F_1}{w_1} = 1 - v\left(w_1\right) + \overline{v}_1. \tag{9.33}$$

Setzt man diesen Ausdruck wiederum in Gleichung (9.32) ein, so ergibt sich:

$$\frac{\partial u_2}{\partial \alpha} = \frac{F_1}{w_1 \ln \rho} < 0. \tag{9.34}$$

Das Vorzeichen ist eindeutig negativ, da $\ln \rho$ negativ ist.

Was bedeutet dieses Ergebnis nun ökonomisch? Wie wir bereits gesehen haben, sind die Arbeitslosenraten beider Gruppen gleich, sofern $\alpha = 1$ ist. Wenn jetzt α sinkt, d.h. die Gewerkschaft den Nutzen der alten Arbeiter höher bewertet als den Nutzen der jungen Arbeiter, dann steigt die Arbeitslosenrate der älteren Arbeiter. Zum einen ist in diesem Fall der Lohn der alten Arbeiter bei Beschäftigung in einem Unternehmen höher als der Lohn der jungen Arbeiter. Zum anderen ist der Lohn bei einer Wiederbeschäftigung nach Arbeitslosigkeit für alte ebenfalls höher als für junge Arbeiter. Junge Arbeiter erhalten lediglich einen junior job, während ältere Arbeiter einen höher bezahlten senior job bekommen. Folglich ist die Arbeitslosenrate von alten Arbeitern höher als die Arbeitslosenrate junger Arbeiter.

Junior job

Lässt sich dieses Ergebnis auch auf den realistischeren Fall übertragen, in dem ein älterer Arbeiter nach einer Wiederbeschäftigung einen junior job erhält? In diesem Szenario gilt

$$\overline{w}_2 = w_1, \tag{9.35}$$

so dass sich für die Rente eines alten Arbeiters aus der Beschäftigung in einem Unternehmen Folgendes ergibt:

$$v\left(w_2\right) - \overline{v}_2 = \ln \frac{w_2}{w_1} - u_2 \ln \rho. \tag{9.36}$$

Setzt man in Gleichung (9.22) die Gleichungen (9.25), (9.36) und (9.28) ein, so erhält man als Relation der beiden Arbeitslosenraten:

$$u_2 = u_1 \alpha - \frac{1 - \alpha + \ln \alpha}{\ln \rho}. \qquad (9.37)$$

Auch in diesem Szenario sind beide Arbeitslosenraten gleich, wenn die Gewerkschaft beide Gruppen in ihrer Nutzenfunktion gleich gewichtet, also wenn $\alpha = 1$ gilt. Leitet man die Gleichung nach α ab, so ergibt sich:

$$\frac{\partial u_2}{\partial \alpha} = u_1 - \frac{1 - \alpha}{\alpha \ln \rho} > 0. \qquad (9.38)$$

Das Vorzeichen ist eindeutig positiv, da $\ln \rho$ negativ ist. Somit ist in diesem Szenario die Arbeitslosenrate der alten Arbeiter geringer als die Arbeitslosenrate junger Arbeiter, sofern die Gewerkschaften alten Arbeitern ein stärkeres Gewicht beimessen, also wenn $\alpha < 1$ ist. Dies gilt, obwohl der Lohn beschäftigter alter Arbeiter höher ist als der Lohn beschäftigter junger Arbeiter. Der Lohn, den ein Arbeiter in einem anderen Unternehmen erzielen kann, ist für alle Arbeiter gleich. Sowohl junge als auch ältere Arbeiter erhalten bei Wiedereinstellung in einem anderen Unternehmen einen junior job. Um jedoch die Gruppe der alten Arbeiter auch bezüglich der Verdienstmöglichkeiten außerhalb eines bestehenden Beschäftigungsverhältnisses besserzustellen als die Gruppe der jungen Arbeiter, muss das Alternativeinkommen alter Arbeiter höher sein als das Alternativeinkommen junger Arbeiter. Das Alternativeinkommen eines alten Arbeiters stellt sich wie folgt dar:

$$\overline{v}_2 = (1 - u_2)\, v\,(\overline{w}_2) + u_2 v\,(b_2)\,. \qquad (9.39)$$

Der zu erzielende Lohn in einem anderen Unternehmen ist für junge und alte Arbeiter gleich, $\overline{w}_1 = \overline{w}_2 = w_1$. Für das Arbeitslosengeld gilt $b_i = \rho \overline{w}_i$. Folglich ist auch das Arbeitslosengeld für Mitglieder beider Gruppen gleich. Diese Art der Modellierung des Arbeitslosengeldes stellt eine Vereinfachung des theoretischen Modells dar. Das Arbeitslosengeld eines alten Arbeiters wird hierbei determiniert durch den zu erzielenden Lohn bei Wiedereinstellung in einem anderen Unternehmen. In der Realität ist das Arbeitslosengeld hingegen ein bestimmter Bruchteil des zuvor erzielten Einkommens. Somit ist nicht die zukünftige Verdienstmöglichkeit bei der Festsetzung relevant, sondern der Verdienst im bisherigen Beschäftigungsverhältnis. Jedoch vereinfacht die von Pissarides (1989) gewählte Modellierung des Arbeitslosengeldes die mathematische Handhabung des Modells in einem nicht unerheblichen Maße.

Die ökonomische Intuition für das dargestellte Resultat kommt bei Pissarides (1989) ein wenig zu kurz. Es wird hingegen lediglich eine eher technische Argumentation geliefert. Wie bereits erwähnt, ist das Arbeitslosengeld in dem aktuellen Szenario für Mitglieder beider Gruppen gleich. Folglich gilt $\overline{w}_2 = \overline{w}_1 = w_1$ und $b_2 = b_1$. Das Alternativeinkommen alter und junger Arbeiter unterscheidet sich demnach lediglich, wenn beide Gruppen unterschiedliche Arbeitslosenraten aufweisen (siehe Gleichung (9.17)). Somit kann die Gruppe der alten Arbeiter im Gleichgewicht bezüglich des Alternativeinkommens nur dadurch bessergestellt werden, dass diese Gruppe eine geringere Arbeitslosenrate im Vergleich zu den jüngeren Arbeitern aufweist. Somit sinkt die Arbeitslosenrate der alten Arbeiter, wenn α von eins aus sinkt.

9.5 Veränderung der Altersstruktur der Erwerbsbevölkerung

In diesem Kapitel wird der Ausgangsfragestellung nachgegangen, welche Auswirkungen der demografische Wandel der Gesellschaft auf die Arbeitslosigkeit erzeugt. Von den vielen Ausprägungen der demografischen Entwicklung ist in dem vorliegenden Teil die Veränderung der Altersstruktur der Erwerbsbevölkerung die entscheidende Komponente.[9] Die Implikationen dieser Verschiebung der Altersstruktur auf die Arbeitslosigkeit sollen in diesem Kapitel analysiert werden. Dazu wird die gesamte in der Volkswirtschaft zur Verfügung stehende Anzahl junger Arbeiter als L_1 definiert und L_2 bezeichnet dann die gesamte Anzahl alter Arbeiter in der Volkswirtschaft. Die Verschiebung der Altersstruktur der Erwerbsbevölkerung wird modelliert, indem die Relation L_2/L_1 steigt, ohne jedoch die Summe $L_1 + L_2$ zu verändern. Dies bedeutet, die Gesamtzahl der Erwerbsfähigen bleibt bei Pissarides (1989) konstant.

Um die Auswirkungen einer solchen Strukturverschiebung analysieren zu können, wird zunächst die Bedingung erster Ordnung für die Beschäftigung junger Arbeiter, Gleichung (9.10), mit N_1 und die Bedingung erster Ordnung für die Beschäftigung alter Arbeiter, Gleichung (9.11), mit N_2

---

[9]Für eine ausführlichere Darstellung der Veränderung der Altersstruktur der Erwerbsbevölkerung aufgrund des demografischen Wandels der Gesellschaft siehe Teil I.

multipliziert. Anschließend werden beide Gleichungen addiert. Nach einigen Umformungen ergibt sich:

$$\beta\pi + (1 - \beta)\,(N_1 F_1 + N_2 F_2 - w_1 N_1 - w_2 N_2) = 0. \tag{9.40}$$

Hierbei wurde der Einfachheit halber angenommen, der Gewinn des Unternehmens sei gleich null wenn Unternehmen und Gewerkschaft sich nicht einigen, $\overline{\pi} = 0$. Unter Berücksichtigung der Gewinnfunktion (9.2) sowie der Produktionsfunktion (9.21) wird aus Gleichung (9.40):

$$(N_1 + N_2)^\gamma = \frac{N_1 w_1 + N_2 w_2}{\beta + (1 - \beta)\,\gamma}, \tag{9.41}$$

wobei auf der linken Seite die Produktionsfunktion steht. Wie bereits erwähnt, gelten die Arbeiter beider Gruppen in der gewählten Modellierung der Produktionsfunktion als perfekte Substitute. Demnach weisen beide Gruppen gleiche Grenzprodukte auf, dargestellt als F':

$$F' = \gamma\,(N_1 + N_2)^{\gamma - 1}\,. \tag{9.42}$$

Setzt man Gleichung (9.41) ein, so ergibt sich:

$$F' = \frac{\gamma}{\beta + \gamma\,(1 - \beta)} \cdot \frac{N_1 w + N_2 w_2}{N_1 + N_2}. \tag{9.43}$$

Diesen Ausdruck gilt es jetzt so umzuformen, dass die Struktur der gesamten Erwerbsbevölkerung L_2/L_1 darin auftaucht, damit also eine Relation zwischen der in der Volkswirtschaft zur Verfügung stehenden Anzahl junger und alter Arbeiter hergestellt wird. Die gesamte Anzahl Beschäftigter der jeweiligen Gruppe lässt sich demnach wie folgt beschreiben:

$$N_i = (1 - u_i)\,L_i, \tag{9.44}$$

woraus sich für die Beschäftigungsrelation beider Gruppen ergibt:

$$\frac{N_2}{N_1} = \kappa \cdot \frac{1 - u_2}{1 - u_1}, \tag{9.45}$$

mit $\kappa = L_2/L_1$ als Parameter für die Altersstruktur der Erwerbsbevölkerung. Dies kann wiederum in (9.43) eingesetzt werden und man erhält:

$$F' = \frac{\gamma}{\beta + \gamma\,(1-\beta)} \cdot \frac{(1-u_1)\,w_1 + \kappa\,(1-u_2)\,w_2}{(1-u_1) + \kappa\,(1-u_2)}. \tag{9.46}$$

Aus der Kontraktkurve (9.13) erhält man im allgemeinen Gleichgewicht
durch Einsetzen von Gleichung (9.46) nach einigen Umformungen:

$$\frac{\gamma}{\beta + \gamma\,(1-\beta)} \cdot \frac{\alpha\,(1-u_1) + \kappa\,(1-u_2)}{(1-u_1) + \kappa\,(1-u_2)} - \alpha\,(1 + u_1 \ln \rho) = 0. \tag{9.47}$$

Mit Hilfe der Gleichung (9.47) können die gleichgewichtigen Arbeitslosenraten berechnet werden, und zwar für den Fall $\overline{w}_2 = w_2$ in Verbindung
mit Gleichung (9.29) und in Verbindung mit Gleichung (9.37) für den Fall
$\overline{w}_1 = w_1$. In der vorliegenden Analyse ist jedoch lediglich von Interesse, wie
die Arbeitslosenraten beider Gruppen auf den demografischen Wandel der
Gesellschaft und die dadurch veränderte Struktur der Erwerbsbevölkerung
reagieren. Die Berechnung der expliziten Arbeitslosenraten im allgemeinen
Gleichgewicht ergibt äußerst voluminöse Terme, aus denen keine weiteren
Erkenntnisse zu ziehen sind. Deshalb soll der Übersichtlichkeit halber hier
auch auf die Darstellung der Berechnung verzichtet werden. Es bleibt zu
erwähnen, dass die Löhne im allgemeinen Gleichgewicht aus den Bedingungen erster Ordnung (9.8) und (9.9) bestimmt werden können, was aus den
gleichen Gründen hier jedoch nicht dargestellt wird.

Für eine Analyse der Auswirkungen des demografischen Wandels ist der
in Gleichung (9.47) enthaltene Parameter $\kappa = L_2/L_1$ von besonderer Bedeutung. Wie bereits erwähnt, wird aufgrund der Alterung der Gesellschaft
der Anteil älterer Arbeiter an der gesamten Erwerbsbevölkerung steigen,
wohingegen der Anteil junger Arbeiter sinken wird. In der modelltheoretischen Analyse impliziert dies einen Anstieg des Parameters κ, da L_2 steigen
und L_1 sinken wird. Die Gesamtzahl der in der Volkswirtschaft zur Verfügung stehenden Erwerbsbevölkerung $L_1 + L_2$ wird indes konstant gehalten.
Dies bedeutet, die Anzahl junger Arbeiter sinkt im gleichen Ausmaß, wie
die Anzahl alter Arbeiter steigt.

Die Auswirkungen eines Anstiegs des Parameters κ erhält man, indem
Gleichung (9.47) total nach κ differenziert wird, mit folgendem Ergebnis:

$$\frac{\gamma}{\beta + \gamma\,(1-\beta)} \cdot \frac{\left[-\alpha du_1 + d\kappa\,(1-u_2) - \kappa du_2\right] \cdot \left[(1-u_1) + \kappa\,(1-u_2)\right]}{\left[1 - u_1 + \kappa\,(1-u_2)\right]^2}$$

$$-\frac{\gamma}{\beta + \gamma\,(1-\beta)} \cdot \frac{\left[\alpha\,(1-u_1) + \kappa\,(1-u_2)\right] \cdot \left[-du_1 + d\kappa\,(1-u_2) - \kappa du_2\right]}{\left[1 - u_1 + \kappa\,(1-u_2)\right]^2}$$

$$- \alpha\,(\ln\rho) \cdot du_1 = 0. \quad (9.48)$$

Aus den Relationen der Arbeitslosenraten beider Gruppen, Gleichungen (9.37) und (9.29), wird deutlich, dass $du_2/du_1 = \alpha$ gilt, und zwar unabhängig davon, ob das Szenario junior jobs mit $\overline{w}_2 = w_1$ oder der Fall senior jobs mit $\overline{w}_2 = w_2$ unterstellt wird. Berücksichtigt man dies, so erhält man nach einer Reihe von Umformungen:

$$\left\{\frac{\gamma}{\beta + \gamma\,(1-\beta)} \cdot \frac{\kappa\,(1-\alpha)\,[1 - u_2 - \alpha\,(1-u_1)]}{\left[1 - u_1 + \kappa\,(1-u_2)\right]^2} - \alpha\ln\rho\right\} \cdot \frac{du_1}{d\kappa}$$

$$+ \frac{(1-\alpha)\,(1-u_1)\,(1-u_2)}{\left[1 - u_1 + \kappa\,(1-u_2)\right]^2} \cdot \frac{\gamma}{\beta + \gamma\,(1-\beta)} = 0. \quad (9.49)$$

Zunächst wird der Fall junior jobs mit $\overline{w}_2 = w_1$ analysiert. In diesem Szenario ist die Arbeitslosenrate alter Arbeiter eindeutig geringer als die Arbeitslosenrate der Gruppe junger Arbeiter.[10] Folglich gilt: $1 - u_2 > 1 - u_1$. Der erste Term innerhalb der geschweiften Klammer ist somit eindeutig positiv. Da $\ln\rho$ negativ ist, wird der gesamte Ausdruck innerhalb der geschweiften Klammer positiv. Die zweite Zeile ist ebenfalls positiv, so dass der Multiplikator $du_1/d\kappa$ negativ sein muss. Folglich sinkt die Arbeitslosenrate der jungen Arbeiter, wenn aufgrund des demografischen Wandels die Relation von alten zu jungen Arbeitern steigt. Da die Relation der Arbeitslosenraten beider Gruppen im Gleichgewicht durch Gleichung (9.37) gegeben ist, sinkt somit auch die Arbeitslosenrate der alten Arbeiter. Auf die ökonomische Intuition dieses Ergebnisses wird weiter unten eingegangen.

Im Szenario senior jobs mit $\overline{w}_2 = w_2$ ist das Ergebnis auf den ersten Blick nicht eindeutig. Die Arbeitslosenrate alter Arbeiter ist in diesem Fall größer als die der jungen Arbeiter.[11] Somit ist das Vorzeichen des Ausdrucks $1 - u_2 - \alpha\,(1-u_1)$ nicht mehr eindeutig. Unter der Berücksichtigung der Relation beider Arbeitslosenraten aus Gleichung (9.29) ergibt sich für diesen Ausdruck Folgendes:

---

[10]Siehe Kapitel 9.4.
[11]Siehe Kapitel 9.4.

$$1 - u_2 - \alpha \left(1 - u_1\right) = \left(1 - \alpha\right) \left[1 + \frac{1}{\ln \rho}\right]. \qquad (9.50)$$

Sind beide Seiten der Gleichung (9.50) positiv, so ist der Multiplikator $du_1/d\kappa$ wiederum eindeutig negativ. Ist Gleichung (9.50) hingegen negativ, so ist das Vorzeichen des Ausdrucks innerhalb der geschweiften Klammer von Gleichung (9.49) unbestimmt. Folglich ist auch das Vorzeichen des Multiplikators $du_1/d\kappa$ unbestimmt. Die rechte Seite von Gleichung (9.50) ist positiv, wenn $\ln \rho < -1$ ist. Dies ist der Fall, wenn für die Lohnersatzquote gilt: $\rho < 0,37$. In der Realität sind Lohnersatzquoten zu beobachten, die eher über diesem Wert liegen, was auf den ersten Blick gegen die Eindeutigkeit von $du_1/d\kappa < 0$ spricht. Jedoch ist das Modell mit seinen speziellen funktionalen Annahmen nur bedingt geeignet, realitätsnahe Zahlenwerte abzubilden. Die höhere Wahrscheinlichkeit für ein positives Vorzeichen der Gleichung (9.50) kann indes durch folgende Argumentation untermauert werden. Die Relation der Arbeitslosenraten beider Gruppen ist durch Gleichung (9.29) gegeben. Simuliert man diese Gleichung mit Werten für die Lohnersatzquote, die über der oben genannten kritischen Grenze von $0,37$ liegen, so ergeben sich sehr große Differenziale für die beiden Arbeitslosenraten. Selbst wenn man für den Gewichtungsparameter der Gewerkschaft α Werte nahe 1 verwendet, stellen sich relativ hohe Differenziale ein, obwohl gezeigt wurde, dass für $\alpha = 1$ die Arbeitslosenraten beider Gruppen gleich sind. Somit ist davon auszugehen, dass plausiblerweise auch im Fall $\overline{w}_2 = w_2$ der Multiplikator $du_1/d\kappa$ negativ sein wird. Demnach sinkt in beiden Szenarien sowohl die Arbeitslosenrate der jungen Arbeiter als auch die der alten Arbeiter, wenn es aufgrund der Alterung der Gesellschaft zu einem Anstieg des Anteils alter Arbeiter kommt. Bevor auf die ökonomische Rationalität dieses Ergebnisses nochmals näher eingegangen wird, soll zunächst die Veränderung der Löhne beider Gruppen analysiert werden.

Aus der Kontraktkurve für junge Arbeiter, Gleichung (9.13), ergibt sich im allgemeinen Gleichgewicht folgende Bedingung:

$$\gamma \left(N_1 + N_2\right)^{\gamma - 1} = w_1 \left(1 + u_1 \ln \rho\right). \qquad (9.51)$$

Die zuvor durchgeführte Analyse erbrachte eine Reduktion der gleichgewichtigen Arbeitslosenraten beider Gruppen infolge eines Anstiegs der Relation alter Arbeiter zu jungen. Somit steigt die Beschäftigung als Summe von $N_1 + N_2$, wenn der Parameter κ aufgrund des demografischen Wandels der Gesellschaft steigt. Das totale Differenzial der Bedingung (9.51) im allgemeinen Gleichgewicht nach der Gesamtbeschäftigung ergibt:

$$\gamma\,(\gamma - 1)\,(N_1 + N_2)^{\gamma-2}\,d\,(N_1 + N_2) - du_1 w_1 \ln \rho - dw_1\,(1 + u_1 \ln \rho) = 0.$$
$$(9.52)$$

Der erste Term gibt die Veränderung der Grenzproduktivität der Arbeit an. Diese sinkt mit der steigenden Beschäftigung. Die Arbeitslosrate der jungen Arbeiter u_1 sinkt ebenfalls, da die Beschäftigung N_1 gestiegen ist. Der zweite Term ist folglich positiv mit $du_1 < 0$ und $\ln \rho < 0$. Somit muss der dritte Term negativ sein. Wie aus Gleichung (9.51) zu ersehen ist, gilt $(1 + u_1 \ln \rho) > 0$. Demnach muss dw_1 negativ sein. Der Lohn der Jungen sinkt mit der Gesamtbeschäftigung. Das Lohndifferenzial beider Gruppen wird bekanntlich durch die Relation $w_1 = \alpha w_2$ bestimmt. Somit sinkt der gleichgewichtige Lohn der alten Arbeiter w_2 ebenfalls.

Jetzt kommen wir, wie angekündigt, nochmals auf die ökonomische Interpretation der abgeleiteten Ergebnisse zu sprechen. Warum sinken die Arbeitslosenraten und Löhne beider Gruppen, wenn die Relation alter Arbeiter zu jungen Arbeitern steigt? Die Erklärung wird dargestellt anhand des Szenarios junior jobs mit $\overline{w}_2 = w_1$, wobei für den Fall senior jobs analoge Überlegungen gelten. Ausgangspunkt ist ein allgemeines Gleichgewicht mit einem bestimmten Verhandlungsergebnis zwischen Gewerkschaften und Unternehmen, bestehend aus einer bestimmten aggregierten Beschäftigung und bestimmten Löhnen für beide Gruppen. Angenommen, der demografische Wandel führe nun zu einer Veränderung der Relation von alten zu jungen Arbeitern, κ steige. Bei der zuvor ausgehandelten Beschäftigung beider Gruppen impliziert dies eine Veränderung des Differenzials der beiden Arbeitslosenraten. Die Arbeitslosenrate junger Arbeiter sinkt, während die Arbeitslosenrate der alten Arbeiter steigt. Diese Veränderung korrespondiert nicht mehr mit dem zuvor ausgehandeltem Ergebnis, bei dem die Gewerkschaften eine bestimmte relative Stellung beider Gruppen zueinander angestrebt hatten.

Der Anstieg der Arbeitslosenrate alter Arbieter, ausgelöst durch den Anstieg der Zahl der alten Erwerbstätigen L_2, lässt das Alternativeinkommen der alten Arbeiter $\overline{v}_2 = (1 - u_2)\,v\,(\overline{w}_2) + u_2 v\,(b_2)$ mit $\overline{w}_2 = \overline{w}_1 = w_1$ und $b_2 = b_1$ sinken. Folglich sinkt der Lohn w_2. Aus der theoretischen Literatur ist bekannt, dass der in einem Verhandlungsmodell zwischen Gewerkschaft und Unternehmen ausgehandelte Lohn ein mark-up auf das Alternativeinkommen darstellt (siehe beispielsweise Carlin und Soskice, 1990; Layard, Nickell und Jackman, 1991; Michaelis, 1998 sowie Jerger und Michaelis, 1999). Die Arbeitslosenrate junger Arbeiter sinkt, da L_1 sinkt. Dies impliziert einen Anstieg des Alternativeinkommens dieser Gruppe $\overline{v}_1 = (1 - u_1)\,v\,(\overline{w}_1) + u_1 v\,(b_1)$, was wiederum einen Anstieg des Lohns

w_1 nach sich zieht. Diese Veränderungen erzeugen eine relative Verschlechterung der Position alter Arbeiter gegenüber jungen Arbeitern, denn w_2 sinkt, w_1 steigt und u_2 steigt, während u_1 sinkt. Die Verschlechterung der alten Arbeiter wird von den Gewerkschaften jedoch nicht akzeptiert und sie richten ihre nächste Verhandlung daran aus, die relative Position der alten Arbeiter wieder zu verbessern. Dies geschieht, indem sie einen niedrigeren Lohn für junge Arbeiter und einen höheren Lohn für alte Arbeiter aushandeln. Jedoch zeigt die Reaktion der Arbeitslosenrate alter Arbeiter, dass nicht nur ein höherer Lohn für alte Arbeiter ausgehandelt wird, sondern auch eine Beschäftigungserhöhung. Im Endeffekt sinkt u_2 aufgrund der Veränderung der Altersstruktur. Der Anstoßeffekt lässt hingegen u_2 steigen. Wenn dann in der nächsten Verhandlung auch noch der Lohn w_2 steigt, so wäre ein weiterer Anstieg der Arbeitslosenrate u_2 zu erwarten. Der von Pissarides (1989) unterstellte Modellrahmen impliziert hingegen nicht nur die Verhandlung über die Löhne, sondern auch über die Beschäftigung. Somit besteht für die Gewerkschaft die Möglichkeit, die Position der alten Arbeiter auch durch die Aushandlung einer höheren Beschäftigung zu verbessern, wodurch wiederum die Arbeitslosenrate sinkt. Dieses Resultat ist eines der Kernergebnisse bei Pissarides (1989) und weicht von der orthodoxen Theorie ab.

Ein weiteres Kernergebnis betrifft die Veränderung der Löhne beider Gruppen. Der Anstoßeffekt einer Veränderung der Altersstruktur lässt den Lohn alter Arbeiter sinken. Zur Verbesserung der relativen Position älterer Arbeiter steigt in den weiteren Verhandlungen der Lohn w_2 wieder. Im Endeffekt ist w_2 hingegen gesunken, folglich kommt es lediglich zu einer Teilkompensation der ursprünglichen Lohnreduktion. Der Lohn junger Arbeiter ist zunächst gestiegen. In den weiteren Verhandlungen wird w_1 wieder reduziert. Da im Endeffekt w_1 ebenfalls gesunken ist, wird die ursprüngliche Lohnerhöhung in den weiteren Verhandlungen sogar überkompensiert.

Das Modell von Pissarides (1989) liefert teilweise unorthodoxe Resultate. Beispielhaft soll hier lediglich das Ergebnis bezüglich der Arbeitslosenraten junger und alter Arbeiter genannt werden, wenn die Gewerkschaft gemäß einer Senioritätsregel die Interessen älterer Arbeiter stärker gewichtet. Im Fall junior jobs ist die Arbeitslosenrate alter Arbeiter geringer als die Arbeitslosenrate jüngerer Arbeiter, obwohl der Lohn der älteren größer ist als der Lohn der jüngeren Arbeiter. Diese gleichgewichtige Relation der Arbeitslosenraten war, wie auch andere Ergebnisse, im Vorhinein nicht zu erwarten. Wie bei jeder modelltheoretischen Analyse ist auch hier die Frage zu stellen, wie robust die Resultate sind. Wie sensitiv reagieren die Ergebnisse, wenn die unterstellten Annahmen des Modellrahmens variiert werden? Sind insbesondere die unorthodoxen Ergebnisse das Resultat eines unorthodoxen Modellrahmens? Diese Fragen sind Gegenstand der Analyse des folgenden Kapitels 10. Dort werden die von Pissarides (1989) analysierten Fragestellungen in einem Right-to-Manage-Ansatz untersucht, um herauszuarbeiten, inwiefern die dargestellten Ergebnisse verallgemeinert werden können. Zu Beginn des Kapitels 10 wird ausführlich diskutiert, warum der Right-to-Manage-Ansatz als der bedeutsamere Ansatz angesehen werden kann. Erbringt die Analyse mit Hilfe dieses Ansatzes zumindest tendenziell die gleichen Resultate wie bei Pissarides (1989), so könnte von robusten Resultaten gesprochen werden. Wie wir sehen werden, ist dies jedoch nicht der Fall. Insbesondere die unorthodoxen Ergebnisse bei Pissarides (1989) können mit einem Right-to-Manage-Ansatz nicht bestätigt werden. Beispielsweise steigen infolge der demografischen Entwicklung die Löhne beider Gruppen, während die Arbeitslosenrate junger Arbeiter sinkt und die Arbeitslosenrate alter Arbeiter steigt.

Kapitel 10

Das Right-to-Manage-Modell

Wie bereits erwähnt, erzeugt das im vorhergehenden Kapitel dargestellte Modell der effizienten Kontrakte teilweise unorthodoxe Ergebnisse. In diesem Kapitel soll analysiert werden, ob die Resultate dem speziellen Modellrahmen geschuldet sind oder ob die Ergebnisse als robust in Bezug auf die Modellannahmen bezeichnet werden können. Dazu wird zunächst ein Right-to-Manage-Modell entwickelt, um die gleichen Fragestellungen wie bei Pissarides (1989) untersuchen zu können. Mit Hilfe der Simulation des hier entwickelten Modells können dann auch noch darüber hinausgehende Fragen analysiert werden. Wie modifizieren sich die Resultate, wenn beispielsweise junge und alte Arbeiter unterschiedliche Produktivitäten aufweisen oder wenn sich die Verhandlungsmacht zwischen Gewerkschaft und Unternehmen verändert?

Zunächst soll jedoch kurz dargestellt werden, warum in der Realität nicht oder zumindest nur selten über Löhne und Beschäftigung mittels effizienter Kontrakte verhandelt wird. Bevor auf die möglichen Gründe näher eingegangen wird, ist es wichtig, folgende Abgrenzung deutlich zu machen. In der Praxis ist in Tarifverhandlungen die Beschäftigung in einigen Fällen in der Tat Gegenstand der Verhandlungen. Jedoch kann man nur dann von einem effizienten Kontrakt sprechen, wenn ein konkretes Beschäftigungsziel vereinbart wird, welches dann auch Rechtsverbindlichkeit aufweist. Die Vereinbarung der Unterlassung betriebsbedingter Kündigungen, die in der Vergangenheit nicht selten getroffen wurde, ist hingegen nicht mit einem konkreten Beschäftigungsziel gleichzusetzen. Das jeweilige Unternehmen kann immer noch wählen, ob die Stellen ausscheidender Arbeiter wieder besetzt werden oder nicht. Jedoch kann bei der Vereinbarung der Unterlassung betriebsbedingter Kündigungen durchaus von einer Art Grenzfall gesprochen werden, der in die Richtung eines effizienten Kontraktes tendiert. Diese Vereinbarung ist hingegen nicht mit effizienten Kontrakten gleichzusetzen, denn dem Unternehmen obliegt weiterhin, wenn auch mit geringerem Spielraum, die Wahl der Beschäftigung.

Kurzum, Verhandlungen über Lohn und Beschäftigung mittels effizienter Kontrakte in der reinen Form sind in der Realität de facto nicht zu beobachten. In der Literatur werden dafür hauptsächlich die nachfolgend dargestellten Gründe angeführt.[1] Zum Zeitpunkt der Verhandlung muss die zukünftige Nachfrage nach den Produkten eines Unternehmens prognostiziert werden. Dabei ist jedoch unsicher, ob sich die Nachfrage in der Zukunft tatsächlich so entwickelt, wie von den Verhandlungspartnern zum Zeitpunkt der Verhandlung angenommen. Sollte sich die Nachfrage besser entwickeln als prognostiziert, so stellt dies selbstverständlich kein Problem dar. Keine Gewerkschaft würde sich dagegen wehren, wenn die Unternehmen mehr Arbeiter einstellen wollen als zuvor vereinbart. Tritt hingegen ein unerwarteter Nachfragerückgang ein, dann hätte das Unternehmen die gesamte Anpassungslast zu tragen, da aufgrund der fixen Vereinbarung keine Arbeiter entlassen werden dürfen. Das Risiko eines Nachfrageeinbruchs wird nicht mehr von Unternehmen und Arbeitern gemeinsam getragen, sondern vollständig vom Unternehmen. Folglich würde ein Unternehmen einer Festsetzung der Beschäftigungsmenge nur dann zustimmen, wenn Öffnungsklauseln in die Vereinbarung aufgenommen würden. Solche Öffnungsklauseln erzeugen wiederum den Anreiz für ein Unternehmen, einen nicht vorhandenen Nachfragerückgang vorzutäuschen, um folglich die Beschäftigung bei dem ausgehandelten Lohn reduzieren zu können, wodurch der Gewinn erhöht wird.

Die Verhandlung über effiziente Kontrakte mit einer verbindlichen Fixierung der Beschäftigung impliziert eine Erhöhung der Verhandlungsmacht der Gewerkschaften. Die Unternehmen müssen auf das exklusive Recht der freien Wahl der Beschäftigung verzichten. Es besteht hingegen per se kein Anreiz, dieser Reduktion ihrer Handlungsmacht zuzustimmen.

Konkrete Vereinbarungen über die Höhe der Beschäftigung können lediglich auf Unternehmensebene ausgehandelt werden. Bei Verhandlungen zwischen Arbeitgeber- und Arbeitnehmervertretern auf der sektoralen bzw. auf der nationalen Ebene können Vereinbarungen über Beschäftigungsziele niemals rechtsverbindlichen Charakter besitzen. Es stehen der Arbeitnehmerseite keine speziellen Unternehmen gegenüber, gegen die bestimmte Vertragsbestandteile bei Nichteinhaltung eventuell einzuklagen wären.

---

[1]Für eine ausführliche Diskussion der angesprochenen Gründe siehe beispielsweise Booth (1996), Michaelis (1998) und Franz (2006).

In Deutschland werden Tarifverhandlungen überwiegend auf der sektoralen
Ebene geführt, mit Ausnahme der Haustarifverträge bei einigen Großunter-
nehmen. Folglich besteht aus den dargelegten Gründen keine Möglichkeit,
effiziente Kontrakte zu vereinbaren, mit Ausnahme der besagten Haustarifverträge. In der empirischen Literatur wird der Versuch unternommen,
die Relevanz der verschiedenen Modellansätze bezüglich der Lohnbildung
zu testen.[2] Booth (1996) ist jedoch der Auffassung, die empirische Forschung könne die jeweiligen Modelle nicht adäquat voneinander unterscheiden. Folglich seien die ohnehin uneindeutigen Ergebnisse auch mit großer
Vorsicht zu interpretieren. Bezogen auf die USA, wo viele Verhandlungen
auf der Unternehmensebene geführt werden, argumentiert Booth (1996), die
Unternehmen würden sich in den Verträgen das Recht der freien Wahl der
Beschäftigung bewahren, was eindeutig gegen die Vereinbarung effizienter
Kontrakte spräche.

Ein weiteres Problem der praktischen Durchführbarkeit von Verhandlungen über Lohn und Beschäftigung mittels effizienter Kontrakte ist bereits
angeklungen. Es besteht mithin die Frage, inwieweit bei einer Abweichung
von einer bestimmten Beschäftigungsvereinbarung seitens des Unternehmens die Gewerkschaften die Möglichkeit besitzen, eine Beschäftigungserhöhung auf das vereinbarte Niveau einklagen zu können. Solch ein Szenario ist
in der Praxis noch nie aufgetreten und es ist zumindest fragwürdig, ob dies
juristisch durchführbar wäre. Die fixe Vereinbarung einer bestimmten Beschäftigung ist hingegen zwingend an die Rechtsverbindlichkeit gebunden,
da solche Vereinbarungen ansonsten eher als Versprechen denn als effiziente
Kontrakte zu interpretieren wären.

Die dargestellten Argumente beziehen sich auf die praktischen Probleme
der simultanen Verhandlung über Lohn und Beschäftigung. Es existieren
darüber hinaus jedoch weitere Mechanismen, um die Resultate effizienter
Kontrakte zu generieren. Beispielsweise hat Pohjola (1987) nachgewiesen,
dass im Gegensatz zu einer Fixlohnökonomie die Einführung einer Gewinn-
beteiligung für die Arbeitnehmer eine Lösung erbringt, die die gleichen Eigenschaften aufweist wie die Verhandlungslösung bei effizienten Kontrakten. Wie Booth (1995) herausgefunden hat, gilt dies auch für den Fall,
wenn neben dem Lohn auch über Abfindungszahlungen bei Entlassungen
verhandelt wird. Folglich sollte man dem Ansatz der effizienten Kontrakten
nicht zwangsläufig die empirische Relevanz absprechen. Jedoch herrscht in

---

[2]Beispiele für solche empirischen Tests finden sich in Brown und Ashenfelter (1986),
MaCurdy und Pencavel (1986), Alogoskoufis und Manning (1991) sowie Andrews und
Harrison (1998).

der Literatur Einigkeit darüber, den Right-to-Manage-Ansatz als den bedeutsameren einzuschätzen. Außerdem muss konstatiert werden, dass bis dato kein existierendes geschlossenes theoretisches Modell die Empirie des Lohnbildungsprozesses vollständig reproduzieren kann. Die derart weitgefächerten institutionellen Regelungen, wie beispielsweise in Deutschland der Fall, ermöglichen auf theoretischer Ebene lediglich die Unterscheidung der einzelnen Modelle dahingehend, ob ein Modell gegenüber einem anderen als realitätsnäher zu bezeichnen ist. Ein allumfassender Ansatz existiert hingegen nicht (siehe Franz, 2006).

Bei dem im Folgenden entwickelten Right-to-Manage-Ansatz werden die Löhne zwischen den Unternehmen und den Gewerkschaften ausgehandelt. Die Unternehmen besitzen aber das exklusive Recht der Wahl des Beschäftigungsniveaus. Sie werden gemäß des ausgehandelten Lohns diejenige Beschäftigung wählen, die den Gewinn des jeweiligen Unternehmens maximiert.[3] Der entwickelte Modellrahmen wird sodann auf die bereits mit dem Ansatz der effizienten Kontrakte analysierten Fragestellungen angewendet, um die Robustheit der Ergebnisse von Pissarides (1989) bewerten zu können.

Unter dem Begriff Right-to-Manage werden mehrere Modellvarianten subsummiert. In Kapitel 10.1 wird zunächst die einfachste Variante, das Modell der Monopolgewerkschaft dargestellt. Anhand dieses Modells werden die Besonderheiten des generellen Right-to-Manage-Ansatzes ausführlich erläutert. In Kapitel 10.2 wird das einfache Modell erweitert und der Verhandlungsansatz präsentiert. Daran schließt sich in Kapitel 10.3 die Simulation des Verhandlungsansatzes an, bei der die Ergebnisse des Right-to-Manage-Ansatzes mit den Ergebnissen des Modells der effizienten Kontrakte verglichen werden. Darüber hinaus werden weitergehende Fragestellungen analysiert. Welche Resultate ergeben sich, wenn beispielsweise ein konstantes Arbeitslosengeld statt einer konstanten Lohnersatzquote modelliert wird? Welche Auswirkungen hat dann die Erhöhung des Arbeitslosengeldes für beide Gruppen? Was passiert, wenn nur das Arbeitslosengeld für alte Arbeiter erhöht wird?

---

[3]Für eine ausführliche Darstellung des allgemeinen Right-to-Manage-Modells siehe beispielsweise Layard, Nickell und Jackman (1991), Booth (1996), Goerke und Holler (1997), Michaelis (1998), Landmann und Jerger (1999), Cahuc und Zylberberg (2004) sowie Wagner und Jahn (2004).

10.1 Die Monopolgewerkschaft

In der denkbar einfachsten Variante des Right-to-Manage-Modells wird unterstellt, die Gewerkschaft setze auf der Unternehmensebene den von dem Unternehmen zu zahlenden Lohn für junge und alte Arbeiter. Die Gewerkschaft besitzt demnach ein Monopol bei der Bestimmung des Lohns, daher auch die Bezeichnung Monopolgewerkschaft. Die gewerkschaftliche Nutzenfunktion wird durch die Wahl der Löhne beider Gruppen maximiert. Dabei ist jedoch zu beachten, dass die Unternehmen unter der Berücksichtigung der zu zahlenden Löhne über das Beschäftigungsniveau beider Gruppen entscheiden.

Jedes der homogenen Unternehmen maximiert seinen Gewinn π durch die Wahl der eingesetzten Arbeitsmenge an jungen und alten Arbeitern:

$$\pi = F(N_1, N_2) - w_1 N_1 - w_2 N_2. \tag{10.1}$$

Der Output wird allein durch die eingesetzten jungen und alten Arbeiter hergestellt, wobei die Produktionsfunktion die Inada-Bedingungen erfüllt. Als Bedingungen erster Ordnung für ein Gewinnmaximum ergeben sich somit:

$$F_1 = w_1 \tag{10.2}$$

$$F_2 = w_2. \tag{10.3}$$

Im Gewinnmaximum ist der Grenzertrag des Faktors Arbeit gleich dem Reallohn, wobei das gesamtwirtschaftliche Preisniveau auf 1 normiert ist. Die (Nominal-)Lohnsetzung findet in diesem Ansatz auf der Unternehmensebene statt. Da das gesamtwirtschaftliche Preisniveau auf Unternehmensebene ein exogenes Datum und insbesondere auch unabhängig von der Preissetzung des betrachteten Unternehmens ist, ist der gesetzte Lohn de facto ein Reallohn. Aufgrunddessen wird im Folgenden auch nicht mehr zwischen Nominal- und Reallohn unterschieden, sondern lediglich vom Lohn gesprochen.

Abbildung 10.1 stellt die Arbeitsnachfragekurve der Gruppe i mit $i = 1, 2$ im w_i, N_i-Diagramm grafisch dar, die sich als geometrischer Ort der Maximalpunkte aller Isogewinnlinien ergibt. Die Steigung der Isogewinnlinie kann bestimmt werden, indem man die Gewinnfunktion (10.1) nach w_i auflöst und anschließend nach N_i ableitet. Nach einigen Umformungen ergibt sich (siehe beispielsweise McDonald und Solow, 1981; Addison, 1989 oder Creedy und McDonald, 1991):

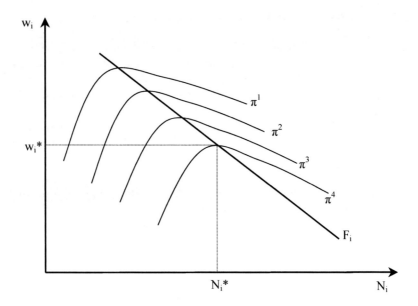

Abbildung 10.1: Isogewinnlinien und Arbeitsnachfragekurve

$$\frac{\partial w_i}{\partial N_i} = \frac{F_i - w_i}{N_i}. \tag{10.4}$$

Die Steigung einer Isogewinnlinie wird demnach null für die Bedingung $F_i = w_i$, also auf der oben abgeleiteten Arbeitsnachfragekurve der jeweiligen Gruppe. Bewegt man sich von der Arbeitsnachfragekurve nach links, so gilt Grenzertrag größer Grenzkosten, da der Grenzertrag mit sinkender Arbeitseinsatzmenge steigt. Somit hat die Isogewinnlinie links der Arbeitsnachfragekurve einen steigenden Verlauf. Horizontal rechts der Arbeitsnachfragekurve hingegen gilt Grenzertrag kleiner Grenzkosten, die Isogewinnlinie hat einen fallenden Verlauf.

Wie stellt sich das Optimierungskalkül der Gewerkschaften dar? Es wird angenommen, alle Arbeiter seien Mitglieder der Gewerkschaft bzw. würden von ihr vertreten. Das Arbeitsangebot ist demnach durch die exogene Zahl an jungen und alten Gewerkschaftsmitgliedern L_1 bzw. L_2 gegeben. Die Anzahl Arbeitsloser einer Gruppe ergibt sich sodann als Differenz der Zahl der Mitglieder einer Gruppe abzüglich der Beschäftigten dieser Gruppe, $L_1 - N_1$ bzw. $L_2 - N_2$.

Die Nutzenfunktion der Gewerkschaft besteht wiederum aus der gewichteten Summe der Nutzenfunktionen beider Gruppen junger und alter Arbeiter:

$$V = \alpha V_1 + V_2. \tag{10.5}$$

Aus der Humankapitaltheorie ist bekannt, dass der Lohn eines Individuums vom Beginn der Erwerbstätigkeit an über den Lebenszyklus fortwährend steigt, später ein Maximum erreicht, um anschließend bis zum Renteneintritt wieder etwas zu sinken.[1] Folglich ist zu hinterfragen, ob die Modellierung lediglich zweier von den Gewerkschaften unterschiedlich behandelter Gruppen sinnvoll ist oder ob nicht noch eine dritte Gruppe integriert werden müsste. Dies würde bedeuten, die Gruppe der alten Arbeiter müsste aufgesplittet werden. Demnach würden diejenigen alten Arbeiter eine eigene Gruppe bilden, deren Lohn sich bereits wieder reduziert, da sich diese Gruppe signifikant von den restlichen alten Arbeitern unterscheidet. Jedoch zeigt die empirische Literatur über die Alter-Lohn-Profile von Individuen folgendes Bild: Der Lohn sinkt zwar ab einem bestimmten Alter bis zum Renteneintritt. Diese Reduktion erfolgt zum einen aber erst in den letzten fünf bis zehn Jahren der Berufstätigkeit. Zum anderen wird das Ausmaß der Reduktion als nicht besonders signifikant eingeschätzt (siehe beispielsweise Murphy und Welch, 1990; Murphy und Welch, 1992 sowie Robinson, 2003). Folglich kann dieser Effekt als vernachlässigbar angesehen werden. Die Reduktion des Lohns zum Ende der Berufstätigkeit tritt demnach weder bereits sehr früh auf, noch ist die Reduktion sehr groß. Dies erscheint die Modellierung einer zusätzlichen Gruppe nicht zwingend notwendig zu machen, was den technischen Aufwand darüber hinaus immens erhöhen würde.

Der Nutzen einer jeweiligen Gruppe wird determiniert durch die Summe der Nutzen der einzelnen Mitglieder dieser Gruppe. Der Nutzen eines Beschäftigten der Gruppe i wird definiert über den erzielten Lohn, $v(w_i)$. Eine nicht in diesem Unternehmen beschäftigte Person der Gruppe i erzielt über das Alternativeinkommen einen Nutzen, der mit $\overline{v}_i$ bezeichnet wird.[5] Folglich ergibt sich für die Nutzenfunktion der Gewerkschaft:

$$
\begin{aligned}
V &= \alpha \cdot [N_1 v(w_1) + (L_1 - N_1)\overline{v}_1] + N_2 v(w_2) + (L_2 - N_2)\overline{v}_2 \\
&= \alpha \cdot [N_1(v(w_1) - \overline{v}_1) + L_1\overline{v}_1] + N_2(v(w_2) - \overline{v}_2) + L_2\overline{v}_2. \tag{10.6}
\end{aligned}
$$

---

[1]Siehe Kapitel 4 und die dort angegebene Literatur.

[5]Hierbei ist zu beachten, dass ein nicht in diesem Unternehmen beschäftigter Arbeiter entweder in einem anderen Unternehmen beschäftigt oder aber auch arbeitslos sein kann.

Die Nutzenfunktion einer jeweiligen Gruppe wird von der Gewerkschaft über die Wahl der Löhne der jeweiligen Gruppe unter der Berücksichtigung der Arbeitsnachfragekurve der Unternehmen maximiert. In Abbildung 10.2 sind die Indifferenzkurven der Gewerkschaft grafisch dargestellt. Hierbei be-

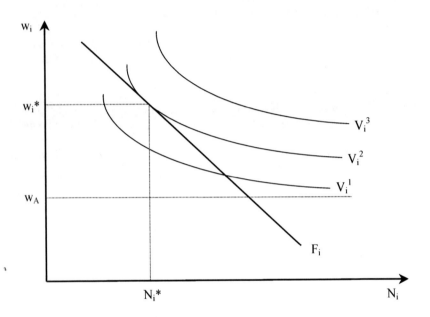

Abbildung 10.2: Indifferenzkurven der Gewerkschaft

zeichnet w_i^* den von der Gewerkschaft gesetzten Lohn. Die Unternehmen wählen daraufhin die gewinnmaximale Beschäftigungsmenge N_i^*. In Abbildung 10.2 ist das Nutzenmaximum der Gewerkschaft dort gegeben, wo die Indifferenzkurve V_i^2 die Arbeitsnachfragekurve F_i tangiert. Die Indifferenzkurven haben die übliche zum Ursprung konvexe Gestalt. Je höher die Indifferenzkurve liegt, umso größer ist der Nutzen für die Gewerkschaft. Das Alternativeinkommen, aus dem der Nutzen $\bar{v}_i$ gezogen wird, wird mit w_A bezeichnet. Die Indifferenzkurven können nicht unterhalb des Alternativeinkommens fallen. Ein durch die Gewerkschaft niedriger gesetzter Lohn wäre irrational, da jedes Gewerkschaftsmitglied sich besserstellen könnte, wenn es stattdessen das Alternativeinkommen in Anspruch nehmen würde.

Um die Steigung der Indifferenzkurven einer jeweiligen Gruppe zu erhalten, muss zunächst das totale Differenzial einer beliebigen Indifferenzkurve nach w_1 und N_1 bzw. w_2 und N_2 gebildet werden:

$$dV_1^0 = \alpha N_1 v'(w_1) \, dw_1 + \alpha (v(w_1) - \overline{v}_1) \, dN_1 = 0 \qquad (10.7)$$

$$dV_2^0 = N_2 v'(w_2) \, dw_2 + (v(w_2) - \overline{v}_2) \, dN_2 = 0. \qquad (10.8)$$

Daraus ergibt sich die Steigung der Indifferenzkurve der Gruppe i durch (siehe beispielsweise Oswald, 1982 oder Addison, 1989):

$$\frac{dw_i}{dN_i} = -\frac{v(w_i) - \overline{v}_i}{N_i v'(w_i)} \leq 0. \qquad (10.9)$$

Die Steigung ist negativ, da $v'(w_i)$ positiv ist und der Nutzen aus dem während der Beschäftigung in diesem Unternehmen erzielten Lohn größer ist als der Nutzen aus dem Alternativeinkommen. Ist hingegen der von den Gewerkschaften gesetzte Lohn lediglich so groß wie das Alternativeinkommen, so ist die Steigung der Indifferenzkurve null. Dies bedeutet, die Indifferenzkurven nähern sich asymptotisch an das Alternativeinkommen an, in der Abbildung 10.2 als w_A bezeichnet. Wie bereits gesagt, kann das Alternativeinkommen jedoch nicht unterschritten werden, so dass der Nutzen daraus, bezeichnet als $\overline{v}_i$, als Minimalnutzen interpretiert werden kann.

Die Maximierung der gewerkschaftlichen Nutzenfunktion (10.6) durch die Wahl der Löhne beider Gruppen liefert folgende Bedingungen erster Ordnung:

$$\frac{\partial V}{\partial w_1} = \alpha (v(w_1) - \overline{v}_1) \frac{\partial N_1}{\partial w_1} + \alpha N_1 v'(w_1) + (v(w_2) - \overline{v}_2) \frac{\partial N_2}{\partial w_1} = 0 \quad (10.10)$$

$$\frac{\partial V}{\partial w_2} = (v(w_2) - \overline{v}_2) \frac{\partial N_2}{\partial w_2} + N_2 v'(w_2) + \alpha (v(w_1) - \overline{v}_1) \frac{\partial N_1}{\partial w_2} = 0, \quad (10.11)$$

woraus sich im Nutzenmaximum ergibt:

$$\alpha N_1 v'(w_1) = -\alpha (v(w_1) - \overline{v}_1) \frac{\partial N_1}{\partial w_1} - (v(w_2) - \overline{v}_2) \frac{\partial N_2}{\partial w_1} \qquad (10.12)$$

$$N_2 v'(w_2) = -(v(w_2) - \overline{v}_2) \frac{\partial N_2}{\partial w_2} - \alpha (v(w_1) - \overline{v}_1) \frac{\partial N_1}{\partial w_2}. \qquad (10.13)$$

Hierbei steht auf der jeweiligen linken Seite der Nutzengewinn der Beschäftigten durch eine Lohnerhöhung, wobei jeder Beschäftigte einen Nutzenzuwachs in Höhe von $v'(w_i)$ zu verzeichnen hat. Auf der jeweiligen rechten Seite ist der Nutzenrückgang infolge geringerer Beschäftigung aufgeführt. Dieser setzt sich aus zwei Teilen zusammen. Zum einen reduziert eine Lohnerhöhung der Gruppe i die Beschäftigung dieser Gruppe i in Höhe von $\frac{\partial N_i}{\partial w_i}$ aufgrund der negativ geneigten Arbeitsnachfragekurve. Jeder freigesetzte Arbeiter hat eine Nutzeneinbuße in Höhe von $(v(w_i) - \overline{v}_i)$ hinzunehmen. Zum anderen führt die Reduktion der Beschäftigung dieser Gruppe zu einem geringeren Grenzertrag der anderen Gruppe (positive Kreuzableitungen). Dies gilt, sofern alte und junge Arbeiter nicht additiv separabel in die Produktionstechnologie eingehen, da bei additiv separablen Inputfaktoren die Kreuzableitungen gleich null sind. Im Folgenden wird hier jedoch unterstellt, junge und alte Arbeiter seien keine additiv separablen Inputfaktoren. Somit sinkt die Beschäftigung der einen Gruppe, wenn der Lohn der anderen Gruppe steigt, und zwar in Höhe von $\frac{\partial N_2}{\partial w_1}$ bzw. $\frac{\partial N_1}{\partial w_2}$. Jeder freigesetzte Arbeiter hat auch hierbei eine Nutzeneinbuße in Höhe von $(v(w_i) - \overline{v}_i)$ hinzunehmen. Ökonomisch bedeutet dies, die Gewerkschaft muss bei der Wahl des nutzenmaximalen Lohns einer Gruppe berücksichtigen, dass die Höhe des Lohns einer Gruppe einen Einfluss auf die Beschäftigung der jeweils anderen Gruppe ausübt. Das Nutzenmaximum der Gewerkschaft ist erreicht, wenn der Nutzengewinn einer Lohnerhöhung für die Beschäftigten einer Gruppe mit dem Nutzenverlust der durch die Lohnerhöhung freigesetzten Arbeiter beider Gruppen übereinstimmt.

Darüber hinaus ist folgender Aspekt interessant: Die Gewerkschaft bewertet den Nutzengewinn bzw. -verlust der Gruppe junger Arbeiter jeweils mit dem Gewichtungsfaktor α (siehe Gleichungen (10.12) und (10.13)). Bei eine niedrigeren Gewichtung des Nutzens junger Arbeiter im Vergleich zum Nutzen alter Arbeiter gilt $\alpha < 1$ in Gleichung (10.5). Wie Gleichungen (10.12) und (10.13) zeigen, beeinflussen dann die jeweiligen Nutzenveränderungen junger Arbeiter das Maximierungskalkül der Gewerkschaft weniger stark als vergleichbare Nutzenveränderungen alter Arbeiter.

Um die nachfolgende Analyse noch etwas klarer darstellen zu können, werden der Einfachheit halber lineare Nutzenfunktionen für die einzelnen Arbeiter unterstellt (= Risikoneutralität). Es gilt somit $v(w_i) = w_i$ und $v'(w_i) = 1$. Die Bedingungen erster Ordnung aus der Maximierung der Nutzenfunktion (10.6) modifizieren sich sodann zu:

$$\frac{\partial V}{\partial w_1} = \alpha(w_1 - \overline{v}_1)\frac{\partial N_1}{\partial w_1} + \alpha N_1 + (w_2 - \overline{v}_2)\frac{\partial N_2}{\partial w_1} = 0 \qquad (10.14)$$

$$\frac{\partial V}{\partial w_2} = (w_2 - \overline{v}_2) \frac{\partial N_2}{\partial w_2} + N_2 + \alpha (w_1 - \overline{v}_1) \frac{\partial N_1}{\partial w_2} = 0. \qquad (10.15)$$

Nach einigen Umformungen erhält man für die Löhne beider Gruppen auf der Mikroebene:

$$w_1 = \frac{\alpha \gamma \varepsilon_{N_1 w_1}}{\delta \left(\frac{w_2 - \overline{v}_2}{w_2} \right) \varepsilon_{N_2 w_1} + \alpha \gamma \left(\varepsilon_{N_1 w_1} - 1 \right)} \cdot \overline{v}_1 \qquad (10.16)$$

$$w_2 = \frac{\delta \varepsilon_{N_2 w_2}}{\alpha \gamma \left(\frac{w_1 - \overline{v}_1}{w_1} \right) \varepsilon_{N_1 w_2} + \delta \left(\varepsilon_{N_2 w_2} - 1 \right)} \cdot \overline{v}_2, \qquad (10.17)$$

mit $\varepsilon_{N_i w_i} \equiv -\frac{\partial N_i}{\partial w_i} \frac{w_i}{N_i} > 0$ als absoluten Betrag der Lohnelastizität der Arbeitsnachfrage. Diese positiv definierte Lohnelastizität muss auf der Mikroebene immer größer eins sein. Ansonsten würde bei einer einprozentigen Lohnsteigerung die Beschäftigung um weniger als ein Prozent sinken. Die Lohnsumme würde folglich steigen und es würde ein unendlich hoher Lohn durch die Gewerkschaft gesetzt. Darüber hinaus werden die Kreuzlohnelastizitäten dargestellt als $\varepsilon_{N_2 w_1} \equiv -\frac{\partial N_2}{\partial w_1} \frac{w_1}{N_2} > 0$ bzw. $\varepsilon_{N_1 w_2} \equiv -\frac{\partial N_1}{\partial w_2} \frac{w_2}{N_1} > 0$. Mit $\gamma \equiv \frac{w_1 N_1}{F}$ bzw. $\delta \equiv \frac{w_2 N_2}{F}$ werden die Lohnquoten junger bzw. alter Arbeiter bezeichnet. Hierbei ist zu beachten, dass die Lohnquoten sich zu einem Wert kleiner als eins addieren. Es werden abnehmende Skalenerträge benötigt, da mit konstanten Skalenerträgen bei vollkommener Konkurrenz auf den Gütermärkten kein Gewinn durch die Unternehmen erwirtschaftet würde. Folglich stünde auch nichts zur Verteilung zwischen Unternehmen und Arbeitern zur Verfügung. Die konstanten Lohnquoten stimmen in der gewählten Definition mit den Produktionselastizitäten der Inputfaktoren überein, was beispielsweise auch für eine Produktionsfunktion vom Cobb-Douglas-Typ gilt.

Wie reagieren die Löhne beider Gruppen auf der Mikroebene, wenn die Gewerkschaft die Interessen der alten Arbeiter höher bewertet als die Interessen junger Arbeiter, also wenn der Gewichtungsfaktor der Gewerkschaft α sinkt? Aus Gleichungen (10.16) und (10.17) ergibt sich $\frac{\partial w_1}{\partial \alpha} > 0$ sowie $\frac{\partial w_2}{\partial \alpha} < 0$. Eine Reduktion von α lässt ceteris paribus auf der Mikroebene den Lohn junger Arbeiter w_1 sinken, während der Lohn alter Arbeiter w_2 steigt, was ökonomisch plausibel ist. Die Gewerkschaft legt mehr Wert auf die Belange alter Arbeiter, folglich steigt das gesetzte Lohndifferenzial w_2/w_1.

Wie bereits gesagt, sind die Kreuzableitungen gleich null, wenn junge und alte Arbeiter additiv separable Inputfaktoren darstellen. Ist dies der Fall, so geht die Interdependenz zwischen den beiden Gruppen über die

Produktionstechnologie verloren. Die Gleichungen (10.16) und (10.17) modifizieren sich sodann zu:

$$w_1 = \frac{\overline{v}_1}{1 - \frac{1}{\varepsilon_{N_1 w_1}}} \qquad (10.18)$$

$$w_2 = \frac{\overline{v}_2}{1 - \frac{1}{\varepsilon_{N_2 w_2}}}. \qquad (10.19)$$

Die Gewerkschaft maximiert dann ihren Gesamtnutzen über die Maximierung der Nutzen der Teilgruppen. Folglich sind die gesetzten nutzenmaximalen Löhne auf Mikroebene auch unabhängig von dem Gewichtungsparameter α.

In der vorliegenden Analyse werden hingegen positive Kreuzableitungen unterstellt. Die Kreuzlohnelastizitäten $\varepsilon_{N_2 w_1}$ bzw. $\varepsilon_{N_1 w_2}$ sind dann positiv und es ergeben sich für die Löhne auf Mikroebene Gleichungen (10.16) und (10.17). Welche Auswirkungen erzeugt eine Veränderung der Kreuzlohnelastizitäten? Angenommen, die Kreuzlohnelastizität $\varepsilon_{N_2 w_1}$ steigt. Wie Gleichung (10.16) zeigt, erzeugt dies ceteris paribus einen negativen Effekt auf den von der Gewerkschaft gesetzten nutzenmaximalen Lohn w_1. Eine höhere Kreuzlohnelastizität $\varepsilon_{N_2 w_1}$ impliziert bei gleichem Lohn junger Arbeiter eine niedrigere Beschäftigung alter Arbeiter. Sinkt die Beschäftigung alter Arbeiter, so sinkt der Nutzen der Gewerkschaft. Folglich wirkt eine höhere Kreuzlohnelastizität $\varepsilon_{N_2 w_1}$ lohndisziplinierend, die Gewerkschaft wird einen niedrigeren Lohn für junge Arbeiter setzen. Diese Argumentation gilt analog für eine Erhöhung der Kreuzlohnelastizität $\varepsilon_{N_1 w_2}$ und den dadurch sinkenden Lohn alter Arbeiter.

Wie die theoretische Literatur zeigt, ist in einem Gewerkschaftsmodell der Lohn ein mark-up auf das Alternativeinkommen (siehe beispielsweise Carlin und Soskice, 1990; Layard, Nickell und Jackman, 1991; Michaelis, 1998 sowie Jerger und Michaelis, 1999). In den Gleichungen (10.16) und (10.17) ist jeweils der Bruch auf der rechten Seite als mark-up auf den Nutzen des Alternativeinkommens zu interpretieren, der bei unterstellten linearen Nutzenfunktionen dem Alternativeinkommen entspricht. Wie man sieht, hat der mark-up auf das Alternativeinkommen einer jeweiligen Gruppe $\frac{w_i - \overline{v}_i}{w_i}$, wiederum Einfluss auf den Lohn der jeweils anderen Gruppe. Der Lohn einer Gruppe sinkt mit dem mark-up auf das Alternativeinkommen der jeweils anderen Gruppe. Je größer der mark-up auf den Lohn beispielsweise junger Arbeiter, desto größer ist der Einkommensrückgang bei einer Reduktion der Beschäftigung junger Arbeiter. Dies wirkt disziplinierend auf die Setzung des Lohns alter Arbeiter durch die Gewerkschaft, um den Nutzenrückgang durch die Beschäftigungsreduktion zu kompensieren.

Im nächsten Schritt wird die Aggregation auf die Makroebene vorgenommen, also das Alternativeinkommen wird endogenisiert. Das Alternativeinkommen für ein Mitglied einer jeweiligen Gruppe ergibt sich durch $\overline{v}_i = (1 - u_i) v (\overline{w}_i) + u_i v (b_i)$. Bezüglich der Unterscheidung, ob ein freigesetzter Arbeiter nach der Wiedereinstellung in einem anderen Unternehmen einen junior job oder einen senior job erhält, soll hier lediglich auf die Diskussion in Kapitel 9.4 verwiesen werden. Für junge Arbeiter ist eindeutig $\overline{w}_1 = w_1$ das relevante Szenario. Somit ergibt sich für das Alternativeinkommen junger Arbeiter:

$$\overline{v}_1 = w_1 \left(1 - u_1 \left(1 - \rho\right)\right), \tag{10.20}$$

mit $\rho = b_1 / \overline{w}_1$ als konstanter Lohnersatzquote. In der folgenden Darstellung wird für alte Arbeiter das Szenario junior jobs unterstellt. In diesem Fall mit $\overline{w}_2 = w_1$ ergibt sich das Alternativeinkommen durch:

$$\overline{v}_2 = w_1 \left(1 - u_2 \left(1 - \rho\right)\right), \tag{10.21}$$

mit $\rho = b_2 / \overline{w}_2$. Durch Einsetzen der Alternativeinkommen in die Gleichungen (10.16) und (10.17) ergeben sich die durch die Monopolgewerkschaft gesetzten Löhne für junge und alte Arbeiter, jedoch in Abhängigkeit von endogenen Variablen. Um gehaltvolle Aussagen über die endogenen Variablen w_1, w_2, u_1 sowie u_2 und insbesondere auch über das Verhältnis der endogenen Variablen beider Gruppen zueinander treffen zu können, werden im Folgenden weitere Umformungen durchgeführt.

Unter Berücksichtigung von Gleichung (10.17) erhält man einen Ausdruck für den mark-up auf den Lohn alter Arbeiter:

$$\frac{w_2 - \overline{v}_2}{w_2} = \frac{\delta - \alpha\gamma \left(\frac{w_1 - \overline{v}_1}{w_1}\right) \varepsilon_{N_1 w_2}}{\delta \varepsilon_{N_2 w_2}}. \tag{10.22}$$

Dieser Ausdruck wird nun in die nach $w_1 / \overline{v}_1$ umgeformte Gleichung (10.16) eingesetzt und unter Berücksichtigung von $w_1 / \overline{v}_1 = 1/ \left(1 - u_1 \left(1 - \rho\right)\right)$ (aus Gleichung (10.20)) ergibt sich:

$$u_1 = \frac{1}{\alpha\gamma \left(1 - \rho\right)} \cdot \frac{\alpha\gamma \varepsilon_{N_2 w_2} - \delta \varepsilon_{N_2 w_1}}{\varepsilon_{N_1 w_1} \varepsilon_{N_2 w_2} - \varepsilon_{N_2 w_1} \varepsilon_{N_1 w_2}}. \tag{10.23}$$

Die Arbeitslosenrate junger Arbeiter u_1 ist hiermit eindeutig determiniert. Sie ist eine Konstante in Abhängigkeit der exogenen Größen der rechten Seite von Gleichung (10.23). Insbesondere wird u_1 nicht durch den Lohn der jungen Arbeiter w_1 determiniert. Folglich ist die Lohnsetzungskurve (LS$_1$) der Monopolgewerkschaft im w_1, u_1-Diagramm eine Vertikale, wobei die Lage determiniert wird durch die exogenen Größen (siehe Abbildung 10.3). Aus der ökonomischen Theorie ist bekannt, dass bei homogenen Ar-

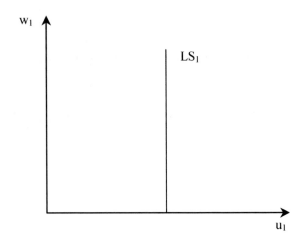

Abbildung 10.3: Lohnsetzungskurve für junge Arbeiter, Quelle: eigene Darstellung

beitern aus der Annahme einer konstanten Lohnersatzquote eine vertikale Lohnsetzungskurve resultiert (siehe beispielsweise Layard und Nickell, 1990; Michaelis, 1998 sowie Landmann und Jerger, 1999). Veränderungen im Lohn werden durch die Politik mit einer gleichstarken Erhöhung des Arbeitslosengeldes beantwortet, woraus dann eine konstante Arbeitslosenrate resultiert, was wiederum eine vertikale Lohnsetzungskurve impliziert. Dies ist in der vorliegenden Analyse bei der Gruppe junger Arbeiter mit konstanter Lohnersatzquote $\rho = b_1/w_1$ der Fall, wie Gleichung (10.23) zeigt.

Die Lohnsetzungskurve für die Gruppe der alten Arbeiter erhält man, indem zunächst unter Berücksichtigung von Gleichung (10.16) folgender Ausdruck für den mark-up auf den Lohn junger Arbeiter abgeleitet wird:

$$\frac{w_1 - \overline{v}_1}{w_1} = \frac{\alpha\gamma - \delta\left(\frac{w_2 - \overline{v}_2}{w_2}\right)\varepsilon_{N_2 w_1}}{\alpha\gamma\varepsilon_{N_1 w_1}}. \tag{10.24}$$

Dieser mark-up wird in die nach $w_2/\overline{v}_2$ umgeformte Gleichung (10.17) eingesetzt und unter Berücksichtigung des Alternativeinkommens alter Arbeiter
aus Gleichung (10.21) ergibt sich:

$$\frac{w_2}{w_1} = \frac{\delta\left(\varepsilon_{N_2 w_2}\varepsilon_{N_1 w_1} - \varepsilon_{N_1 w_2}\varepsilon_{N_2 w_1}\right)}{\alpha\gamma\varepsilon_{N_1 w_2} + \delta\varepsilon_{N_1 w_1}\left(\varepsilon_{N_2 w_2} - 1\right) - \delta\varepsilon_{N_1 w_2}\varepsilon_{N_2 w_1}} \cdot \left(1 - u_2\left(1 - \rho\right)\right). \tag{10.25}$$

Hieraus lassen sich zwei interessante Sachverhalte ableiten. Die Lohnsetzungskurve für alte Arbeiter (LS$_2$) hat im w_2, u_2-Diagramm bei gegebenen
w_1 einen fallenden Verlauf (siehe Abbildung 10.4). Je höher die Arbeitslo-

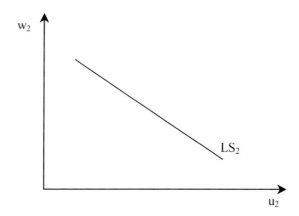

Abbildung 10.4: Lohnsetzungskurve für alte Arbeiter, Quelle: eigene Darstellung

senrate alter Arbeiter, desto niedriger wird die Gewerkschaft den Lohn alter
Arbeiter setzen (bei gegebenen w_1), was wie folgt zu erklären ist: Die Wiedereinstellungswahrscheinlichkeit sinkt mit der Höhe der Arbeitslosigkeit.
Für die Arbeiter wird es mit zunehmender Arbeitslosigkeit immer schwie-
riger in einem anderen Unternehmen eine Beschäftigung zu finden. Folglich
wird die Gewerkschaft einen niedrigeren Lohn für diese Gruppe setzen. Das
Alternativeinkommen sinkt mit der Arbeitslosenrate. Da der durch die Mo-

nopolgewerkschaft gesetzte Lohn ein mark-up auf das Alternativeinkommen darstellt, sinkt der gesetzte Lohn mit der Arbeitslosenrate.

Des Weiteren lässt sich aus Gleichung (10.25) eine Aussage über die Lohnsetzungsrelation zwischen den Löhnen alter und junger Arbeiter ableiten. Je höher die Arbeitslosenrate alter Arbeiter u_2, desto geringer ist die Lohnsetzungsrelation w_2/w_1. Die Kurve der Lohnsetzungsrelation (LSR) hat demnach einen negativen Verlauf im (w_2/w_1), (u_2/u_1)-Diagramm (siehe Abbildung 10.5). Die ökonomische Intuition hierfür läuft analog zum zuvor

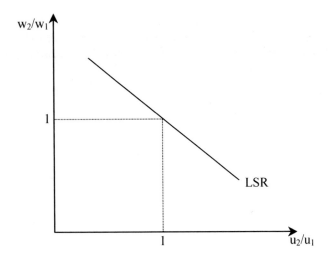

Abbildung 10.5: Lohnsetzungsrelation, Quelle: eigene Darstellung

dargestellten Fall der Lohnsetzungskurve für alte Arbeiter. Je höher die Arbeitslosenrate alter Arbeiter, desto geringer ist die Wiedereinstellungswahrscheinlichkeit der Mitglieder dieser Gruppe. Das Alternativeinkommen sinkt und folglich wird die Gewerkschaft ceteris paribus einen niedrigeren Lohn für alte Arbeiter setzen. Die Lohnsetzungsrelation w_2/w_1 sinkt mit der Relation der Arbeitslosenraten u_2/u_1. Dabei ist zu beachten, dass die Lohnsetzungsrelation unabhängig von der Arbeitslosenrate junger Arbeiter u_1 ist (siehe Gleichung (10.25)). Wie bereits dargestellt, ist u_1 eine durch exogene Parameter determinierte Konstante (siehe Gleichung (10.23)). Folglich ist entlang der Kurve der Lohnsetzungsrelation in Abbildung 10.5 u_1 konstant.

Aus Gleichungen (10.23) und (10.25) lässt sich Folgendes zeigen: Weisen beide Gruppen gleiche Konstellationen auf, also gleiche Lohnelastizitäten der Arbeitsnachfrage, $\varepsilon_{N_1 w_1} = \varepsilon_{N_2 w_2}$, sowie gleiche Kreuzlohnelastizitäten, $\varepsilon_{N_1 w_2} = \varepsilon_{N_2 w_1}$, gleiche Lohnquoten, $\gamma = \delta$, sowie gleiche Arbeitslosenraten, $u_2/u_1 = 1$, und gewichtet die Gewerkschaft darüber hinaus beide Gruppen gleich, dann ist die Lohnsetzungsrelation w_2/w_1 an der Stelle $u_2/u_1 = 1$ gleich 1. Dieser Fall wird in Abbildung 10.5 durch den Punkt 1/1 dargestellt. Es besteht in diesem Szenario mit $\alpha = 1$ keine Veranlassung für die Gewerkschaft, für eine der beiden Gruppen einen relativ höheren Lohn zu setzen.

Wie verändert sich die Lohnsetzungsrelation, wenn die Gewerkschaft die Gruppe der alten Arbeiter in ihrer Nutzenfunktion stärker gewichtet, also wenn gilt: $\alpha < 1$? Aus Gleichung (10.25) wird deutlich, dass zwei Effekte bei einer Reduktion des Gewichtungsfaktors der Gewerkschaft α wirken. Eine Reduktion von α führt zu einer Erhöhung der Lohnsetzungsrelation w_2/w_1. Es muss hingegen noch die Reaktion der Arbeitslosenrate u_2 auf die Reduktion von α berücksichtigt werden. Jedoch ist $\frac{\partial u_2}{\partial \alpha}$ nicht zu bestimmen. Dazu müsste das Gesamtmodell nach der Arbeitslosenrate u_2 aufgelöst werden, was hingegen aufgrund der Komplexität des Modells nicht möglich ist. Die ökonomische Intuition lässt hingegen vermuten, dass insgesamt die Lohnsetzungsrelation w_2/w_1 steigt, wenn α sinkt. Die LSR-Kurve aus Abbildung 10.5 wird in diesem Fall nach oben verschoben. Für jede gegebene Relation der Arbeitslosenraten u_2/u_1 steigt die gesetzte Lohnrelation w_2/w_1. Bewertet die Gewerkschaft den Nutzen der alten Arbeiter höher als den Nutzen junger Arbeiter, so wird sie ceteris paribus bei jeder Relation der Arbeitslosenraten einen relativ höheren Lohn für alte Arbeiter setzen. Es kann darüber hinaus eindeutig gezeigt werden, dass die Arbeitslosenrate junger Arbeiter u_1 sinkt, wenn α sinkt, denn aus Gleichung (10.23) ergibt sich $\frac{\partial u_1}{\partial \alpha} > 0$. In Abbildung 10.3 bedeutet dies eine Linksverschiebung der Lohnsetzungskurve für junge Arbeiter.

Nachdem das Lohnsetzungsverhalten der Monopolgewerkschaft analysiert wurde, ist in einem nächsten Schritt als zweiter Baustein des Modells die Arbeitsnachfrage der Unternehmen zu betrachten. Die gewinnmaximierenden Unternehmen wählen gemäß der Grenzproduktivitätsentlohnung den Einsatz junger und alter Arbeiter. Es werden folglich Punkte auf der Arbeitsnachfragekurve gewählt, wobei die Arbeitsnachfragekurven beider Gruppen sich ergeben durch:

$$F_1 = w_1 \tag{10.26}$$

$$F_2 = w_2. \tag{10.27}$$

Dividiert man die Arbeitsnachfragekurve der alten Arbeiter durch die der jungen, so erhält man:

$$\frac{w_2}{w_1} = \frac{F_2}{F_1}.$$

(10.28)

Sind die Löhne beider Gruppen gleich, $w_2/w_1 = 1$, dann werden die Unternehmen von beiden Gruppen gleich viele Arbeiter nachfragen, sofern die Produktivitäten beider Gruppen gleich sind. Unterstellt man ferner gleiche Gruppengrößen, so sind folglich die Arbeitslosenraten beider Gruppen gleich, $u_2/u_1 = 1$. Steigt hingegen das von der Monopolgewerkschaft gesetzte Lohndifferenzial w_2/w_1, so muss der Grenzertrag der alten Arbeiter größer sein als der Grenzertrag junger Arbeiter, damit Gleichung (10.28) gilt. Folglich sinkt der Einsatz alter Arbeiter in Relation zum Einsatz junger Arbeiter. Dies wiederum impliziert einen Anstieg der Relation der Arbeitslosenraten u_2/u_1. Je höher w_2/w_1, umso höher ist u_2/u_1. Dieser positive Zusammenhang wird grafisch in Abbildung 10.6 verdeutlicht, wobei als ANR die Arbeitsnachfragerelation bezeichnet wird.

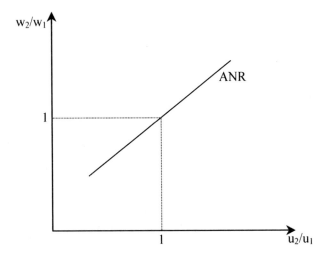

Abbildung 10.6: Arbeitsnachfragerelation, Quelle: eigene Darstellung

Führt man beide Bausteine, Lohnsetzung der Gewerkschaft und Arbeitsnachfrage der Unternehmen, zusammen, so ergibt sich das tatsächlich im allgemeinen Gleichgewicht geltende Lohndifferenzial w_2/w_1 in Beziehung zur Relation der Arbeitslosenraten u_2/u_1. Aus Abbildung 10.7 ist zu ersehen, dass die durch die Monopolgewerkschaft gesetzten Löhne beider Gruppen gleich sind, wenn beide Gruppen gleiche Arbeitslosenraten aufweisen, unter der Annahme identischer ökonomischer Charakteristika junger und alter Arbeiter. Darüber hinaus muss die Gewerkschaft alle Arbeiter in ihrer Nutzenfunktion gleich gewichten. Die Kurve der Arbeitsnachfragerelation (ANR)

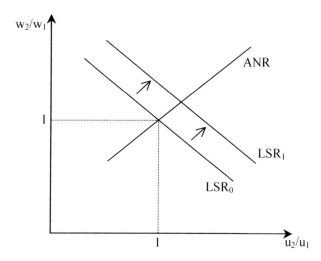

Abbildung 10.7: Lohnsetzungs- und Arbeitsnachfragerelation: alpha sinkt, Quelle: eigene Darstellung

schneidet die Kurve der Lohnsetzungsrelation (LSR$_0$) im Punkt 1/1. Für die Gewerkschaft besteht keine Veranlassung, für eine der beiden Gruppen einen höheren Lohn zu setzen, wenn beide Gruppen vollkommen identische Eigenschaften besitzen. Bei gleichen Löhnen und gleichen Produktivitäten ist es für die Unternehmen gewinnmaximal, von beiden Gruppen gleich viele Arbeiter nachzufragen, was wiederum bei identischen Gruppengrößen gleiche Arbeitslosenraten für beide Gruppen impliziert.

Was verändert sich, wenn die Gewerkschaft der Belange alter Arbeiter ein stärkeres Interesse entgegenbringt? Wie bereits dargestellt, wird die Kurve der Lohnsetzungsrelation realistischerweise nach oben verschoben, wenn α von 1 aus sinkt. Die Monopolgewerkschaften setzen ceteris paribus bei jeder Relation der Arbeitslosenraten alter und junger Arbeiter einen relativ höheren Lohn für die Gruppe alter Arbeiter. Somit steigt das gleichgewichtige Lohndifferenzial. In Abbildung 10.7 wird dies durch den neuen Schnittpunkt der ANR-Kurve mit der LSR$_1$-Kurve verdeutlicht. Die Erhöhung des Lohndifferenzials zwischen alten und jungen Arbeitern zieht hingegen eine Reduktion der relativen Nachfrage nach alten Arbeitern durch die Unternehmen nach sich. Folglich steigt die Relation der Arbeitslosenraten von alten und jungen Arbeitern.

In dem in diesem Kapitel dargestellten Monopolgewerkschaftsmodell setzt die Gewerkschaft den Lohn für beide Gruppen, während das Unternehmen gemäß des gesetzten Lohns die gewinnmaximale Beschäftigung junger und alter Arbeiter bestimmt. Im vorherigen Kapitel wurde bereits ausführlich diskutiert, dass die zweite Annahme mit der Realität weitgehend vereinbar ist. Darüber hinaus erscheint die Annahme, die Gewerkschaft setze eigenständig den Lohn, sehr weit von den tatsächlichen Bedingungen und institutionellen Regelungen des praktischen Arbeitsmarktes entfernt zu sein. Folglich bietet das Monopolgewerkschaftsmodell keine realistisch-approximative Darstellung des Lohnbildungsprozesses. In den meisten Industrienationen und insbesondere auch in Deutschland wird der Lohn zwischen Arbeitnehmer- und Arbeitgebervertretern ausgehandelt. In Deutschland ist diese sogenannte Tarifautonomie sogar im Grundgesetz in Artikel 9 Absatz 3 festgeschrieben. Somit ist im Vergleich zum Monopolgewerkschaftsmodell der im folgenden Kapitel dargestellte Verhandlungsansatz als realistischer in Bezug auf die Modellierung des Lohnbildungsprozesses anzusehen. Wie wir jedoch sehen werden, lässt sich das Monopolgewerkschaftsmodell als ein Spezialfall des Verhandlungsansatzes identifizieren, was aus der Theorie bekannt ist (siehe beispielsweise Booth, 1996; Goerke und Holler, 1997 sowie Michaelis, 1998). Die qualitativen Ergebnisse des Monopolgewerkschaftsmodells bleiben weitgehend auch im Verhandlungsansatz bestehen.

10.2   Der Verhandlungsansatz

Der in diesem Kapitel dargestellte Verhandlungsansatz basiert auf dem im vorherigen Kapitel 10.1 diskutierten Monpolgewerkschaftsmodell. Der einzige, jedoch wichtige Unterschied besteht darin, dass die Gewerkschaft den Lohn nicht mehr eigenständig setzen kann, sondern mit dem Unternehmen aushandelt. Nachdem der Lohn ausgehandelt wurde, entscheiden die Unternehmen gemäß Grenzproduktivitätsentlohnung über die Höhe der Beschäftigung. Die Unternehmen besitzen demnach, genau wie im Monopolgewerkschaftsmodell, das Recht der alleinigen Bestimmung der Höhe der Beschäftigung, also das Right-to-Manage.

Die Löhne werden zwischen einem Unternehmen und einer Gewerkschaft über den in den Kapiteln 9.2 und 9.3 bereits kennengelernten Nash Bargaining Ansatz ausgehandelt. Die Modellierung der einzelnen Bausteine des Nash Bargainings erfolgt in der gleichen Art und Weise wie in Kapitel 9.3 bereits ausführlich dargestellt. Der Übersichtlichkeit halber werden die Gleichungen hier nochmals aufgeführt. Die gewerkschaftliche Rente aus der Beschäftigung junger Arbeiter in Höhe von N_1 und alter Arbeiter in Höhe von N_2 in einem Unternehmen lässt sich wie folgt darstellen:

$$V - \overline{V} = \alpha N_1 \left[v\left(w_1\right) - \overline{v}_1 \right] + N_2 \left[v\left(w_2\right) - \overline{v}_2 \right]. \qquad (10.29)$$

Die Gewinnfunktion der identischen Unternehmen wird beschrieben durch:

$$\pi = F\left(N_1, N_2\right) - w_1 N_1 - w_2 N_2. \qquad (10.30)$$

Das Nash-Produkt

$$NP = \left(V - \overline{V}\right)^{\beta} \cdot \left(\pi - \overline{\pi}\right)^{1-\beta} \qquad (10.31)$$

wird hierbei durch die Wahl der Löhne beider Gruppen maximiert. Da die Unternehmen einen Punkt auf der jeweiligen Arbeitsnachfragekurve wählen werden, dienen diese als Nebenbedingungen.[6] Die Arbeitsnachfragekurven der jeweiligen Gruppe $i = 1, 2$ ergeben sich durch:

$$F_i = w_i. \qquad (10.32)$$

Unter Berücksichtigung der Gleichungen (10.29) und (10.30) erhält man folgende Bedingungen erster Ordnung, wenn man der Einfachheit halber zum einen lineare Nutzenfunktionen der Arbeiter (= Risikoneutralität) unterstellt, und zum anderen die Annahme trifft, der Gewinn des Unternehmens sei bei Nichteinigung im Verhandlungsprozess gleich null, $\overline{\pi} = 0$:

---

[6]Der Unterschied zu dem Nash Bargaining in Kapitel 9.3 ist folgender: Beim Ansatz der effizienten Kontrakte wird das Nash-Produkt durch die Wahl der Löhne und der Beschäftigung maximiert, ohne eine Nebenbedingung berücksichtigen zu müssen. Im Right-to-Manage-Modell wird das Nash-Produkt hingegen durch die Wahl der Löhne maximiert, unter der Berücksichtigung der Nebenbedingungen der Arbeitsnachfragekurven, da die Unternehmen einen Punkt auf der jeweiligen Arbeitsnachfragekurve wählen.

$$\frac{\partial \log NP}{\partial w_1} = \frac{\beta}{V - \overline{V}} \left[\alpha \left(w_1 - \overline{v}_1 \right) \frac{\partial N_1}{\partial w_1} + \alpha N_1 + \left(w_2 - \overline{v}_2 \right) \frac{\partial N_2}{\partial w_1} \right]$$

$$+ \frac{1 - \beta}{\pi} \left[F_1 \frac{\partial N_1}{\partial w_1} - N_1 - w_1 \frac{\partial N_1}{\partial w_1} + F_2 \frac{\partial N_2}{\partial w_1} - w_2 \frac{\partial N_2}{\partial w_1} \right] = 0 \quad (10.33)$$

$$\frac{\partial \log NP}{\partial w_2} = \frac{\beta}{V - \overline{V}} \left[\alpha \left(w_1 - \overline{v}_1 \right) \frac{\partial N_1}{\partial w_2} + \left(w_2 - \overline{v}_2 \right) \frac{\partial N_2}{\partial w_2} + N_2 \right]$$

$$+ \frac{1 - \beta}{\pi} \left[F_1 \frac{\partial N_1}{\partial w_2} - w_1 \frac{\partial N_1}{\partial w_2} + F_2 \frac{\partial N_2}{\partial w_2} - N_2 - w_2 \frac{\partial N_2}{\partial w_2} \right] = 0. \quad (10.34)$$

Nach diversen Umformungen ergibt sich für den Lohn junger Arbeiter auf der Mikroebene:

$$w_1 = \frac{\alpha \gamma \left[\beta \left(1 - \gamma - \delta \right) \varepsilon_{N_1 w_1} + \gamma \left(1 - \beta \right) \right]}{A} \cdot \overline{v}_1, \quad (10.35)$$

mit

$$A = \alpha \beta \gamma \left(1 - \gamma - \delta \right) \left(\varepsilon_{N_1 w_1} - 1 \right) + \alpha \gamma^2 \left(1 - \beta \right)$$

$$+ \delta \left(\frac{w_2 - \overline{v}_2}{w_2} \right) \left(\gamma \left(1 - \beta \right) + \beta \left(1 - \gamma - \delta \right) \varepsilon_{N_2 w_1} \right). \quad (10.36)$$

Für den Lohn alter Arbeiter auf der Mikroebene erhält man:

$$w_2 = \frac{\delta \left[\beta \left(1 - \gamma - \delta \right) \varepsilon_{N_2 w_2} + \delta \left(1 - \beta \right) \right]}{B} \cdot \overline{v}_2, \quad (10.37)$$

mit

$$B = \delta \beta \left(1 - \gamma - \delta \right) \left(\varepsilon_{N_2 w_2} - 1 \right) + \delta^2 \left(1 - \beta \right)$$

$$+ \alpha \gamma \left(\frac{w_1 - \overline{v}_1}{w_1} \right) \left(\delta \left(1 - \beta \right) + \beta \left(1 - \gamma - \delta \right) \varepsilon_{N_1 w_2} \right). \quad (10.38)$$

Mit $\varepsilon_{N_i w_i} \equiv -\frac{\partial N_i}{\partial w_i} \frac{w_i}{N_i} > 0$ wird wiederum der absolute Betrag der Lohnelastizität der Arbeitsnachfrage bezeichnet. Darüber hinaus werden die Kreuzlohnelastizitäten dargestellt als $\varepsilon_{N_2 w_1} \equiv -\frac{\partial N_2}{\partial w_1} \frac{w_1}{N_2} > 0$ bzw. $\varepsilon_{N_1 w_2} \equiv -\frac{\partial N_1}{\partial w_2} \frac{w_2}{N_1} > 0$. Mit $\gamma \equiv \frac{w_1 N_1}{F}$ bzw. $\delta \equiv \frac{w_2 N_2}{F}$ werden die Lohnquoten junger bzw. alter Arbeiter bezeichnet, die addiert wiederum einen Wert kleiner als eins ergeben. Die Verhandlungsmacht der Gewerkschaft wird durch den Parameter β dargestellt. Für das Unternehmen ergibt sich dementsprechend die Verhandlungsmacht als $(1 - \beta)$. Im Folgenden wird deutlich, welchen Einfluss die Verhandlungsmacht der beiden Parteien auf die ausgehandelten Löhne hat.

Zunächst soll jedoch analysiert werden, ob eine Veränderung des Gewichtungsparameters α durch die Gewerkschaft im Verhandlungsansatz den gleichen Einfluss erzeugt wie im Monopolgewerkschaftsmodell. Wie reagieren die ausgehandelten Löhne beider Gruppen auf der Mikroebene, wenn die Gewerkschaft die Interessen der Gruppe der alten Arbeiter höher bewertet als die Interessen junger Arbeiter? Aus Gleichung (10.35) in Verbindung mit Gleichung (10.36) ergibt sich $\frac{\partial w_1}{\partial \alpha} > 0$. Eine Reduktion des Gewichtungsfaktors der Gewerkschaft α lässt ceteris paribus den ausgehandelten Lohn junger Arbeiter w_1 auf der Mikroebene sinken. Demgegenüber erhält man aus Gleichung (10.37) in Verbindung mit Gleichung (10.38) $\frac{\partial w_2}{\partial \alpha} < 0$. Der auf Mikroebene ausgehandelte Lohn alter Arbeiter steigt, wenn die Gewerkschaft die Interessen alter Arbeiter höher bewertet als die Interessen junger Arbeiter. Somit liefert der Verhandlungsansatz das gleiche ökonomisch plausible Ergebnis wie das Monopolgewerkschaftsmodell.

Welchen Einfluss hat die Verhandlungsmacht der Parteien auf die ausgehandelten Löhne junger und alter Arbeiter auf der Mikroebene? Zur Analyse dieser Frage wird zunächst der Spezialfall betrachtet, bei dem die Kreuzlohnelastizitäten gleich null sind, $\varepsilon_{N_2 w_1} = \varepsilon_{N_1 w_2} = 0$. Dies resultiert bekanntlich aus der Annahme, junge und alte Arbeiter seien additiv separable Inputfaktoren mit Kreuzableitungen von null. In diesem Fall modifizieren sich die Gleichungen (10.35) und (10.37) zu:

$$w_1 = \frac{\alpha \left[\beta \left(1 - \gamma - \delta\right) \varepsilon_{N_1 w_1} + \gamma \left(1 - \beta\right) \right]}{\alpha \beta \left(1 - \gamma - \delta\right) \left(\varepsilon_{N_1 w_1} - 1\right) + \left(1 - \beta\right) \left(\alpha \gamma + \delta \frac{w_2 - \bar{v}_2}{w_2}\right)} \cdot \bar{v}_1 \qquad (10.39)$$

$$w_2 = \frac{\beta \left(1 - \gamma - \delta\right) \varepsilon_{N_2 w_2} + \delta \left(1 - \beta\right)}{\beta \left(1 - \gamma - \delta\right) \left(\varepsilon_{N_2 w_2} - 1\right) + \left(1 - \beta\right) \left(\delta + \alpha \gamma \frac{w_1 - \bar{v}_1}{w_1}\right)} \cdot \bar{v}_2. \qquad (10.40)$$

Hieraus ergibt sich $\frac{\partial w_1}{\partial \beta} > 0$ sowie $\frac{\partial w_2}{\partial \beta} > 0$. Die ausgehandelten Löhne junger und alter Arbeiter steigen auf der Mikroebene mit der Verhandlungsmacht der Gewerkschaft.[7] Bildlich gesprochen, vermag die Gewerkschaft bei einer höheren Verhandlungsmacht einen größeren Teil des zu verteilenden Kuchens für sich bzw. für ihre Mitglieder zu erzielen. Sie kann für beide

---

[7]Zu den Determinanten der Verhandlungsmacht von Gewerkschaften siehe beispielsweise Layard, Nickell und Jackman (1991) sowie Michaelis (1998).

Gruppen in der Verhandlung mit dem Unternehmen einen höheren Lohn durchsetzen.

Die Analyse des Einflusses der Verhandlungsmacht der Gewerkschaft im Fall nicht additiv separabler Inputfaktoren junger und alter Arbeiter mit sowohl positiven Kreuzableitungen als auch daraus resultierenden positiven Kreuzlohnelastizitäten zeigt Folgendes: Die notwendige und hinreichende Bedingung für einen positiven Einfluss der gewerkschaftlichen Verhandlungsmacht auf den Lohn junger Arbeiter lautet:

$$\delta\left(w_2 - \overline{v}_2\right)\left(\varepsilon_{N_1 w_1} - \varepsilon_{N_2 w_1}\right) + \alpha\gamma w_2 > 0. \tag{10.41}$$

Diese Bedingung ist insbesondere bei $\varepsilon_{N_1 w_1} \geqq \varepsilon_{N_2 w_1}$ erfüllt, da $\left(w_2 - \overline{v}_2\right) > 0$. Aus ökonomischer Sicht ist davon auszugehen, dass der Einfluss des Lohns junger Arbeiter auf die Beschäftigung junger Arbeiter stärker ist als der Einfluss des Lohns junger Arbeiter auf die Beschäftigung alter Arbeiter. Anders gesprochen, sollte die Lohnelastizität der Arbeitsnachfrage größer sein als die Kreuzlohnelastizität. Folglich gilt auch hier $\frac{\partial w_1}{\partial \beta} > 0$. Für den positiven Einfluss der gewerkschaftlichen Verhandlungsmacht auf den Lohn alter Arbeiter ergibt sich ebenfalls eine notwendige und hinreichende Bedingung:

$$\alpha\gamma\left(w_1 - \overline{v}_1\right)\left(\varepsilon_{N_2 w_2} - \varepsilon_{N_1 w_2}\right) + \delta w_1 > 0. \tag{10.42}$$

Hierbei gilt die analoge Argumentation wie zuvor. Es ist davon auszugehen, dass gilt: $\varepsilon_{N_2 w_2} \geqq \varepsilon_{N_1 w_2}$. Unter dieser hinreichenden Bedingung ergibt sich eindeutig $\frac{\partial w_2}{\partial \beta} > 0$. Der Lohn alter Arbeiter steigt mit der Verhandlungsmacht der Gewerkschaft.

Welche Veränderungen ergeben sich bei der Betrachtung des Grenzfalls einer gewerkschaftlichen Verhandlungsmacht von $\beta = 1$, wenn also die gesamte Verhandlungsmacht bei der Gewerkschaft liegt? Die Gleichungen (10.35) und (10.37) für die Löhne junger und alter Arbeiter auf der Mikroebene sind dabei zu modifizieren. Es ergeben sich identische Gleichungen wie im Monopolgewerkschaftsmodell, also Gleichungen (10.16) und (10.17), womit selbstverständlich auch die im vorherigen Kapitel abgeleiteten Aussagen der dort durchgeführten Analyse gelten. Sofern die Gewerkschaft die gesamte Verhandlungsmacht besitzt, konvergiert das Ergebnis des Verhandlungsansatzes zu dem Resultat im Monopolgewerkschaftsmodell. Die Gewerkschaft muss nicht mehr verhandeln, wenn das Unternehmen über keinerlei Verhandlungsmacht verfügt. Sie kann den nutzenmaximalen Lohn nach ihren Vorstellungen setzen. Folglich schließt der in dieser Arbeit entwickelte Verhandlungsansatz mit zwei Gruppen von Arbeitern das

Monopolgewerkschaftsmodell als Spezialfall ein, was aus der Theorie der Lohnverhandlungen bereits bekannt ist (siehe beispielsweise Booth, 1996; Goerke und Holler, 1997 sowie Michaelis, 1998). Die bei der Analyse des Monopolgewerkschaftsmodells abgeleiteten Aussagen gelten demnach weitgehend auch im Verhandlungsansatz.

Für die Aggregation auf die Makroebene sind wiederum die bereits ausführlich angesprochenen Alternativeinkommen beider Gruppen, $\bar{v}_1$ sowie $\bar{v}_2$, zu endogenisieren. Um bestimmte Fragestellungen durch die Analyse der Auswirkungen einzelner Parameterveränderungen auf die gleichgewichtigen Werte der endogenen Variablen analysieren zu können, müsste das Gleichungssystem, bestehend aus zwei Lohnsetzungs- und zwei Arbeitsnachfragegleichungen, nach den vier endogenen Variablen, den Löhnen und Arbeitslosenraten beider Gruppen, gelöst werden. Diese 4x4-Matrix ist aufgrund der Komplexität insbesondere der Lohnsetzungsgleichungen indes nicht eindeutig zu lösen. In solchen Fällen besteht die Möglichkeit, mittels der Methode der Simulation Aussagen ableiten zu können. Dabei werden für die einzelnen exogenen Parameter der Modellgleichungen konkrete Zahlenwerte eingesetzt, um anschließend das Gleichungssystem nach den endogenen Variablen numerisch zu lösen. Im folgenden Kapitel wird eine solche Simulation mit dem Gleichungssystem des in diesem Kapitel entwickelten Verhandlungsansatzes durchgeführt, die Ergebnisse werden dargestellt und interpretiert.

Warum wird in der vorliegenden Arbeit der Verhandlungsansatz und nicht das Monopolgewerkschaftsmodell simuliert? Wie wir bereits abgeleitet haben, beinhaltet das Verhandlungsmodell den Monopolgewerkschaftsansatz als Spezialfall. In der Realität werden die Löhne durch Arbeitnehmer- und Arbeitgebervertreter ausgehandelt. Demnach hat die Verteilung der Verhandlungsmacht in der Realität einen Einfluss auf das Resultat der Verhandlungen. Folglich sollte in dem Simulationsmodell die Verhandlungsmacht integriert sein. Außerdem kann somit analysiert werden, welchen Einfluss die Veränderung der Verhandlungsmacht der Parteien auf die Löhne und Arbeitslosenraten erzeugt. Dies ist bei der Simulation des Monopolgewerkschaftsmodells indes nicht möglich. Darüber hinaus basiert der in Kapitel 9 dargestellte Ansatz von Pissarides (1989) ebenfalls auf einem Verhandlungsmodell. Wie bereits ausführlich diskutiert, verhandeln bei Pissarides (1989) Gewerkschaften und Unternehmen simultan über Lohn und Beschäftigung. Ein Ziel der vorliegenden Analyse ist es, die von Pissarides (1989) in seinem Ansatz der effizienten Kontrakte abgeleiteten Resultate auf die Robustheit bezüglich der unterstellten Modellannahmen zu überprüfen.

Zur besseren Vergleichbarkeit sollte deshalb das hier entwickelte Verhandlungsmodell simuliert werden und nicht das Monopolgewerkschaftsmodell.
Aus den dargestellten Gründen und weil darüber hinaus in der Literatur
das Verhandlungsmodell als der relevantere Ansatz angesehen wird, soll im
folgenden Kapitel die Simulation mit dem hier entwickelten Verhandlungsansatz durchgeführt werden.

10.3   Simulation

Die in diesem Kapitel dargestellte Simulation baut auf dem zum Ende
des vorhergehenden Kapitels angesprochenen, bereits abgeleiteten System
von vier Gleichungen mit vier Unbekannten auf. Das Gleichungssystem besteht aus zwei Lohnsetzungs- und zwei Arbeitsnachfragegleichungen für junge und alte Arbeiter. Es werden weiterhin lineare Nutzenfunktionen für
die Arbeiter unterstellt, mit $v\,(w_i) = w_i$. Als Produktionsfunktion würde
sich zur besseren Vergleichbarkeit anbieten, zunächst die gleiche Funktion zu verwenden, die Pissarides (1989) in seinem Modell verwendet hat:
$F\,(N_1, N_2) = (N_1 + N_2)^\gamma$. Bei Pissarides (1989) wird perfekte Substituier-
barkeit zwischen jungen und alten Arbeitern unterstellt. Relevant ist lediglich die Summe der eingesetzten Arbeiter, nicht jedoch die altersbezogene
Struktur. Über die Höhe der Beschäftigung junger und alter Arbeiter wird
indes verhandelt. In dem hier simulierten Right-to-Manage-Ansatz wird lediglich über die Löhne verhandelt. Die Wahl der Höhe der Beschäftigung
junger und alter Arbeiter liegt exklusiv bei dem Unternehmen. Weisen junge
und alte Arbeiter gleiche Produktivitäten auf, so ergibt sich, wie wir gesehen
haben, für alte Arbeiter ein höherer Lohn im Vergleich zu jungen Arbeitern,
sofern die Gewerkschaft mehr Wert auf die Interessen alter Arbeiter legt. In
dem Fall mit perfekten Substituten besteht die gewinnmaximale Strategie
eines Unternehmens darin, lediglich junge Arbeiter zu beschäftigen, da diese
bei gleicher Produktivität einen niedrigeren Lohn erhalten. Es werden erst
dann alte Arbeiter eingestellt, wenn auf dem Arbeitsmarkt keine jungen
Arbeiter mehr zur Verfügung stehen. Theoretisch bedeutet dies, dass Eck-
lösungen zu Stande kommen. Bei Pissarides (1989) sind die Ecklösung nicht
relevant, da die Beschäftigung Bestandteil der Verhandlung ist. Die Unternehmen können nicht eigenständig entscheiden, lediglich junge Arbeiter zu
beschäftigen.

Aufgrund der dargestellten Problematik wird in der Simulation eine
Produktionsfunktion verwendet, die die im theoretischen Modell unterstell-

ten Annahmen aufweist, was bei folgender Produktionsfunktion vom Cobb-Douglas-Typ der Fall ist:

$$F\left(N_1, N_2\right) = N_1^{\gamma} \cdot N_2^{\delta}. \tag{10.43}$$

Bei dieser Spezifikation sind junge und alte Arbeiter keine perfekten Substitute, die Kreuzableitungen sind positiv und die Lohnquoten beider Gruppen sind konstant in Höhe von γ bzw. δ.

Die Beschäftigung der Gruppe i in der gesamten Volkswirtschaft wird dargestellt als:

$$N_i = \left(1 - u_i\right) L_i. \tag{10.44}$$

Die Arbeitslosenrate einer Gruppe wird bekanntlich mit u_i bezeichnet. L_i stellt die Gesamtzahl Erwerbsfähiger einer Gruppe dar, folglich ist der Anteil $(1 - u_i)$ einer Gruppe in der Volkswirtschaft beschäftigt.

10.3.1 Das Szenario junior jobs

Die Simulation fokussiert zunächst auf den Fall junior jobs, wofür sich zumindest zwei Gründe anführen lassen. Zum einen soll ein Vergleich der Ergebnisse des Modells mit effizienten Kontrakten gegenüber den Ergebnissen des Right-to-Manage-Ansatzes erfolgen. Das Modell von Pissarides (1989) mit dem Ansatz der effizienten Kontrakte erzeugt speziell bei der Unterstellung des Szenarios junior jobs ein unorthodoxes, aber zu hinterfragendes Ergebnis. Wenn die Gewerkschaften den Interessen der Gruppe alter Arbeiter ein stärkeres Gewicht beimessen und demnach gemäß einer Senioritätsregel handeln, dann sind die ausgehandelten Löhne der alten Arbeiter immer größer als die Löhne junger Arbeiter. Jedoch ist trotz der höheren Löhne die Arbeitslosenrate alter Arbeiter niedriger als die Arbeitslosenrate der jungen Arbeiter. Für die vorliegende Analyse ist von besonderem Interesse, zu untersuchen, ob dieses Resultat in einem Right-to-Manage-Modell ebenfalls Bestand hat oder ob es dem spezifischen Ansatz der effizienten Kontrakte geschuldet ist.

Zum anderen ist die Analyse des Falls junior jobs mit der Einschätzung zu begründen, dieser Fall sei der realistischere, weshalb in der theoretischen Darstellung im vorherigen Kapitel ebenfalls das Szenario junior jobs unterstellt wurde. Das Prinzip der Entlohnung nach dem Szenario senior jobs, bei dem das Alter die entscheidende Rolle spielt, ist in Deutschland überwiegend im öffentlichen Dienst anzutreffen. Im weitaus größeren Teil der deutschen Volkswirtschaft wird hingegen bei der Entlohnung die Dauer der Betriebszu-

gehörigkeit berücksichtigt, nicht das Alter. Der Lohn steigt hierbei mit der
Länge der Betriebszugehörigkeit. Ein neu eingestellter Arbeiter wird demnach in eine niedrigere Lohngruppe einsortiert gegenüber vergleichbaren Arbeitern mit längerer Betriebszugehörigkeit, was in der vorliegenden Analyse
dem Szenario junior jobs entspricht. Da der Sektor der privaten Wirtschaft
wesentlich größer ist als der Sektor des öffentlichen Dienstes, kann folglich
der Fall junior jobs als der realistischere eingeschätzt werden. Berücksichtigt man darüber hinaus, dass in dem zuletzt abgeschlossenen Tarifvertrag
für den öffentlichen Dienst eine Abschwächung des Prinzips der Entlohnung
nach dem Alter vereinbart wurde, wird diese Einschätzung zusätzlich ge-
stützt (siehe OECD, 2005 und Eichhorst, 2006). Die empirische Literatur
über die Lohneffekte bei einer Wiedereinstellung untermauert diese Ansicht
ebenfalls. Müssen Arbeitslose bei einer Wiedereinstellung eine Lohnreduktion akzeptieren oder können sie den gleichen Lohn erzielen wie vor der
Entlassung? Die empirische Forschung zeigt ein eindeutiges Ergebnis. Vormals Arbeitslose erzielen nach einer Wiedereinstellung einen substanziell
niedrigeren Lohn als vor der Entlassung (siehe beispielsweise Farber, 1993;
Mavromaras und Rudolph, 1997; Burda und Mertens, 2001; Farber, 2003
sowie Farber, 2005). Dies lässt eindeutig auf ein in der Empirie praktiziertes
Entlohnungsprinzip schließen, bei dem die Dauer der Betriebszugehörigkeit
berücksichtigt wird, was wiederum mit dem im Folgenden verwendeten Fall
der junior jobs korrespondiert.

Unterstellt man die in diesem Kapitel diskutierten Modellspezifikationen, so ergibt sich aus den beiden Lohnsetzungsgleichungen (10.33) und
(10.34) sowie aus den Arbeitsnachfragegleichungen für jede Gruppe aus
Gleichung (10.32) nach diversen Umformungen das folgende System von
vier Gleichungen mit vier Unbekannten:

$$w_1 = \frac{\alpha\left[\beta\left(1-\delta\right) + \gamma\left(1-\beta\right)\right] w_2 w_1 \left(1 - u_1 \left(1 - \rho_1\right)\right)}{\alpha\gamma w_2 + \delta\left(w_2 - w_1 \left(1 - u_2 \left(1 - \rho_2\right)\right)\right)} \tag{10.45}$$

$$w_2 = \frac{\left[\beta\left(1-\gamma\right) + \delta\left(1-\beta\right)\right] w_1 \left(1 - u_2 \left(1 - \rho_2\right)\right)}{\delta + \alpha\gamma u_1 \left(1 - \rho_1\right)} \tag{10.46}$$

$$w_1 = \gamma\left[\left(1 - u_1\right) L_1\right]^{\gamma-1} \cdot \left[\left(1 - u_2\right) L_2\right]^{\delta} \tag{10.47}$$

$$w_2 = \delta\left[\left(1 - u_2\right) L_2\right]^{\delta-1} \cdot \left[\left(1 - u_1\right) L_1\right]^{\gamma}. \tag{10.48}$$

Anhand dieser Gleichungen wird die Simulation durchgeführt. Wie bereits
angedeutet, werden bei der Simulation für die exogenen Parameter konkrete
Zahlenwerte eingesetzt, um anschließend das Gleichungssystem nach den

vier endogenen Variablen, Löhne und Arbeitslosenraten für junge und alte Arbeiter, numerisch zu lösen. Die Ausgangswerte der exogenen Parameter werden wie folgt spezifiziert:

$$\alpha = 1$$
$$\gamma = 0,3$$
$$\delta = 0,3$$
$$\rho_1 = 0,6$$
$$\rho_2 = 0,6$$
$$L_1 = 1$$
$$L_2 = 1$$
$$\beta = 0,5.$$

In der Ausgangssimulation berücksichtigt die Gewerkschaft die Interessen junger und alter Arbeiter gleich, $\alpha = 1$. Die Produktionselastizitäten beider Gruppen werden ebenfalls als identisch unterstellt, was wiederum identische Lohnquoten impliziert. Wichtig hierbei ist zu berücksichtigen, dass die Summe der Produktionselastizitäten kleiner eins sein muss, aufgrund der bereits angesprochenen Notwendigkeit abnehmender Skalenerträge. Die Lohnersatzquote für Arbeitslose wird mit $0,6$ spezifiziert. Um bei späteren Variationen zwischen einer Lohnersatzquote für junge und alte Arbeiter unterscheiden zu können, wird die Lohnersatzquote junger Arbeiter mit ρ_1 und die alter Arbeiter mit ρ_2 dargestellt. Die Gesamtzahl junger und alter erwerbsfähiger Personen in der Volkswirtschaft ist gleich und wird auf 1 normiert. Wie wir sehen werden, wird die demografische Entwicklung später modelliert, indem die Annahme gleicher Gruppengrößen aufgegeben wird. Des Weiteren wird in der Simulation unterstellt, Unternehmen und Gewerkschaft hätten eine gleich starke Verhandlungsmacht, $\beta = 0,5$. Wäre dies nicht der Fall, so würde sich lediglich an den Niveaus der einzelnen endogenen Größen etwas verändern. Die Ergebnisse bezüglich der relativen Auswirkungen von Parameterveränderungen würden hingegen bestehen bleiben. In einer der simulierten Varianten werden die Auswirkungen einer Veränderung der Verhandlungsmacht analysiert.[8]

Ausgangssimulation
Die Ergebnisse der Ausgangssimulation mit den oben dargestellten Werten der exogenen Parameter spiegeln die Aussagen wider, die im theoretischen Modell abgeleitet wurden. In der Ausgangssimulation werden die

---

[8]Die nachfolgend dargestellten Simulationen wurden mit Mathematica® im FindRoot-Verfahren berechnet. Die Notebook-Dateien können vom Autor angefordert werden.

Gruppen junger und alter Arbeiter mit identischen ökonomischen Charakteristika modelliert. Mitglieder beider Gruppen weisen die gleiche Produktivität auf, die Gruppengrößen sind gleich und die Gewerkschaft bewertet die Interessen aller Mitglieder gleich stark. Folglich sind die ausgehandelten Löhne für junge und alte Arbeiter identisch ($w_1 = w_2 = 0,4441$), was wiederum gleiche Arbeitslosenraten für beide Gruppen impliziert ($u_1 = u_2 = 0,625$). Dieses intuitive Ergebnis ist wenig überraschend, da es ökonomisch keine Erklärung dafür gäbe, für identische Arbeiter unterschiedliche Löhne auszuhandeln. Für ein Unternehmen ist es sodann gewinnmaximal, bei identischen Löhnen und gleichen Produktivitäten von beiden Gruppen gleich viel Arbeiter zu beschäftigen.

Das dargestellte Ergebnis der Simulation des Right-to-Manage-Modells steht in Übereinstimmung zu dem Ergebnis bei Pissarides (1989) mit dem Ansatz effizienter Kontrakte. Konkrete Zahlenwerte können hingegen nicht verglichen werden. Dazu müsste das Modell von Pissarides (1989) ebenfalls simuliert werden. Jedoch erbringt diese Simulation keine stabilen Ergebnisse. Folglich können die konkreten Zahlenwerte nicht miteinander verglichen werden und man muss sich auf den Vergleich der Ergebnisse der Simulation mit den theoretischen Ergebnissen aus den Kapiteln 9 bis 9.5 beschränken.

Die Gewerkschaft legt mehr Wert auf die Interessen alter Arbeiter
Wie ändern sich die zuvor dargestellten Ergebnisse, wenn in die Nutzenfunktion der Gewerkschaft der Nutzen der alten Arbeiter mit einem stärkeren Gewicht eingeht als der Nutzen junger Arbeiter? Diese Art einer Senioritätsregel wird in der vorliegenden Analyse bekanntlich modelliert durch den Gewichtungsfaktor $\alpha < 1$. Alle anderen exogenen Parameter verändern sich gegenüber der Ausgangssimulation nicht. Als Resultat ergibt sich ein höherer Lohn für alte Arbeiter gegenüber dem Lohn der Gruppe junger Arbeiter (siehe Tabelle 10.1). Dieses Ergebnis steht in Übereinstimmung zu dem Resultat bei Pissarides (1989). Bei dem simulierten Right-to-Manage-Modell ist darüber hinaus die Arbeitslosenrate alter Arbeiter größer als die Arbeitslosenrate junger Arbeiter, was sich wie folgt erklärt: Die Unternehmen wählen bei diesem Ansatz die gewinnmaximale Arbeitseinsatzmenge an alten und jungen Arbeitern gemäß der Grenzproduktivitätsentlohnung unter der Berücksichtigung des ausgehandelten Lohns. Folglich wählen sie einen Punkt auf der jeweiligen Arbeitsnachfragekurve einer jeden Gruppe. Bei gleichen Produktivitäten weisen die Arbeitsnachfragekurven junger und alter Arbeiter den gleichen Verlauf auf. Der fallende Verlauf der Arbeitsnachfragekurven impliziert bekanntlich eine negative Beziehung zwischen dem Lohn und der gewinnmaximalen Arbeitseinsatzmenge. Je höher der

α	w_1	w_2	w_2/w_1	u_1	u_2	u_2/u_1
1	$0,4441$	$0,4441$	$1,0$	$0,6250$	$0,6250$	$1,0$
$0,95$	$0,4174$	$0,4354$	$1,0431$	$0,5757$	$0,5932$	$1,0304$
$0,9$	$0,3925$	$0,4274$	$1,0891$	$0,5208$	$0,5600$	$1,0753$
$0,85$	$0,3691$	$0,4202$	$1,1386$	$0,4596$	$0,5253$	$1,1431$
$0,8$	$0,3470$	$0,4135$	$1,1919$	$0,3906$	$0,4887$	$1,2511$
$0,75$	$0,3260$	$0,4073$	$1,2496$	$0,3125$	$0,4498$	$1,4395$
$0,7$	$0,3059$	$0,4015$	$1,3125$	$0,2262$	$0,4082$	$1,8286$

Tabelle 10.1: Reduktion von alpha

Lohn, umso geringer ist die nachgefragte Menge an Arbeitern. Da der Lohn der alten Arbeiter größer ist als der Lohn junger Arbeiter impliziert dies eine geringere Nachfrage der Unternehmen nach alten Arbeitern. Bei gleichen Gruppengrößen weist demnach die Gruppe der alten Arbeiter eine höhere Arbeitslosenrate auf als die Gruppe der jungen Arbeiter.

Dieses Ergebnis des hier entwickelten Right-to-Manage-Ansatzes steht im krassen Gegensatz zu dem Resultat bei Pissarides (1989). Die Arbeitslosenrate der alten Arbeiter ist bei Pissarides (1989) geringer als die Arbeitslosenrate junger Arbeiter, obwohl alte Arbeiter einen höheren Lohn aufweisen.[9] Folglich kann dieser unorthodoxe Befund des Modells der effizienten Kontrakte nicht verallgemeinert werden. Ein Agieren der Gewerkschaften gemäß der dargestellten Senioritätsregel führt zwar in jedem Fall zu einem höheren Lohn für alte Arbeiter im Vergleich zu jungen Arbeitern. Ob jedoch die Beschäftigung der einen oder der anderen Gruppe höher ist, wird durch die Art der Verhandlung determiniert. In Kapitel 10 wurde bereits die empirische Relevanz der beiden unterschiedlichen Verhandlungsansätze diskutiert. Kurz zusammengefasst ist davon auszugehen, dass in der Realität Arbeitnehmer- und Arbeitgebervertreter in der Regel keine effizienten Kontrakte über konkrete Lohn- und Beschäftigungsvereinbarungen schließen. Die Wahl der Beschäftigung verbleibt weitestgehend im Entscheidungsbereich der Unternehmen. Richten die Gewerkschaften ihre Verhandlungen zumindest tendenziell nach der besagten Senioritätsregel aus, so impliziert dies einen höheren Lohn für die alten Arbeiter, jedoch erkauft durch eine höhere Arbeitslosenrate dieser Gruppe, jeweils im Vergleich zur Gruppe junger Arbeiter. Insgesamt zeigen die in Tabelle 10.1 dargestellten Ergebnisse, dass sowohl die Löhne als auch die Arbeitslosenraten beider Gruppen durch die

---

[9] Zur ökonomischen Erklärung dieses nicht zu erwartenden Ergebnisses siehe Kapitel 9.4.

Anwendung einer Senioritätsregel sinken. Legen die Gewerkschaften weniger Wert auf die Belange junger Arbeiter (α sinkt), so sinkt der Lohn für diese Gruppe. Durch die Reduktion von w_1 sinkt die Arbeitslosenrate junger Arbeiter. Das Sinken des Lohns w_1 impliziert darüber hinaus eine Reduktion des Alternativeinkommens alter Arbeiter: $\bar{v}_2 = w_1 (1 - u_2 (1 - \rho_2))$. Folglich sinkt der ausgehandelte Lohn w_2, wodurch auch die Arbeitslosenrate u_2 sinkt.

Der Einfluss des demografischen Wandels der Gesellschaft
Der demografische Wandel äußert sich in vielen Ausprägungen. In dem vorliegenden Teil der Arbeit ist die Veränderung der Altersstruktur der Erwerbsbevölkerung von besonderem Interesse. Aufgrund der Alterung der Gesellschaft wird der Anteil älterer Arbeiter an der gesamten Erwerbsbevölkerung in den meisten Industrieländern steigen. Welche Auswirkungen hat dies auf die Lohnverhandlungen und die Arbeitslosenraten junger und alter Arbeiter, wenn das Right-to-Manage-Modell unterstellt wird?

In dem verwendeten Analyserahmen wird eine Veränderung der Struktur der Erwerbsbevölkerung modelliert über eine Veränderung der Relation der Parameter L_1 und L_2, also eine Veränderung der Relation der Zahl der Erwerbsfähigen beider Gruppen. Da aufgrund des demografischen Wandels der Gesellschaft die Zahl alter Arbeiter relativ zur Zahl junger Arbeiter steigen wird, steigt demnach die Relation L_2/L_1. Hierbei bestehen mehrere Möglichkeiten der Variation von L_2 und L_1, um eine Steigung der besagten Relation zu modellieren. Zunächst soll die Variante betrachtet werden, die bei Pissarides (1989) ebenfalls analysiert wurde. Dies bedeutet, die Gesamtzahl der potenziell Erwerbstätigen bleibt konstant, lediglich die Struktur ändert sich. Folglich steigt die Zahl der erwerbsfähigen alten Arbeiter L_2, während im gleichen Umfang die Zahl der jungen potenziell Erwerbstätigen L_1 sinkt. Welche Auswirkungen hat dies auf die Löhne und Arbeitslosenraten beider Gruppen, wenn ansonsten alle exogenen Parameter der Variante gelten, bei der die Gewerkschaften mehr Wert auf die Belange alter Arbeiter legen?

Die Löhne beider Gruppen steigen, wobei jedoch die Lohnrelation w_2/w_1 sinkt (siehe Tabelle 10.2). Der Lohn der jungen Arbeiter steigt stärker als der Lohn der alten Arbeiter. Für junge Arbeiter bleibt die Arbeitslosenrate konstant, während die Arbeitslosenrate alter Arbeiter steigt, wodurch folglich auch die Relation der Arbeitslosenraten u_2/u_1 steigt. Die ökonomische Intuition dieser Veränderungen ist folgende: Wenn die Zahl der potenziell erwerbstätigen jungen Arbeiter sinkt und die Zahl der alten Arbeiter steigt, so sinkt ceteris paribus zum einen die Arbeitslosenrate der jungen

$\alpha = 0,8$	w_1	w_2	w_2/w_1	u_1	u_2	u_2/u_1
$L_1 = L_2 = 1$	$0,3470$	$0,4135$	$1,1919$	$0,3906$	$0,4887$	$1,2511$
$L_1 = 0,9;\ L_2 = 1,1$	$0,3661$	$0,4198$	$1,1466$	$0,3906$	$0,5652$	$1,4468$
$L_1 = 0,8;\ L_2 = 1,2$	$0,3879$	$0,4292$	$1,1065$	$0,3906$	$0,6328$	$1,6201$
$L_1 = 0,7;\ L_2 = 1,3$	$0,4133$	$0,4424$	$1,0705$	$0,3906$	$0,6935$	$1,7753$
$L_1 = 0,6;\ L_2 = 1,4$	$0,4437$	$0,4605$	$1,0380$	$0,3906$	$0,7484$	$1,9159$

Tabelle 10.2: Veränderung der Struktur der Erwerbsbevölkerung bei konstanter Gesamtzahl potenziell Erwerbstätiger

und zum anderen steigt die Arbeitslosenrate der alten Arbeiter. Bei einer geringeren Arbeitslosenrate u_1 verbessert sich die Verhandlungsposition der Gewerkschaft bezüglich dieser Gruppe. Es wird für freigesetzte junge Arbeiter leichter, eine Neuanstellung in einem anderen Unternehmen zu finden. Das Alternativeinkommen steigt durch die reduzierte Arbeitslosenrate u_1. Folglich steigt der ausgehandelte Lohn für diese Gruppe. Mit steigendem Lohn sinkt wiederum die Beschäftigung. Im Endeffekt bleibt die Arbeitslosenrate gegenüber dem Szenario vor dem demografischen Wandel konstant, die Reduktion der Arbeitslosenrate aufgrund des Rückgangs der Erwerbstätigen wird demnach vollständig kompensiert. Auf die ökonomische Intuition dieses Resultats wird noch näher eingegangen.

Der Anstieg des Lohns junger Arbeiter impliziert eine Erhöhung des Alternativeinkommens alter Arbeiter, $\overline{v}_2 = w_1\left(1 - u_2\left(1 - \rho_2\right)\right)$. Die Erhöhung der Arbeitslosenrate alter Arbeiter aufgrund des Anstiegs der Anzahl alter Erwerbsfähiger L_2 reduziert hingegen das Alternativeinkommen alter Arbeiter, so dass zwei gegenläufige Effekte wirken. Der erste Effekt dominiert jedoch, da der Lohn alter Arbeiter steigt. Folglich muss das Alternativeinkommen $\overline{v}_2$ gestiegen sein. Für diese Gruppe wird demnach ein höherer Lohn ausgehandelt, obwohl das Angebot an alten Arbeitern gestiegen ist. Der Lohnanstieg forciert darüber hinaus den Anstieg der Arbeitslosenrate u_2.

Warum reagiert der Lohn junger Arbeiter auf die Bevölkerungsveränderungen exakt so, dass nach Abschluss aller Anpassungsreaktionen die Arbeitslosenrate junger Arbeiter konstant bleibt? Wie wir in Kapitel 10.1 gesehen haben, ist die Lohnsetzungskurve für junge Arbeiter im Monopolgewerkschaftsmodell im w_1, u_1-Diagramm eine Vertikale, wobei u_1 durch die exogenen Variablen auf der rechten Seite von Gleichung (10.23) determiniert wird. Diese vertikale Lohnsetzungskurve wird insbesondere nicht determiniert durch den Lohn w_1, den Lohn w_2 oder die Arbeitslosenrate

u_2. Variationen von Parametern, die zwar Veränderungen in w_1, w_2 oder u_2 implizieren, aber die nicht Gleichung (10.23) determinieren, erzeugen demnach keine Veränderung der Arbeitslosenrate u_1. Da dies offensichtlich auch im Fall des hier simulierten Verhandlungsansatzes gilt, bedeutet dies, dass in diesem Ansatz die Lohnsetzungskurve junger Arbeiter ebenfalls eine Vertikale im w_1, u_1-Diagramm mit den gleichen soeben dargestellten Eigenschaften ist. Ökonomisch bedeutet dies im Fall einer Reduktion der Anzahl potenziell erwerbstätiger junger Arbeiter L_1 Folgendes: Die dadurch ausgelöste Reduktion der Arbeitslosenrate u_1 bei zunächst konstanter Beschäftigtenzahl junger Arbeiter erzeugt, wie oben bereits dargestellt, einen höheren Lohn, was einer Bewegung auf einer negativ geneigten Lohnsetzungskurve entspricht. Aufgrund der Annahme einer konstanten Lohnersatzquote wird die Lohnerhöhung durch die Politik beantwortet mit einer gleichstarken Erhöhung des Arbeitslosengeldes. Die negativ geneigte Lohnsetzungskurve wird dadurch nach oben verschoben, da das Arbeitslosengeld ein Lageparameter der Lohnsetzungskurve ist. Daraus resultiert sodann eine vertikale Lohnsetzungskurve mit einer konstanten Arbeitslosenrate u_1. Wie wir sehen werden, gilt dieser Anpassungsmechanismus ebenfalls für alle weiteren simulierten Variationen des demografischen Wandels. Darüber hinaus wird deutlich, dass simulierte Variationen in Parametern, die Gleichung (10.23) determinieren, Veränderungen der Arbeitslosenrate u_1 erzeugen.

Dieses Resultat mit den dargestellten Veränderungen der einzelnen Variablen ist völlig konträr zu dem Ergebnis bei Pissarides (1989), was eine zentrale Erkenntnis dieser Untersuchung darstellt. In der Analyse mit dem Ansatz der effizienten Kontrakte sinken sowohl beide Lohnsätze als auch beide Arbeitslosenraten.[10] Somit beruht das dort abgeleitete Ergebnis auf dem speziellen Ansatz der effizienten Kontrakte und kann nicht verallgemeinert werden. Wie wir gesehen haben, liefert die Analyse mit Hilfe des in der Realität als bedeutsamer einzustufenden Right-to-Manage-Modells gegensätzliche Resultate. Demnach ist nicht davon auszugehen, dass die Veränderung der Altersstruktur der Erwerbsbevölkerung die vorherrschende Altersarbeitslosigkeit reduzieren wird. Vielmehr ist eine Erhöhung der Arbeitslosenrate alter Arbeiter infolge der Alterung der Gesellschaft zu erwarten, zumindest unter ansonsten gleichen Bedingungen.

Die Alterung der Gesellschaft führt zu einer Veränderung der Struktur der Erwerbsbevölkerung, die Relation älterer Arbeiter zu jüngeren Arbeitern wird steigen. Und zusätzlich gilt: die Gesamtzahl der potenziell Erwerbstätigen wird sinken (siehe Börsch-Supan, 2003). Zuvor wurde jedoch

---

[10]Siehe Kapitel 9.5.

die Veränderung der Altersstruktur der potenziell Erwerbstätigen modelliert, indem die Zahl der alten Arbeiter gestiegen ist, während im gleichen Ausmaß die Zahl der jungen Arbeiter sank. Die Gesamtzahl der Erwerbsfähigen blieb hingegen konstant. Die Simulation einer Reduktion der Gesamtzahl potenziell Erwerbstätiger, modelliert als eine Reduktion von L_1 bei einem konstanten L_2, erzeugt in der Tendenz die gleichen Ergebnisse wie die zuvor dargestellte Simulation mit konstanter potenzieller Erwerbstätigenzahl (siehe Tabelle 10.3). Die Löhne wie auch die Arbeitslosenraten

$\alpha = 0,8$	w_1	w_2	w_2/w_1	u_1	u_2	u_2/u_1
$L_1 = L_2 = 1$	$0,3470$	$0,4135$	$1,1919$	$0,3906$	$0,4887$	$1,2511$
$L_1 = 0,9; L_2 = 1$	$0,3642$	$0,4251$	$1,1673$	$0,3906$	$0,5302$	$1,3572$
$L_1 = 0,8; L_2 = 1$	$0,3843$	$0,4388$	$1,1419$	$0,3906$	$0,5731$	$1,4671$
$L_1 = 0,7; L_2 = 1$	$0,4082$	$0,4554$	$1,1155$	$0,3906$	$0,6176$	$1,5811$
$L_1 = 0,6; L_2 = 1$	$0,4374$	$0,4759$	$1,0880$	$0,3906$	$0,6640$	$1,6997$

Tabelle 10.3: Veränderung der Struktur der Erwerbsbevölkerung mit Reduktion der Gesamtzahl potenziell Erwerbstätiger

beider Gruppen reagieren in die gleiche Richtung wie zuvor und auch die Veränderung der jeweiligen Relationen ist gleich. Um die Stärke der Reaktionen in beiden Varianten des modellierten demografischen Wandels vergleichen zu können, ist es notwendig, gleiche relative Veränderungen der Erwerbsbevölkerung zu analysieren. Es muss folglich eine Veränderung der Struktur der Erwerbsbevölkerung bei konstanter Gesamtzahl potenziell Erwerbstätiger verglichen werden mit einer identischen relativen Veränderung der Erwerbsbevölkerungsstruktur, jedoch bei einer Reduktion der Gesamtzahl Erwerbsfähiger. Zur besseren Veranschaulichung sind die Resultate eines solchen Vergleichs in Tabelle 10.4 zusammengefasst. Wie man sieht,

$\alpha = 0,8$	w_1	w_2	w_2/w_1	u_1	u_2	u_2/u_1
$L_1 = L_2 = 1$	$0,3470$	$0,4135$	$1,1919$	$0,3906$	$0,4887$	$1,2511$
$L_1 = 0,8; L_2 = 1,2$	$0,3879$	$0,4292$	$1,1065$	$0,3906$	$0,6328$	$1,6201$
$L_1 = 0,6; L_2 = 1$	$0,4374$	$0,4759$	$1,0880$	$0,3906$	$0,6640$	$1,6997$

Tabelle 10.4: Vergleich der Veränderung der Struktur der Erwerbsbevölkerung ohne und mit Reduktion der Gesamtzahl potenziell Erwerbstätiger

sind die Reaktionen in der Variante mit sinkender Gesamtzahl potenziell Erwerbstätiger ($L_1 = 0,6$ und $L_2 = 1$) jeweils stärker ausgeprägt als in der Variante mit konstanter Gesamtzahl ($L_1 = 0,8$ und $L_2 = 1,2$), was

wie folgt zu erklären ist: Im ersten Szenario muss die Zahl erwerbsfähiger
junger Arbeiter stärker sinken als in der zweiten Variante (L_1 sinkt auf $0, 6$
gegenüber $0, 8$ im zweiten Szenario). Demnach sinkt im ersten Szenario die
Arbeitslosenrate junger Arbeiter als Anstoßeffekt stärker. Somit verbessert
sich die Verhandlungsposition der Gewerkschaften in der ersten Variante
stärker, das Alternativeinkommen steigt höher. Folglich können die Gewerkschaften einen relativ höheren Lohn w_1 aushandeln. Aufgrund der Annahme
konstanter Lohnersatzquoten steigt dadurch das Arbeitslosengeld, woraus
wiederum eine vertikale Lohnsetzungskurve resultiert. Die Arbeitslosenrate u_1 bleibt im Endeffekt konstant. Der Anstieg von w_1 impliziert hingegen
eine relative Verbesserung der Gruppe junger Arbeiter gegenüber der Gruppe alter Arbeiter. Deren Alternativeinkommen steigt mit w_1. Somit werden
die Gewerkschaften einen höheren Lohn für alte Arbeiter aushandeln. Dies
lässt wiederum die Arbeitslosenrate u_2 ansteigen. Da die Steigerung von w_2
in der Variante mit sinkender Gesamtzahl Erwerbsfähiger größer ist, steigt
auch die Arbeitslosenrate u_2 in diesem Szenario stärker als in der Variante
mit konstanter Gesamtzahl Erwerbsfähiger. In der Realität geht die Veränderung der Struktur der Erwerbsbevölkerung mit einer Reduktion der
Gesamtzahl Erwerbsfähiger einher. Folglich ist eine stärkere Reaktion der
Arbeitslosenrate alter Arbeiter zu erwarten, als bei der Modellierung einer
konstanten Gesamtzahl prognostiziert werden kann.

Unterschiedliche Produktionselastizitäten junger und alter Arbeiter
In der bisherigen Analyse wurden für junge und alte Arbeiter gleiche
Produktionselastizitäten unterstellt mit $\gamma = \delta$, woraus gleiche Produktivitäten resultieren, wie auch bei Pissarides (1989) beide Gruppen gleiche
Produktivitäten aufweisen. Der Zusammenhang zwischen dem Alter einer
Person und dessen Leistungsfähigkeit ist empirisch indes nicht eindeutig geklärt und ist Forschungsgegenstand unterschiedlichster Disziplinen. Studien
aus der biomedizinischen Forschung, der Psychologie und der Gerontologie
zeigen, dass mit steigendem Alter die physischen und kognitiven Fähigkeiten nachlassen (siehe Arnds und Bonin, 2003). Jedoch steigt andererseits
mit dem Alter auch die Erfahrung und damit wiederum die Produktivität
(siehe Skirbekk, 2004). Die Interdependenzen von Alter und Produktivität
sind äußerst komplex und nicht eindeutig. Darüber hinaus besteht die Problematik der Messung der Produktivität. In den jeweiligen Studien wird die
Messung der Produktivität unterschiedlich angegangen. Dabei können vier
verschiedene Herangehensweisen identifiziert werden (siehe Börsch-Supan,
Düzgün und Weiss, 2006):

1. Analyse des Zusammenhangs von Unternehmensproduktivität und dem Alter der Belegschaft.

2. Darstellung der Produktivität durch die individuellen Löhne.

3. Bewertung der Produktivität durch subjektive Einschätzungen der Vorgesetzten.

4. Direkte Maße für die Produktivität durch individuell zurechenbaren Output.

In Abhängigkeit der Art der Analyse werden unterschiedliche Ergebnisse erzeugt. Die generelle Frage, welchen Einfluss der demografische Wandel der Gesellschaft und der damit einhergehende Strukturwandel der Erwerbsbevölkerung auf die aggregierte Produktivität einer Volkswirtschaft hat, kann bis dato nicht eindeutig beantwortet werden. Die einzigen allgemeingültigen Aussagen, die getroffen werden können, sind folgende: Junge Arbeiter sind körperlich belastbarer, weniger häufig krank und können sich schneller an neue Technologien bzw. generell an neue Rahmenbedingungen anpassen. Ältere Arbeiter haben hingegen bessere betriebsspezifische Kenntnisse, sind stresserprobt und weisen eine bessere Übereinstimmung ihrer Arbeitsplätze mit ihren individuellen Fähigkeiten auf (siehe Barth, McNaught und Rizzi, 1993; Disney, 1998; Hutchens, 2001; Arnds und Bonin, 2003; Börsch-Supan, 2003; Skirbekk, 2004 sowie Börsch-Supan, Düzgün und Weiss, 2006).

In der vorliegenden Analyse soll lediglich durch parametrische Variation untersucht werden, wie sich die Ergebnisse ändern, wenn die Mitglieder einer der beiden Gruppen eine höhere Produktionselastizität aufweisen. Interessant hingegen ist in diesem Zusammenhang noch Folgendes anzumerken: Es kann davon ausgegangen werden, dass es so etwas wie eine optimale Altersstruktur der Belegschaft eines Unternehmens gibt (siehe Börsch-Supan, Düzgün und Weiss, 2006). Theoretisch gesprochen impliziert dies von null verschiedene Kreuzableitungen zwischen den Altersgruppen. Ältere und damit erfahrenere Arbeiter ergänzen sich möglicherweise gut mit jüngeren, körperlich belastbareren Arbeitern, wobei die optimale Struktur wiederum sektorspezifisch variieren kann. Der Erfahrungsaustausch allgemein und insbesondere die Weitergabe der Erfahrung ist für die aggregierte Produktivität eines Unternehmens von besonderer Bedeutung. Jedoch ist der Zusammenhang zwischen der Altersstruktur und der aggregierten Produktivität eines Unternehmens noch nicht hinreichend erforscht. Grund und Westergard-Nielsen (2005) untersuchen diesen Zusammenhang für dänische Unternehmen. Die Autoren erhalten im Ergebnis einen umgekehrten U-förmigen Verlauf. Dies bedeutet, die Produktivität wird zum einen durch eine zu starke Altershomogenität und zum anderen durch eine zu starke Altersspreizung der Belegschaft negativ beeinflusst. Jedoch wird in der genannten Studie nicht berücksichtigt, welche Alterszusammensetzung die einzelnen Gruppen eines Unternehmens aufweisen. Arbeiten alte und junge Arbeiter tatsächlich miteinander oder arbeiten innerhalb des Unternehmens weitgehend junge Arbeiter innerhalb einer jeweiligen Gruppe zusammen, wohingegen die älteren Arbeiter eigene Gruppen bilden? In diesem Fall wäre ein komplementärer Austausch mitunter gar nicht gegeben, was jedoch aus der reinen Betrachtung der Altersstruktur des gesamten Unternehmens nicht zu ersehen ist.

Zurück zur eigentlichen Analyse: Angenommen, jüngere Arbeiter weisen eine höhere Produktionselastizität auf als ältere Arbeiter. Dies kann modelliert werden, indem die Parameter γ und δ nicht mehr identisch sind. Die beiden Parameter stellen die Produktionselastizität junger bzw. alter Arbeiter dar. Je höher γ bzw. δ, umso höher ist ceteris paribus die Produktivität eines jeweiligen Gruppenmitglieds. Junge Arbeiter weisen eine höhere Produktionselastizität auf als alte Arbeiter, sofern $\gamma > \delta$ gilt. Unterstellt man dies in der Simulation bei ansonsten gleichen Parameterwerten wie in der Ausgangssimulation (mit $\alpha < 1$), so ergeben sich folgende Ergebnisse (siehe Tabelle 10.5): Die Arbeitslosenrate der Gruppe junger Arbeiter

$\alpha = 0,8$	w_1	w_2	w_2/w_1	u_1	u_2	u_2/u_1
$\gamma = \delta = 0,3$	0,3470	0,4135	1,1919	0,3906	0,4887	1,2511
$\gamma = 0,4; \delta = 0,3$	0,3831	0,4257	1,1111	0,2206	0,4739	2,1483
$\gamma = 0,5; \delta = 0,3$	0,4294	0,4491	1,0460	0,0694	0,4662	6,7132

Tabelle 10.5: Unterschiedliche Produktionselastizitäten für junge und alte Arbeiter

sinkt, während der Lohn dieser Gruppe steigt. Eine steigende Produktivität einer Gruppe erzeugt sowohl eine höhere Nachfrage nach Arbeitern dieser Gruppe als auch einen höheren Lohn. Die Arbeitslosenrate und der Lohn alter Arbeiter reagieren in die gleiche Richtung wie bei jungen Arbeitern. Jedoch ist die Reaktion der Arbeitslosenrate und des Lohns junger Arbeiter stärker. Warum sinkt hingegen die Arbeitslosenrate alter Arbeiter und warum steigt der Lohn dieser Gruppe, obwohl die Produktionselastizität alter Arbeiter konstant geblieben ist? Da die Inputfaktoren positive Kreuzableitungen aufweisen, erzeugt die höhere Nachfrage nach den produktiver gewordenen jungen Arbeitern eine gesteigerte Nachfrage nach alten Arbeitern. Die daraus resultierende Reduktion der Arbeitslosenrate alter Arbeiter erhöht die Wiedereinstellungswahrscheinlichkeit dieser Gruppe, folglich wird die Gewerkschaft einen höheren Lohn fordern. Das Alternativeinkommen alter Arbeiter steigt zum einen durch die reduzierte Arbeitslosenrate u_2 und zum anderen durch den gestiegenen Lohn w_1. Da der ausgehandelte Lohn ein mark-up auf das Alternativeinkommen darstellt, steigt der Lohn alter Arbeiter.

Reduktion der Verhandlungsmacht der Gewerkschaft

Bei Verhandlungen zweier Parteien über einen bestimmten Verhandlungsgegenstand wird der Ausgang durch die Verhandlungsmacht der jeweiligen Partei beeinflusst. Bildlich gesprochen, wird die Aufteilung eines zu verteilenden Kuchens unter anderem durch die relative Durchsetzungsfähigkeit der Parteien determiniert. Je höher die Verhandlungsmacht einer Partei, umso größer ist das Stück vom zu verteilenden Kuchen, das diese Partei für sich aushandeln kann. In der bisherigen Analyse wurde durchgehend eine identische Verhandlungsmacht von Gewerkschaft und Unternehmen modelliert. Eine asymmetrische Verhandlungsmacht würde zum einen eine Verzerrung der Verhandlung in Richtung einer der beiden Parteien bedeuten. Die empirische Frage nach der tatsächlichen Verhandlungsmacht von Gewerkschaften und Unternehmensvertretern beispielsweise in Deutschland und insbesondere deren Veränderung im Zeitablauf ist indes nicht Gegenstand der vorliegenden Studie. Folglich erscheint es logisch, die Verhandlungsmacht symmetrisch zu modellieren. Zum anderen können aus der hier durchgeführten Simulation lediglich qualitative Aussagen abgeleitet werden. Die Modellierung einer asymmetrischen Verhandlungsmacht sollte a priori auf diese qualitativen Aussagen keinen Einfluss haben.

Die Gewerkschaften in Deutschland haben in den vergangenen Jahrzehnten einen enormen Mitgliederschwund zu verzeichnen. Hatten nach der Wiedervereinigung die drei größten deutschen Gewerkschaftsorganisationen – Deutscher Gewerkschaftsbund, Deutscher Beamtenbund und Christlicher Gewerkschaftsbund Deutschlands – noch 13,7 Millionen Mitglieder zu verzeichnen, so sank die Mitgliederzahl bis zum Jahr 2005 auf 8,3 Millionen (siehe Schnabel und Wagner, 2006b). Aus diesem weiter voranschreitenden dramatischen Rückgang des gewerkschaftlichen Organisationsgrades wird eine Reduktion des generellen Einflusses der Gewerkschaften in der Gesellschaft abgeleitet (siehe beispielsweise Fitzenberger, Kohn und Wang, 2006; Schnabel und Wagner, 2006b sowie Addison, Schnabel und Wagner, 2007). Auf die Lohnverhandlungen projiziert würde dies eine Reduktion der Verhandlungsmacht der Gewerkschaften implizieren. Welchen Einfluss hat eine

mögliche Reduktion der Verhandlungsmacht der Gewerkschaften auf die
verhandelten Löhne und die daraus resultierenden Arbeitslosenraten junger und alter Arbeiter? In Tabelle 10.6 sind die Ergebnisse der Simulation

$\alpha = 0,8$	w_1	w_2	w_2/w_1	u_1	u_2	u_2/u_1
$\beta = 0,5$	$0,3470$	$0,4135$	$1,1919$	$0,3906$	$0,4887$	$1,2511$
$\beta = 0,4$	$0,3250$	$0,3855$	$1,1863$	$0,2796$	$0,3927$	$1,4046$
$\beta = 0,3$	$0,3055$	$0,3608$	$1,1810$	$0,1563$	$0,2856$	$1,8277$

Tabelle 10.6: Reduktion der Verhandlungsmacht der Gewerkschaften

aufgeführt. Die Löhne sowohl junger als auch alter Arbeiter sinken, da die
Gewerkschaften aufgrund der Reduktion ihrer Verhandlungsmacht nicht in
der Lage sind, höhere Löhne durchzusetzen. Die Reduktion der Löhne beider
Gruppen impliziert ein Sinken der Arbeitslosenraten beider Gruppen, wobei
sich die Relation zwischen den Gruppen deutlich verändert. Die Arbeitslosenrate junger Arbeiter sinkt stärker als die Arbeitslosenrate alter Arbeiter,
was einen Anstieg der Relation u_2/u_1 zur Folge hat. Wichtig festzuhalten
bleibt indes, dass die Reduktion beider Arbeitslosenraten einen Anstieg der
Gesamtbeschäftigung impliziert, was wiederum in Übereinstimmung mit der
Theorie steht. Je geringer die Verhandlungsmacht der Gewerkschaften, umso niedriger sind die ausgehandelten Löhne und umso höher ist in einem
Right-to-Manage-Ansatz die Beschäftigung.

Veränderung der Lohnersatzquoten für junge und alte Arbeiter
Die Lohnersatzquote determiniert, welchen Anteil ein Beschäftigungslo-
ser vom möglichen zu erzielenden Marktlohn als Arbeitslosenunterstützung
ausbezahlt bekommt. In der politischen Diskussion wird kontrovers über
eine Erhöhung bzw. Reduktion der Lohnersatzquoten diskutiert. Diese politische Diskussion soll hier nicht nachvollzogen werden. Darüber hinaus soll
an dieser Stelle auch nicht auf das Für und Wider von Veränderungen der
Höhe der Arbeitslosenunterstützung eingegangen werden. Es wird lediglich
analysiert, welche Auswirkungen Variationen in der Lohnersatzquote auf
die Löhne und Arbeitslosenraten junger und alter Arbeiter erzeugen. Die
Resultate einer Veränderung der Lohnersatzquoten beider Gruppen sind in
Tabelle 10.7 dargestellt. Zur besseren Verdeutlichung der Ergebnisse wurde
hierbei unterstellt, dass die Gewerkschaften beide Gruppen gleich stark gewichten ($\alpha = 1$). Folglich ergeben sich für die Löhne und Arbeitslosenraten
beider Gruppen jeweils gleiche Werte. Eine Erhöhung der Lohnersatzquoten
beider Gruppen impliziert eine Erhöhung des Alternativeinkommens beider

$\alpha = 1$	w_1	w_2	w_2/w_1	u_1	u_2	u_2/u_1
$\rho_1 = \rho_2 = 0,4$	$0,3722$	$0,3722$	$1,0$	$0,4167$	$0,4167$	$1,0$
$\rho_1 = \rho_2 = 0,5$	$0,3959$	$0,3959$	$1,0$	$0,5$	$0,5$	$1,0$
$\rho_1 = \rho_2 = 0,6$	$0,4441$	$0,4441$	$1,0$	$0,6250$	$0,6250$	$1,0$
$\rho_1 = \rho_2 = 0,7$	$0,6143$	$0,6143$	$1,0$	$0,8333$	$0,8333$	$1,0$

Tabelle 10.7: Veränderung der Lohnersatzquoten

Gruppen als Fallback-Positionen für die Gewerkschaften. Folglich steigen die ausgehandelten Löhne als mark-up auf das jeweilige Alternativeinkommen. Eine Erhöhung der Löhne impliziert wiederum einen Anstieg der Arbeitslosenraten, da aufgrund der negativ geneigten Arbeitsnachfragekurven die Beschäftigung beider Gruppen sinkt.

Unterschiedliche Lohnersatzquoten für junge und alte Arbeiter
   In der bisherigen Analyse wurden jeweils für junge und alte Arbeiter gleiche Lohnersatzquoten unterstellt. In der sozialpolitischen Diskussion wird oftmals die Forderung formuliert, ältere Personen bezüglich der Arbeitslosenunterstützung gegenüber jüngeren Personen besserzustellen. In der Empirie haben ältere Arbeitslose eine geringere Wiedereinstellungswahrscheinlichkeit als jüngere Arbeitslose. Aufgrund dieser geringen und teilweise de facto nicht mehr vorhandenen Wiedereinstellungswahrscheinlichkeit sollten ältere Arbeitslose, die über einen langen Zeitraum ihrer Erwerbstätigkeit Beiträge zur Arbeitslosenversicherung geleistet haben, eine besser ausgestattete Arbeitslosenunterstützung gewährt bekommen als junge Arbeitslose. Auch hierbei soll das Für und Wider einer solchen Forderung nicht eingehender diskutiert werden. Vielmehr wird analysiert, wie die Löhne und Arbeitslosenraten junger und alter Arbeiter reagieren, wenn alte Arbeitslose eine höhere Lohnersatzquote als Arbeitslosenunterstützung erhalten als jüngere Arbeitslose. In dem vorliegenden Analyserahmen bedeutet dies: $\rho_2 > \rho_1$. Die Resultate der Simulation sind in Tabelle 10.8 festgehalten.

$\alpha = 1$	w_1	w_2	w_2/w_1	u_1	u_2	u_2/u_1
$\rho_1 = 0,6; \rho_2 = 0,6$	$0,4441$	$0,4441$	$1,0$	$0,6250$	$0,6250$	$1,0$
$\rho_1 = 0,5; \rho_2 = 0,6$	$0,3897$	$0,4105$	$1,0532$	$0,5$	$0,5253$	$1,0505$
$\rho_1 = 0,4; \rho_2 = 0,6$	$0,3630$	$0,3944$	$1,0864$	$0,4167$	$0,4630$	$1,1113$
$\rho_1 = 0,3; \rho_2 = 0,6$	$0,3470$	$0,3849$	$1,1091$	$0,3571$	$0,4204$	$1,1771$

Tabelle 10.8: Höhere Lohnersatzquoten für alte Arbeiter

Die simulierte Reduktion der Lohnersatzquote junger Arbeiter ρ_1 impliziert eine Reduktion des Alternativeinkommens dieser Gruppe als Fallback-Position der Gewerkschaften. Folglich sinkt der ausgehandelte Lohn als mark-up auf das Alternativeinkommen. Der gesunkene Lohn führt wiederum zu einer niedrigeren Arbeitslosenrate junger Arbeiter. Das Alternativeinkommen alter Arbeiter sinkt, obwohl die Lohnersatzquote dieser Gruppe ρ_2 konstant geblieben ist. Grund hierfür ist der gesunkene Lohn w_1, denn das Alternativeinkommen alter Arbeiter stellt sich im hier unterstellten Szenario junior jobs bekanntlich wie folgt dar: $\overline{v}_2 = w_1\left(1 - u_2\left(1 - \rho_2\right)\right)$. Somit sinkt auch der Lohn alter Arbeiter aufgrund des gesunkenen Alternativeinkommens, was wiederum eine niedrigere Arbeitslosenrate dieser Gruppe impliziert.

10.3.2 Das Szenario senior jobs

Im vorhergehenden Kapitel wurde bereits ausführlich diskutiert, warum in Deutschland das Szenario der Entlohnung nach dem Prinzip junior jobs als das vorherrschende Entlohnungsprinzip einzuschätzen ist. Demgegenüber ist die Entlohnung gemäß dem Szenario senior jobs, bei dem das Alter der entscheidende Faktor ist, lediglich im öffentlichen Dienst anzutreffen. Es ist aus theoretischer Sicht hingegen interessant, zu analysieren, wie sich die im Szenario junior jobs abgeleiteten Ergebnisse der Simulation verändern, wenn das Entlohnungsprinzip senior jobs unterstellt wird.

Im Szenario senior jobs erhalten arbeitslos gewordene alte Arbeiter nach einer Wiedereinstellung in einem anderen Unternehmen den gleichen Lohn wie zuvor, also den Lohn eines seniors. Es gilt folglich $\overline{w}_2 = w_2$ (gegenüber $\overline{w}_2 = w_1$ im Szenario junior jobs). Demnach ergibt sich das Alternativeinkommen für einen älteren Arbeiter jetzt durch:

$$\overline{v}_2 = w_2\left(1 - u_2\left(1 - \rho_2\right)\right). \tag{10.49}$$

Alle weiteren Modellspezifikationen bleiben unverändert. Das im Szenario junior jobs abgeleitete System von vier Gleichungen mit vier Unbekannten, Gleichungen (10.45)-(10.48), modifiziert sich somit wie folgt:

$$w_1 = \frac{\alpha\left[\beta\left(1 - \delta\right) + \gamma\left(1 - \beta\right)\right]w_1\left(1 - u_1\left(1 - \rho_1\right)\right)}{\alpha\gamma + \delta u_2\left(1 - \rho_2\right)} \tag{10.50}$$

$$w_2 = \frac{\left[\beta\left(1 - \gamma\right) + \delta\left(1 - \beta\right)\right]w_2\left(1 - u_2\left(1 - \rho_2\right)\right)}{\delta + \alpha\gamma u_1\left(1 - \rho_1\right)} \tag{10.51}$$

$$w_1 = \gamma \left[(1 - u_1) L_1\right]^{\gamma - 1} \cdot \left[(1 - u_2) L_2\right]^{\delta} \qquad (10.52)$$

$$w_2 = \delta \left[(1 - u_2) L_2\right]^{\delta - 1} \cdot \left[(1 - u_1) L_1\right]^{\gamma}. \qquad (10.53)$$

Die Simulation wird anhand dieses Gleichungssystems durchgeführt. Die Ausgangswerte der exogenen Parameter sind die gleichen wie im Szenario junior jobs und werden der Übersichtlichkeit halber hier nochmals aufgeführt:

$\alpha = 1$

$\gamma = 0,3$

$\delta = 0,3$

$\rho_1 = 0,6$

$\rho_2 = 0,6$

$L_1 = 1$

$L_2 = 1$

$\beta = 0,5.$

Die Simulation des Gleichungssystems mit diesen Ausgangswerten liefert die gleichen Ergebnisse wie im Szenario junior jobs. Die ausgehandelten Löhne beider Gruppen sind identisch ($w_1 = w_2 = 0,4269$), was ebenso für die Arbeitslosenraten junger und alter Arbeiter gilt ($u_1 = u_2 = 0,2778$).

Wie reagieren die Löhne und Arbeitslosenraten beider Gruppen, wenn im Szenario senior jobs die Gewerkschaften in ihrer Nutzenfunktion den Nutzen der alten Arbeiter stärker gewichten als den Nutzen junger Arbeiter? Modelltheoretisch bedeutet dies eine Reduktion des Gewichtungsfaktors α vom Wert eins aus. Die Resultate der Simulation sind in Tabelle 10.9

α	w_1	w_2	u_1	u_2
1	$0,4269$	$0,4269$	$0,2778$	$0,2778$
$0,95$	$0,3946$	$0,4621$	$0,2193$	$0,3333$
$0,9$	$0,3632$	$0,5027$	$0,1543$	$0,3889$
$0,85$	$0,3328$	$0,5501$	$0,0817$	$0,4444$
$0,8$	$0,3090$	$0,5942$	$0,0171$	$0,4889$

Tabelle 10.9: Reduktion von alpha im Szenario senior jobs

dargestellt. Eine höhere Gewichtung der Interessen alter Arbeiter führt zu einem höheren Lohn dieser Gruppe im Vergleich zum Lohn junger Arbeiter. Daraus resultiert im Right-to-Manage-Ansatz wiederum eine höhere Arbeitslosenrate alter Arbeiter verglichen mit der Gruppe junger Arbeiter. Diese Veränderungen der Relationen aufgrund einer asymmetrischen Berücksichtigung der Interessen junger und alter Arbeiter durch die Gewerkschaft stimmen mit den Veränderungen der Relationen im Szenario junior jobs überein (siehe Tabelle 10.1). Jedoch sinken im Fall junior jobs die Löhne beider Gruppen. Im Szenario senior jobs hingegen sinkt der Lohn junger Arbeiter, während der Lohn alter Arbeiter steigt. Diese Veränderungen implizieren eine Reduktion der Arbeitslosenrate junger Arbeiter sowie einen Anstieg der Arbeitslosenrate der Gruppe alter Arbeiter. Im Fall junior jobs sinken aufgrund der Reduktion beider Löhne auch die Arbeitslosenraten beider Gruppen. Die Reduktion des Lohns w_1 reduziert im Szenario junior jobs das Alternativeinkommen alter Arbeiter, woraufhin deren Lohn sinkt. Im Szenario senior jobs ist das Alternativeinkommen alter Arbeiter jedoch unabhängig vom Lohn junger Arbeiter: $\bar{v}_2 = w_2 (1 - u_2 (1 - \rho_2))$. Die Höhergewichtung der Interessen alter Arbeiter durch die Gewerkschaften führt zu einem steigenden Lohn w_2, wodurch die Arbeitslosenrate u_2 erhöht wird. Die Arbeitslosenraten sowohl junger als auch alter Arbeiter sind im Szenario senior jobs niedriger als die Arbeitslosenraten im Szenario junior jobs. Folglich ist insgesamt die Beschäftigung im Fall senior jobs höher als im Fall junior jobs.

Der Einfluss des demografischen Wandels der Gesellschaft im Szenario senior jobs

Welche Auswirkungen hat die demografische Entwicklung der Gesellschaft, wenn statt des Szenarios junior jobs der Fall senior jobs unterstellt wird? Dazu wird zunächst die Veränderung der Struktur der Erwerbsbevölkerung bei konstanter Zahl der potenziell Erwerbstätigen modelliert. Dies bedeutet, die Zahl junger Arbeiter sinkt, während im gleichen Ausmaß die Zahl alter Arbeiter steigt. In Tabelle 10.10 sind die Resultate der Simulation im Szenario senior jobs dargestellt. Dabei wird unterstellt, die Gewerkschaft bewerte die Interessen alter Arbeiter höher als die Interessen junger Arbeiter. Modelltheoretisch bedeutet dies einen Gewichtungsfaktor von $\alpha < 1$, wobei die Simulation mit $\alpha = 0,9$ durchgeführt wird. Der demografische

$\alpha = 0,9$	w_1	w_2	w_2/w_1	u_1	u_2	u_2/u_1
$L_1 = L_2 = 1$	$0,3632$	$0,5027$	$1,3838$	$0,1543$	$0,3889$	$2,52$
$L_1 = 0,9; L_2 = 1,1$	$0,4020$	$0,4551$	$1,1322$	$0,1543$	$0,3889$	$2,52$
$L_1 = 0,8; L_2 = 1,2$	$0,4467$	$0,4121$	$0,9226$	$0,1543$	$0,3889$	$2,52$

Tabelle 10.10: Veränderung der Struktur der Erwerbsbevölkerung bei konstanter Gesamtzahl potenziell Erwerbstätiger im Szenario senior jobs

Wandel führt zu einer Steigerung des Lohns junger Arbeiter, wohingegen
der Lohn alter Arbeiter sinkt. Eine Reduktion der Anzahl junger Erwerbsfähiger lässt zunächst die Arbeitslosenrate junger Arbeiter bei konstanter
Beschäftigung sinken. Die Reduktion von u_1 führt zu einer höheren Wiedereinstellungswahrscheinlichkeit junger Arbeiter und deren Alternativeinkommen steigt. Dies lässt wiederum in der nächsten Lohnverhandlung den Lohn
junger Arbeiter steigen, wodurch die Beschäftigung reduziert wird. Durch
den gestiegenen Lohn steigt auch das Arbeitslosengeld aufgrund der konstanten Lohnersatzquote. Wie bereits im Szenario junior jobs ausführlich
beschrieben, resultiert daraus eine vertikale Lohnsetzungskurve für junge
Arbeiter im w_1, u_1-Diagramm. Die Arbeitslosenrate bleibt im Endeffekt konstant. Der Anstieg der Anzahl alter potenziell Erwerbstätiger impliziert hingegen bei gleicher Beschäftigung eine höhere Arbeitslosenrate dieser Gruppe. Dies führt zu einer Reduktion des Alternativeinkommens alter Arbeiter,
wodurch bei der nächsten Lohnverhandlung der Lohn w_2 sinkt. Dadurch
sinkt auch das Arbeitslosengeld für alte Arbeiter. Folglich resultiert daraus
eine vertikale Lohnsetzungskurve im w_2, u_2-Diagramm, die Arbeitslosenrate
u_2 bleibt insgesamt konstant. Dies bedeutet, nicht nur die Arbeitslosenrate
junger Arbeiter ist von der Bevölkerungsentwicklung unabhängig, sondern
ebenfalls die Arbeitslosenrate alter Arbeiter. Grund hierfür ist die Zusammensetzung des Alternativeinkommens alter Arbeiter. Im Fall junior jobs
wurde dies unter anderem determiniert durch den Lohn junger Arbeiter:
$\overline{v}_2 = w_1 (1 - u_2 (1 - \rho_2))$. Im Szenario senior jobs bildet sich das Alternativeinkommen jedoch durch: $\overline{v}_2 = w_2 (1 - u_2 (1 - \rho_2))$. Die Interdependenz
des Alternativeinkommens alter Arbeiter mit dem Lohn junger Arbeiter besteht in diesem Fall nicht. Für das Alternativeinkommen junger Arbeiter,
welches in beiden Szenarien gleich ist, besteht solch eine Interdependenz
ohnehin nicht: $\overline{v}_1 = w_1 (1 - u_1 (1 - \rho_1))$. Folglich ergibt sich für die Lohnsetzungskurve alter Arbeiter ebenso wie für die Lohnsetzungskurve junger
Arbeiter eine Vertikale.

Die Richtung der Reaktion der Löhne junger und alter Arbeiter stimmt
mit der Richtung der Reaktion im Szenario junior jobs überein. Die Ergebnisse der Simulation im Fall junior jobs mit $\alpha = 0,9$ sind in Tabelle 10.11
dargestellt. Die Löhne junger Arbeiter steigen, während die Löhne alter
Arbeiter sinken. Aus den bereits dargelegten Gründen bleibt die Arbeitslosenrate junger Arbeiter konstant. Im Fall junior jobs steigt hingegen die
Arbeitslosenrate alter Arbeiter. Dies bedeutet, die Lohnreduktion kompensiert die anfänglich steigende Arbeitslosenrate aufgrund der höheren Anzahl
potenziell alter Erwerbstätiger nicht vollkommen.

$\alpha = 0,9$	w_1	w_2	w_2/w_1	u_1	u_2	u_2/u_1
$L_1 = L_2 = 1$	$0,4009$	$0,4334$	$1,0811$	$0,1543$	$0,2177$	$1,4109$
$L_1 = 0,9; L_2 = 1,1$	$0,4176$	$0,4298$	$1,0290$	$0,1543$	$0,3276$	$2,1229$
$L_1 = 0,8; L_2 = 1,2$	$0,4356$	$0,4279$	$0,9824$	$0,1543$	$0,4261$	$2,7611$

Tabelle 10.11: Veränderung der Struktur der Erwerbsbevölkerung bei konstanter Gesamtzahl Erwerbsfähiger im Szenario junior jobs

Die Alterung der Gesellschaft verändert nicht nur die Struktur der Erwerbsbevölkerung, sondern führt darüber hinaus zu einer Reduktion der Gesamtzahl der Erwerbsfähigen. Modelltheoretisch bedeutet dies neben der Erhöhung der Relation L_2/L_1 eine Reduktion der Summe von $L_1 + L_2$. Die Simulation im Szenario senior jobs liefert in der Tendenz die gleichen Ergebnisse wie die Modellierung einer veränderten Struktur der Erwerbsbevölkerung bei einer konstanten Gesamtzahl Erwerbsfähiger (siehe Tabelle 10.12). Der Lohn junger Arbeiter steigt, während der Lohn alter Arbeiter

$\alpha = 0,9$	w_1	w_2	w_2/w_1	u_1	u_2	u_2/u_1
$L_1 = L_2 = 1$	$0,3632$	$0,5027$	$1,3838$	$0,1543$	$0,3889$	$2,52$
$L_1 = 0,9; L_2 = 1$	$0,3869$	$0,4819$	$1,2455$	$0,1543$	$0,3889$	$2,52$
$L_1 = 0,8; L_2 = 1$	$0,4153$	$0,4597$	$1,1071$	$0,1543$	$0,3889$	$2,52$
$L_1 = 0,7; L_2 = 1$	$0,4499$	$0,4358$	$0,9887$	$0,1543$	$0,3889$	$2,52$
$L_1 = 0,6; L_2 = 1$	$0,4935$	$0,4098$	$0,8303$	$0,1543$	$0,3889$	$2,52$

Tabelle 10.12: Veränderung der Struktur der Erwerbsbevölkerung mit Reduktion der Gesamtzahl Erwerbsfähiger im Szenario senior jobs

sinkt. Die Arbeitslosenraten beider Gruppen bleiben wiederum unverändert, wobei die zuvor dargestellte Intuition dieses Resultates weiterhin gilt. Der Lohn junger Arbeiter ist im Fall einer Reduktion der Summe von $L_1 + L_2$ höher im Vergleich zum Szenario mit konstanter Gesamtzahl Erwerbsfähiger. Zu vergleichen sind Veränderungen von L_1 und L_2, bei denen der Abstand zwischen L_1 und L_2 in beiden Fällen gleich sind. Dies ist demnach der Vergleich der Simulation mit $L_1 = 0,8$ und $L_2 = 1$ mit der Simulation $L_1 = 0,9$ und $L_2 = 1,1$ sowie der Vergleich von $L_1 = 0,6$ und $L_2 = 1$ mit der Simulation $L_1 = 0,8$ und $L_2 = 1,2$ aus den Tabellen 10.12 und 10.10. Bei diesen zu vergleichenden Varianten sinkt im Fall einer Reduktion der Summe von $L_1 + L_2$ die Gesamtzahl junger Erwerbsfähiger L_1 stärker als im Fall mit konstanter Gesamtzahl Erwerbsfähiger $L_1 + L_2$. Folglich sinkt bei gleicher Beschäftigung zunächst die Arbeitslosenrate u_1 stärker, wodurch wiederum das Alternativeinkommen dieser Gruppe relativ stärker steigt. Somit steigt in der nächsten Lohnverhandlung der Lohn w_1 stärker. Für die Reaktion des Lohns alter Arbeiter kann indes solch ein Zusammenhang nicht festgestellt werden. Bei einer geringen Bevölkerungsveränderung (Vergleich der Simulation mit $L_1 = 0,8$ und $L_2 = 1$ mit der Simulation $L_1 = 0,9$ und $L_2 = 1,1$) ist der Lohn alter Arbeiter in der Variante mit einer Reduktion von $L_1 + L_2$ höher als in der Variante mit konstanter Summe $L_1 + L_2$. Für den Fall einer stärkeren Bevölkerungsveränderung gilt dies hingegen nicht. Der Vergleich der Simulation $L_1 = 0,6$ und $L_2 = 1$ mit der Simulation $L_1 = 0,8$ und $L_2 = 1,2$ liefert einen höheren Lohn w_2 in der Variante mit konstanter Summe $L_1 + L_2$.

10.3.3 Konstantes Arbeitslosengeld statt konstanter Lohnersatzquote

In der bisherigen Analyse wurden jeweils konstante Lohnersatzquoten ρ_i mit $i = 1, 2$ unterstellt. Dies bedeutet, eine arbeitslose Person bekommt einen konstanten Bruchteil eines bestimmten Marktlohns als Arbeitslosenunterstützung ausbezahlt. Der anzusetzende Lohn bei alten Arbeitslosen wird dabei dadurch determiniert, ob das Szenario junior jobs oder senior jobs unterstellt wird. Die Modellierung einer konstanten Lohnersatzquote ist in der Empirie zu vergleichen mit der Gewährung des sogenannten Arbeitslosengeldes I, geregelt im dritten Sozialgesetzbuch. Demnach hat eine arbeitslos gewordene Person in der Regel Anspruch auf 60 Prozent (ohne Kinder) bzw. 67 Prozent (mit Kindern) des im letzten Jahr des jeweiligen Beschäftigungsverhältnisses erzielten Nettoentgelts (siehe Paragraphen 129 und 130, SGB III). Das Arbeitslosengeld I wird in der Regel für die Dauer von zwölf Monaten gewährt. Im Anschluss daran besteht hingegen lediglich Anspruch auf eine Grundsicherung, das sogenannte Arbeitslosengeld II, geregelt im zweiten Sozialgesetzbuch. Diese Grundsicherung beläuft sich auf einen festen Betrag, unabhängig vom zuvor erzielten Erwerbseinkommen. Laut Paragraph 20 des zweiten Sozialgesetzbuchs werden in der Regel pro Person 345 Euro pro Monat gewährt. Dies würde demnach nicht mit der Modellierung einer konstanten Lohnersatzquote übereinstimmen. Vielmehr müsste eine konstante Lohnersatzleistung, anders gesprochen ein konstantes Arbeitslosengeld, modelliert werden (siehe beispielsweise Layard, Nickell und Jackman, 1991 und Michaelis, 1998).

In der vorliegenden Untersuchung impliziert dies einen konstanten Parameter b_i statt eines konstanten Parameters ρ_i, was wiederum eine veränderte

Modellierung des Alternativeinkommens beider Gruppen zur Folge hat. Das Alternativeinkommen der Gruppe i wird dargestellt durch:

$$\overline{v}_i = (1 - u_i)\, v\,(\overline{w}_i) + u_i v\,(b_i)\,. \tag{10.54}$$

Für einen jungen Arbeiter ergibt sich bei weiterhin unterstellten linearen Nutzenfunktionen sodann:

$$\overline{v}_1 = w_1 - u_1\,(w_1 - b_1)\,. \tag{10.55}$$

Unterstellt man das Szenario junior jobs mit $\overline{w}_2 = w_1$, so modifiziert sich das Alternativeinkommen eines alten Arbeiters zu:

$$\overline{v}_2 = w_1 - u_2\,(w_1 - b_2)\,. \tag{10.56}$$

Das konstante Arbeitslosengeld junger bzw. alter Arbeiter wird hierbei durch b_1 bzw. b_2 beschrieben. In der anschließend dargestellten Simulation kann dadurch zwischen einem gleichen und einem unterschiedlichen Arbeitslosengeld für junge und alte Arbeiter unterschieden werden.

Unter Berücksichtigung der Alternativeinkommen junger und alter Arbeiter, Gleichungen (10.55) und (10.56), ergibt sich folgendes Gleichungssystem:

$$w_1 = \frac{\alpha\,[\beta\,(1 - \delta) + \gamma\,(1 - \beta)]\,w_2\,(w_1 - u_1\,(w_1 - b_1))}{\alpha\gamma w_2 + \delta\,(w_2 - (w_1 - u_2\,(w_1 - b_2)))} \tag{10.57}$$

$$w_2 = \frac{[\beta\,(1 - \gamma) + \delta\,(1 - \beta)]\,w_1\,(w_1 - u_2\,(w_1 - b_2))}{\delta w_1 + \alpha\gamma u_1\,(w_1 - b_1)} \tag{10.58}$$

$$w_1 = \gamma\,[(1 - u_1)\,L_1]^{\gamma-1} \cdot [(1 - u_2)\,L_2]^{\delta} \tag{10.59}$$

$$w_2 = \delta\,[(1 - u_2)\,L_2]^{\delta-1} \cdot [(1 - u_1)\,L_1]^{\gamma}\,. \tag{10.60}$$

Die Ausgangswerte der Simulation bleiben weitgehend bestehen:
$\alpha = 1$
$\gamma = 0,3$
$\delta = 0,3$
$b_1 = 0,2$
$b_2 = 0,2$
$L_1 = 1$
$L_2 = 1$
$\beta = 0,5.$

Es existiert keine konstante Lohnersatzquote ρ_i mehr, dafür jedoch für jede Gruppe ein konstantes Arbeitslosengeld b_1 bzw. b_2. Das Arbeitslosengeld wird zunächst für beide Gruppen gleich modelliert und mit $0,2$ festgelegt. Wichtig bei der numerischen Bestimmung des Arbeitslosengeldes ist hingegen die Notwendigkeit, das Arbeitslosengeld niedriger anzusetzen als die durch die Simulation determinierten Löhne. Diese sind zwar a priori nicht bekannt. Zieht man jedoch Erfahrungswerte vorhergehender Simulationen heran, so wird ein Wert von $0,2$ mit Sicherheit in der Ausgangssimulation unterhalb der endogen zu bestimmenden Löhne liegen, was im Folgenden auch deutlich wird.

Die Simulation des Gleichungssystems (10.57) bis (10.60) liefert gleiche Löhne für junge und alte Arbeiter ($w_1 = w_2 = 0,3970$), woraus wiederum gleiche Arbeitslosenraten resultieren ($u_1 = u_2 = 0,5037$). Dieses konsistente Ergebnis steht in Übereinstimmung mit den vorherigen Simulationen. Gleiche ökonomische Charakteristika der beiden Gruppen sowie eine Gleichgewichtung beider Gruppen durch die Gewerkschaften ergeben gleiche Löhne und gleiche Arbeitslosenraten. Ein Vergleich der absoluten Werte kann hingegen nicht durchgeführt werden, da die hier modellierte absolute Höhe des Arbeitslosengeldes ansonsten exakt mit einer Lohnersatzquote von $0,6$ korrespondieren müsste, wie in den vorherigen Simulationen unterstellt. Folglich sind die absoluten Werte nicht miteinander zu vergleichen.

Wie reagieren hingegen die Löhne und Arbeitslosenraten, wenn die Gewerkschaft gemäß einer Senioritätsregel handelt und den Nutzen alter Arbeiter in ihrer Nutzenfunktion höher bewertet? Die Ergebnisse einer Reduktion des Gewichtungsfaktors α sind in Tabelle 10.13 festgehalten. Die

α	w_1	w_2	w_2/w_1	u_1	u_2	u_2/u_1
1	$0,3970$	$0,3970$	$1,0$	$0,5037$	$0,5037$	$1,0$
$0,95$	$0,3850$	$0,4002$	$1,0396$	$0,4793$	$0,4991$	$1,0414$
$0,9$	$0,3721$	$0,4032$	$1,0836$	$0,4504$	$0,4928$	$1,0941$
$0,85$	$0,3583$	$0,4060$	$1,1328$	$0,4160$	$0,4845$	$1,1646$
$0,8$	$0,3435$	$0,4083$	$1,1885$	$0,3740$	$0,4733$	$1,2656$
$0,75$	$0,3274$	$0,4100$	$1,2522$	$0,3212$	$0,4579$	$1,4257$
$0,7$	$0,3096$	$0,4107$	$1,3264$	$0,2522$	$0,4362$	$1,7296$

Tabelle 10.13: Reduktion von alpha bei konstantem Arbeitslosengeld

Anwendung einer Senioritätsregel der Gewerkschaft führt zu einem höheren Lohn für alte Arbeiter im Vergleich zum Lohn junger Arbeiter. Daraus resultiert folglich eine höhere Arbeitslosenrate alter Arbeiter gegenüber der

Arbeitslosenrate junger Arbeiter. Diese Resultate stimmen mit den Ergebnissen im Fall einer konstanten Lohnersatzquote überein, siehe Tabelle 10.1. Die Richtung der Reaktion von w_1, u_1 sowie u_2 ist identisch mit den Resultaten im Fall einer konstanten Lohnersatzquote. Der Lohn alter Arbeiter w_2 steigt hingegen im Fall eines konstanten Arbeitslosengeldes, während bei einer konstanten Lohnersatzquote w_2 sinkt, was wie folgt zu erklären ist: Die Reduktion des Gewichtungsfaktors α reduziert den ausgehandelten Lohn w_1, somit sinkt die Arbeitslosenrate u_1. Der geringere Lohn w_1 reduziert das Alternativeinkommen alter Arbeiter $\bar{v}_2 = w_1 - u_2 (w_1 - b_2)$. Jedoch steigt durch die höhere Beschäftigung junger Arbeiter aufgrund der positiven Kreuzableitungen der unterstellten Produktionstechnologie $F(N_1, N_2) = N_1^\gamma \cdot N_2^\delta$ der Grenzertrag der alten Arbeiter. Demnach steigt die Beschäftigung dieser Gruppe und die Arbeitslosenrate u_2 sinkt, was wiederum das Alternativeinkommen alter Arbeiter steigen lässt. Im Endeffekt steigt der Lohn w_2, folglich dominiert der zweite Effekt, das Alternativeinkommen alter Arbeiter steigt.

Erhöhung des Arbeitslosengeldes

In der politischen Szenerie wird die Diskussion geführt, ob das bereits erwähnte Arbeitslosengeld II von in der Regel 345 Euro pro Monat zu niedrig angesetzt ist und erhöht werden müsste, um dem Charakter einer Grundsicherung gerecht zu werden. Diese sozialpolitische Diskussion soll hier nicht nachvollzogen werden und insbesondere soll hier nicht auf das Für und Wider einer Erhöhung der Grundsicherung eingegangen werden. Vielmehr wird analysiert, welche Auswirkungen eine Erhöhung des Arbeitslosengeldes auf die Löhne und Arbeitslosenraten junger und alter Arbeiter erzeugt. Dabei ist zu beachten, dass in der vorliegenden Analyse keine Unterscheidung zwischen einem einjährigen Bezug von Arbeitslosengeld I mit einer konstanten Lohnersatzquote und einer anschließenden Gewährung eines fixen Betrags an Arbeitslosengeld II getroffen wird. Alle Arbeitslosen beziehen eine Arbeitslosenunterstützung, modelliert entweder als konstante Lohnersatzquote oder als ein konstantes Arbeitslosengeld, wie in der jetzt besprochenen Simulation.

In dem verwendeten Analyserahmen wird eine Erhöhung des Arbeitslosengeldes modelliert durch einen Anstieg der Parameter b_1 und b_2, sofern ein einheitliches Arbeitslosengeld für alle Arbeitslosen gezahlt wird. Die Resultate sind in Tabelle 10.14 dargestellt. Eine Erhöhung des Arbeitslosengeldes

$\alpha = 1$	w_1	w_2	w_2/w_1	u_1	u_2	u_2/u_1
$b_1 = b_2 = 0,1$	$0,3559$	$0,3559$	$1,0$	$0,3477$	$0,3477$	$1,0$
$b_1 = b_2 = 0,15$	$0,3726$	$0,3726$	$1,0$	$0,4184$	$0,4184$	$1,0$
$b_1 = b_2 = 0,2$	$0,3970$	$0,3970$	$1,0$	$0,5037$	$0,5037$	$1,0$
$b_1 = b_2 = 0,25$	$0,4309$	$0,4309$	$1,0$	$0,5955$	$0,5955$	$1,0$

Tabelle 10.14: Erhöhung des Arbeitslosengeldes für junge und alte Arbeiter

führt zu einer Erhöhung der Löhne junger und alter Arbeiter, was in Übereinstimmung mit der Theorie der Lohnverhandlungen steht. Wie bereits mehrfach erwähnt wurde, ist der zwischen Gewerkschaft und Unternehmen ausgehandelte Lohn in der Theorie ein mark-up auf das Alternativeinkommen (siehe beispielsweise Carlin und Soskice, 1990; Layard, Nickell und Jackman, 1991; Michaelis, 1998 sowie Jerger und Michaelis, 1999). Das Alternativeinkommen wiederum ist eine positive Funktion des Arbeitslosengeldes. Gewichtet die Gewerkschaft den Nutzen beider Gruppen in ihrer Nutzenfunktion gleich mit $\alpha = 1$, so steigen die Löhne beider Gruppen jeweils im gleichen Ausmaß. Dieses Resultat ist konsistent, da das Arbeitslosengeld für beide Gruppen gleich hoch ist. Alle weiteren ökonomischen Charakteristika der beiden Gruppen sind identisch. Folglich hat die Höhe des Arbeitslosengeldes lediglich einen Einfluss auf das Niveau der Löhne beider Gruppen. Eine Veränderung impliziert hingegen keine unterschiedliche Entwicklung. Die höheren Löhne aufgrund eines höheren Arbeitslosengeldes führen zu einem Anstieg der Arbeitslosenraten, wobei die Arbeitslosenraten beider Gruppen jeweils im gleichen Verhältnis steigen, als Reaktion auf die identisch gestiegenen Löhne.

Erhöhung des Arbeitslosengeldes für alte Arbeiter

Wie bereits erwähnt, wird sozialpolitisch oftmals gefordert, ältere Personen bezüglich der Arbeitslosenunterstützung gegenüber jüngeren Personen besserzustellen. Zum einen aufgrund der sehr geringen Wiedereinstellungswahrscheinlichkeit, zum anderen aufgrund der über einen langen Zeitraum ihrer Erwerbstätigkeit geleisteten Beiträge zur Arbeitslosenversicherung. Auch hierbei soll das Für und Wider einer solchen Forderung nicht eingehender diskutiert werden. Vielmehr wird analysiert, wie die Löhne und Arbeitslosenraten junger und alter Arbeiter reagieren, wenn alte Arbeiter ein höheres Arbeitslosengeld im Vergleich zu jüngeren Arbeitslosen erhalten. In dem vorliegenden Analyserahmen bedeutet dies: $b_2 > b_1$. Die Resultate der Simulation sind in Tabelle 10.15 festgehalten. Ein Anstieg des Arbeitslosengeldes alter Arbeiter b_2 bei konstantem Arbeitslosengeld für

$\alpha = 1$	w_1	w_2	w_2/w_1	u_1	u_2	u_2/u_1
$b_1 = b_2 = 0,1$	$0,3559$	$0,3559$	$1,0$	$0,3477$	$0,3477$	$1,0$
$b_1 = 0,1; b_2 = 0,15$	$0,3516$	$0,3674$	$1,0449$	$0,3494$	$0,3773$	$1,08$
$b_1 = 0,1; b_2 = 0,2$	$0,3465$	$0,3817$	$1,1015$	$0,3514$	$0,4112$	$1,1701$
$b_1 = 0,1; b_2 = 0,25$	$0,3405$	$0,3997$	$1,1740$	$0,3540$	$0,4497$	$1,2705$
$b_1 = 0,1; b_2 = 0,3$	$0,3334$	$0,4226$	$1,2675$	$0,3571$	$0,4928$	$1,3799$
$b_1 = 0,08;$ $b_2 = 0,12$	$0,3477$	$0,3588$	$1,0317$	$0,3247$	$0,3454$	$1,0639$
$b_1 = 0,05;$ $b_2 = 0,15$	$0,3370$	$0,3634$	$1,0782$	$0,2935$	$0,3448$	$1,1746$

Tabelle 10.15: Erhöhung des Arbeitslosengeldes für alte Arbeitslose

junge Arbeiter b_1 führt zu einem Anstieg des Lohns alter Arbeiter. Der ausgehandelte Lohn ist ein mark-up auf das Alternativeinkommen, welches eine positive Funktion des Arbeitslosengeldes ist. Ein höherer Lohn impliziert wiederum eine steigende Arbeitslosenrate alter Arbeiter. Der Lohn junger Arbeiter sinkt, obwohl das Arbeitslosengeld b_1 konstant geblieben ist, was wie folgt zu erklären ist: Die steigende Arbeitslosenrate alter Arbeiter impliziert eine geringere Beschäftigung dieser Gruppe. Aufgrund der positiven Kreuzableitungen der Produktionstechnologie reduziert eine geringere Beschäftigung alter Arbeiter den Grenzertrag der jungen Arbeiter. Deren Beschäftigung sinkt dadurch ebenfalls und somit steigt die Arbeitslosenrate u_1. Dies reduziert jedoch das Alternativeinkommen junger Arbeiter $\overline{v}_1 = w_1 - u_1 (w_1 - b_1)$, wodurch der Lohn w_1 sinkt.

Die Simulation einer Erhöhung von b_2 bei gleichzeitiger Reduktion von b_1 erzeugt folgende Resultate: Der Lohn junger Arbeiter sinkt. Neben dem zuvor dargestellten Effekt sinkt das Alternativeinkommen zusätzlich durch die Reduktion von b_1, wodurch w_1 abermals sinkt. Die Reduktion von w_1 führt zu einer geringeren Arbeitslosenrate junger Arbeiter. Dies bedeutet, der zusätzliche Effekt der Reduktion von b_1 und die damit verbundene stärkere Reaktion von w_1 überkompensiert den zuvor dargestellten ursprünglichen Anstieg von u_1. Der Lohn alter Arbeiter steigt mit dem Arbeitslosengeld b_2, während die Arbeitslosenrate u_2 sinkt. Im Fall der Erhöhung von b_2 ohne gleichzeitige Reduktion von b_1 stieg hingegen die Arbeitslosenrate u_2. Die geringere Arbeitslosenrate u_1 und die daraus resultierende höhere Beschäftigung junger Arbeiter erhöht den Grenzertrag alter Arbeiter, woraufhin deren Beschäftigung steigt. Die dadurch ausgelöste Reduktion von

u_2 überkompensiert den Anstieg von u_2 aufgrund des gestiegenen Lohns w_2. Interessant ist indes folgendes: Eine Erhöhung des Arbeitslosengeldes alter Arbeiter führt zu einer weniger starken Lohnerhöhung für alte Arbeiter, wenn das Arbeitslosengeld junger Arbeiter reduziert wird, statt es konstant zu halten. Das Alternativeinkommen alter Arbeiter wird unter anderem durch den Lohn junger Arbeiter determiniert. Dieser sinkt stärker, wenn das Arbeitslosengeld b_1 reduziert wird. Die Reduktion des Lohns w_1 reduziert das Alternativeinkommen alter Arbeiter, wodurch die Lohnerhöhung aufgrund des gestiegenen Arbeitslosengeldes b_2 teilweise kompensiert wird.

Auswirkungen des demografischen Wandels bei konstantem Arbeitslosengeld

Wie reagieren die Löhne und Arbeitslosenraten junger und alter Arbeiter auf den demografischen Wandel, wenn die Gewährung eines konstanten Arbeitslosengeldes unterstellt wird? Tabelle 10.16 zeigt die Resultate der Simulation, bei der die demografische Entwicklung modelliert wird durch eine Erhöhung der Relation alter zu junger Erwerbsfähiger L_2/L_1 bei gleichzeitigem Rückgang der gesamten potenziellen Erwerbsbevölkerung. Darüber hinaus wird für beide Gruppen ein identisches Arbeitslosengeld unterstellt. Außerdem wird angenommen, die Gewerkschaft handle gemäß einer Senioritätsregel und gewichte die Interessen alter Arbeiter höher. Im Ergebnis

$\alpha = 0,9;$ $b_1 = b_2 = 0,2$	w_1	w_2	w_2/w_1	u_1	u_2	u_2/u_1
$L_1 = L_2 = 1$	$0,3721$	$0,4032$	$1,0836$	$0,4504$	$0,4928$	$1,0941$
$L_1 = 0,9; L_2 = 1$	$0,3862$	$0,4073$	$1,0547$	$0,4321$	$0,5154$	$1,1928$
$L_1 = 0,8; L_2 = 1$	$0,4034$	$0,4120$	$1,0212$	$0,4132$	$0,5403$	$1,3076$
$L_1 = 0,7; L_2 = 1$	$0,4250$	$0,4172$	$0,9818$	$0,3935$	$0,5676$	$1,4423$

Tabelle 10.16: Auswirkungen des demografischen Wandels bei konstantem Arbeitslosengeld

steigen die Löhne beider Gruppen, wobei die Relation w_2/w_1 sinkt. Die Arbeitslosenrate junger Arbeiter sinkt, wohingegen die Arbeitslosenrate alter Arbeiter steigt, was folglich einen Anstieg der Relation u_2/u_1 nach sich zieht. Die Reaktionen von w_1, w_2 und u_2 sowie der jeweiligen Relationen verlaufen in die gleiche Richtung wie dies im Szenario mit einer konstanten Lohnersatzquote der Fall war. Die Reduktion der Zahl junger Erwerbsfähiger lässt bei gleicher Beschäftigung ceteris paribus die Arbeitslosenrate u_1

sinken. Die Verhandlungsposition der Gewerkschaft verbessert sich, das Alternativeinkommen dieser Gruppe steigt. Folglich steigt in der nächsten Verhandlung der Lohn w_1. Mit steigendem Lohn sinkt wiederum die Beschäftigung. Im Gegensatz zur Variante mit konstanter Lohnersatzquote sinkt hingegen im Endeffekt die Arbeitslosenrate u_1 und bleibt nicht konstant. Das Arbeitslosengeld wird nicht erhöht, da im jetzigen Fall ein konstantes Arbeitslosengeld statt einer konstanten Lohnersatzquote modelliert wird. Dies bedeutet, die Lohnsetzungskurve ist in diesem Fall keine Vertikale im w_1, u_1-Diagramm. Wie bereits angemerkt, liegt der Grund für eine vertikale Lohnsetzungskurve in der Modellierung einer konstanten Lohnersatzquote. Somit weist die Lohnsetzungskurve hier den typischen fallenden Verlauf auf. Die Arbeitslosenrate junger Arbeiter wird folglich durch die Bevölkerungsentwicklung beeinflusst. Darüber hinaus steigt durch den Anstieg des Lohns w_1 das Alternativeinkommen alter Arbeiter. Somit steigt der ausgehandelte Lohn w_2, was wiederum zu einem Anstieg der Arbeitslosenrate u_2 führt.

Kapitel 11

Zusammenfassung

In diesem Teil der Arbeit wurden die Auswirkungen des demografischen Wandels der Gesellschaft auf Lohnverhandlungen und Arbeitslosigkeit modelltheoretisch analysiert. Die wissenschaftliche Literatur über den Einfluss der Kohortengröße auf die altersspezifische Arbeitslosigkeit zeigt tendenziell einen nachteiligen Einfluss der Kohortengröße auf Beschäftigung und Lohn einer Kohorte. Jedoch untersuchen die empirischen Studien den Einfluss des "Baby-Booms" mit einem Anstieg der Relation des Anteils junger zu alter Personen. Die zukünftige demografische Entwicklung verändert die Bevölkerungsstruktur hingegen in die entgegengesetzte Richtung. Der Anteil alter Personen steigt, während der Anteil junger Personen sinkt. Aufgrund von Rigiditäten insbesondere auf dem Arbeitsmarkt ist jedoch nicht von einer symmetrischen Wirkung auszugehen. Darüber hinaus bleibt der Lohnbildungsprozess in diesem Literaturstrang weitgehend unberücksichtigt.

In dem hier dargestellten Modell von Pissarides (1989) wird der Lohnbildungsprozess explizit modelliert. Gewerkschaften und Unternehmen verhandeln simultan über Löhne und Beschäftigung. Der demografische Wandel der Gesellschaft wird modelliert als Veränderung der Altersstruktur der Beschäftigten. Zudem agieren die Gewerkschaften gemäß einer Senioritätsregel. Die Interessen alter Arbeiter werden von ihnen höher gewichtet als die Interessen junger Arbeiter. Der von Pissarides (1989) verwendete Ansatz der effizienten Kontrakte liefert teilweise unorthodoxe Resultate. Beispielsweise führt die Alterung der Gesellschaft zu einer Reduktion sowohl der Löhne als auch der Arbeitslosenraten junger und alter Arbeiter.

In der Praxis der Tarifverhandlungen sind in der Regel keine effiziente Kontrakte im Sinne verbindlicher Vereinbarungen über Löhne und Beschäftigung zu beobachten. Selbst wenn die Beschäftigung Gegenstand von Tarifverhandlungen ist und auch in bestimmten Fällen der Verzicht betriebsbedingter Kündigungen vereinbart wird, so behalten sich die Unternehmen doch weitgehend das wenn auch teilweise eingeschränkte Recht der Wahl der Beschäftigung vor. In der wissenschaftlichen Theorie werden Verhandlungen von Gewerkschaften und Unternehmen über den Lohn in Right-to-Manage-Ansätzen modelliert. Den Unternehmen obliegt dabei das exklusive Recht der Wahl der gewinnmaximalen Beschäftigung gemäß des ausgehandelten Lohns. In der vorliegenden Arbeit wurden die bei Pissarides (1989) analysierten Fragestellungen mit einem hier entwickelten Right-to-Manage-Modell untersucht. Als Resultat muss konstatiert werden, dass die Ergebnisse bei Pissarides (1989) mit einem Right-to-Manage-Ansatz nicht bestätigt werden können. Infolge des demografischen Wandels der Gesellschaft steigen beispielsweise die Löhne beider Gruppen, wohingegen die Arbeitslosenrate junger Arbeiter aufgrund der Modellierung einer konstanten Lohnersatzquote konstant bleibt und die Arbeitslosenrate alter Arbeiter steigt. Folglich ist davon auszugehen, dass, anders als bei Pissarides (1989) prognostiziert, die Veränderung der Altersstruktur der Erwerbsbevölkerung die Altersarbeitslosigkeit verschärfen wird.

Teil IV

Schlussbemerkungen

In der vorliegenden Dissertation wurden die Arbeitsmarkteffekte des demografischen Wandels der Gesellschaft analysiert. Da im Rahmen einer Arbeit nicht alle Einflussbereiche erschöpfend untersucht werden können, lag der Fokus auf der Analyse einzelner interessanter Teilbereiche. Der demografische Wandel der Gesellschaft erzeugt vielfältige volkswirtschaftliche Kosten. Beispielsweise entsteht aufgrund der sinkenden Erwerbsbevölkerung eine Sozialproduktslücke. Die Arbeitsproduktivität wird in Zukunft erheblich steigen müssen, um die derzeitige Gütermenge pro Kopf auch der zukünftigen Gesamtbevölkerung bereitstellen zu können (siehe Börsch-Supan, 2003). In diesem Zusammenhang wurde in Teil II die Frage analysiert, wie die Individuen auf den demografischen Wandel und die zu erwartenden Politikmaßnahmen mit ihrer Entscheidung über die Investition in das eigene Humankapital reagieren. Dazu wurden die Determinanten der individuellen Ausbildungsentscheidung in einem OLG-Modell herausgearbeitet, um zu untersuchen, wie die Individuen auf bestimmte Maßnahmen der Politik reagieren.

Zur Reduktion der Kosten des demografischen Wandels ist indes nicht nur eine höhere Arbeitsproduktivität notwendig, darüber hinaus werden die Menschen auch später in den Ruhestand eintreten müssen. Dies erhöht zum einen das Arbeitsangebot und entlastet zum anderen die Sozialkassen. In der Literatur wird die in der Realität bestehende Interdependenz der Humankapitalbildung und der Renteneintrittsentscheidung nicht ausreichend berücksichtigt. Die Modellerweiterung des Kapitels 7 sollte einen Beitrag leisten, diese Lücke zumindest teilweise zu schließen. Dazu wurde die Renteneintrittsentscheidung endogenisiert, so dass die Individuen simultan über ihre Ausbildungszeit und über den Zeitpunkt ihres Eintritts in den Ruhestand entscheiden. Als Resultat kann festgehalten werden, dass die Individuen infolge des demografischen Wandels der Gesellschaft ihre Humankapitalbildung erhöhen und den Renteneintritt nach hinten verschieben werden. Für die Politik kann diese endogene Reaktion der Individuen als gute Nachricht bezeichnet werden, da die Finanzierungsprobleme der gesetzlichen Rentenversicherung durch die veränderten Entscheidungen der Individuen abgemildert werden. Ein späterer Renteneintritt reduziert beispielsweise die Zahlungen aus der gesetzlichen Rentenversicherung und erhöht gleichzeitig die Einnahmen der gesetzlichen Rentenversicherung durch eine längere Zeit der Beitragszahlung der Individuen.

Die Resultate der Analyse mit simultaner Ausbildungs- und Renteneintrittsentscheidung differieren zu den Ergebnissen der Analyse ohne Berücksichtigung der Renteneintrittsentscheidung. In der Untersuchung in Kapitel

6 reduzieren die Individuen ihre Humankapitalbildung, wenn infolge des demografischen Wandels der Gesellschaft die spätere Rentenzahlung sinkt. Besteht für die Individuen hingegen die Option, ihren Renteneintritt als Reaktion auf den demografischen Wandel nach hinten zu verschieben, so wird ein weiterer Wirkungsmechanismus erzeugt. Durch eine längere Arbeitsphase steigt der Ertrag aus dem eigenen Humankapital, wodurch ein positiver Effekt auf die Humankapitalbildung erzeugt wird. Somit zeigt die vorliegende Analyse, dass die Literatur sich weiterentwickeln muss und die bisherige Nichtberücksichtigung der Interdependenz von Humankapitalbildung und Renteneintrittsentscheidung nicht weitergeführt werden sollte. Dies gilt umso mehr, wenn zudem die Möglichkeit der Weiterbildung für die Individuen intergriert wird, die in dem hier verwendeten Modellrahmen nicht besteht. In der Realität ist die Humankapitalbildung indes nicht mit der Ausbildung abgeschlossen. Durch die Variation ihrer Weiterbildungsaktivitäten ist es den Individuen möglich, zu jedem Zeitpunkt auf Veränderungen zu reagieren. Die Berücksichtigung der Weiterbildung verstärkt eindeutig die Interdependenzen von Humankapitalbildung und Renteneintrittsentscheidung, was die Notwendigkeit der Weiterentwicklung der Literatur noch offensichtlicher werden lässt.

Der demografische Wandel der Gesellschaft führt neben der Reduktion der Erwerbsbevölkerung auch zu einer Verschiebung der Altersstruktur der Erwerbstätigen. Der Anteil junger Arbeiter wird sinken, während der Anteil alter Arbeiter steigen wird (siehe Arnds und Bonin, 2003 und Börsch-Supan, 2003). Die Alterung der Erwerbsbevölkerung hat Auswirkungen auf die Entwicklung der Entlohnung des Faktors Arbeit. Für die meisten Industrieländer und insbesondere für Deutschland gilt es jedoch zu berücksichtigen, dass die Löhne nicht auf einem kompetitiven Arbeitsmarkt gebildet, sondern durch Tarifverhandlungen zwischen Arbeitnehmer- und Arbeitgebervertretern ausgehandelt werden. Die Analyse im Teil III ging der Frage nach, welche Auswirkungen der demografische Wandel der Gesellschaft auf die Lohnbildung und die Arbeitslosenraten junger und alter Arbeiter erzeugt. Dabei wurde berücksichtigt, dass die Gewerkschaften als Lobbyisten der alten Arbeiter auftreten und deren Interessen relativ höher gewichten als die Interessen junger Arbeiter (siehe Schnabel und Wagner, 2006a). Die theoretische Literatur ist auf diesem Gebiet nicht sehr weit fortgeschritten. Als maßgebliche Arbeit wurde im Kapitel 9 das Modell von Pissarides (1989) dargestellt. Der Lohnbildungsprozess wird bei Pissarides (1989) durch einen Ansatz der effizienten Kontrakte modelliert, bei dem Gewerkschaften und Unternehmen über den Lohn und die Beschäftigung verhandeln. Dieser Ansatz erzeugt teilweise unorthodoxe Ergebnisse. Beispielsweise lässt die Veränderung der Altersstruktur sowohl die Löhne als auch die Arbeitslosenraten junger und alter Arbeiter sinken, was nicht zu erwarten war.

Bei dem in Kapitel 10 entwickelten Right-to-Manage-Modell verhandeln Gewerkschaften und Unternehmen lediglich über die Löhne. Die Entscheidung über die Höhe der Beschäftigung junger und alter Arbeiter wird allein von den Unternehmen getroffen. Dieser Modellansatz wurde verwendet, da er in der Literatur als der bedeutsamere im Vergleich zum Ansatz der effizienten Kontrakte angesehen wird. Die bei Pissarides (1989) erzeugten unorthodoxen Resultate konnten indes mit dem in dieser Arbeit entwickelten Right-to-Manage-Modell nicht bestätigt werden. Die Veränderung der Altersstruktur führt in dem Right-to-Manage-Modell beispielsweise zu höheren Löhnen für junge und alte Arbeiter, während die Arbeitslosenrate junger Arbeiter aufgrund der Modellierung einer konstanten Lohnersatzquote konstant bleibt und die Arbeitslosenrate alter Arbeiter steigt. Demnach ist davon auszugehen, dass der demografische Wandel der Gesellschaft das Problem der Altersarbeitslosigkeit verschärfen wird, anders als bei Pissarides (1989) mit einem sehr spezifischen Ansatz prognostiziert. Jedoch muss dabei berücksichtigt werden, dass bis dato kein geschlossenes theoretisches Modell existiert, das die Empirie des Lohnbildungsprozesses vollständig darstellen kann (siehe Franz, 2006). Die Auswirkungen der äußerst weitreichenden institutionellen Regelungen auf die erzielten Resultate sind nur schwer abzuschätzen. Hier besteht indes noch Bedarf an weiteren Untersuchungen, sowohl theoretisch als auch empirisch.

Der demografische Wandel der Gesellschaft erzeugt vielfältige Auswirkungen auf nahezu alle Bereiche der Volkswirtschaft. Insbesondere die Implikationen auf die Finanzpolitik, speziell die Auswirkungen auf die Sozialversicherungssysteme, sind in den 90er Jahren des vergangenen Jahrhunderts bis hinein in die erste Hälfte der ersten Dekade dieses Jahrhunderts ausführlich analysiert worden. Die Arbeitsmarkteffekte des demografischen Wandels sind indes noch nicht erschöpfend untersucht. Wie wir gesehen haben, werden viele Teilbereiche des Arbeitsmarktes durch die demografischen Entwicklungen beeinflusst. Im Rahmen einer einzigen Dissertation können diese mannigfaltigen Wirkungszusammenhänge nicht in Gänze analysiert werden. Ziel der vorliegenden Arbeit war es, einen Beitrag dazu zu leisten, die Implikationen des demografischen Wandels der Gesellschaft auf bestimmte Teilbereiche des Arbeitsmarktes modelltheoretisch zu untersuchen, um so der Politik wertvolle Hinweise auf die Anpassungsreaktionen bei verschiedenen Maßnahmen zu liefern. Es bedarf indes noch weiterer theoretischer und empirischer Studien, um die Arbeitsmarkteffekte des demografischen Wandels vollständig analysieren zu können.

Literaturverzeichnis

[1] Abel, Andrew B. (2002): "The Effects of a Baby-Boom on Stock Prices and Capital Accumulation in the Presence of Social Security", in: *Econometrica*, Vol. 71, Nr. 2, S. 551-578.

[2] Addison, John T. (1989): "On Modelling Union Behavior", in: *Ökonomie und Gesellschaft*, Vol. 7, S. 13-71.

[3] Addison, John T., Claus Schnabel und Joachim Wagner (2007): "The (Parlous) State of German Unions", in: *Journal of Labor Research*, Vol. 28, Nr. 1, S. 3-18.

[4] Alogoskoufis, George und Alan Manning (1991): "Tests of alternative wage employment bargaining models with an application to the UK aggregate labour market", in: *European Economic Review*, Vol. 35, S. 23-37.

[5] Altonji, Joseph G. und Robert A. Shakotko (1995): "Do Wages Rise With Job Seniority?", in: Orley C. Ashenfelter (Hrsg.): *Labor Economics*, Volume 3, Kapitel 14, Aldershot: Elgar, S. 219-241.

[6] Altonji, Joseph G. und Nicolas Williams (2005): "Do Wages Rise With Job Seniority? A Reassessment", in: *Industrial and Labor Relations Review*, Vol. 58, Nr. 3, S. 370-397.

[7] Ahituv, Avner und Joseph Zeira (2000): Technical Progress and Early Retirement, CEPR Discussion Paper 2614.

[8] Andrews, Martyn und Alan Harrison (1998): "Testing for efficient contracts in unionized labour markets", in: *Bulletin of Economic Research*, Vol. 50, Nr. 3, S. 171-200.

[9] Arnds, Pascal und Holger Bonin (2003): "Gesamtwirtschaftliche Folgen demographischer Alterungsprozesse", in: Matthias Herfurth, Martin Kohli und Klaus F. Zimmermann (Hrsg.): *Arbeit in einer alternden Gesellschaft*, Opladen: Leske und Budrich, S. 131-177.

[10] Azariadis, Costas und Allan Drazen (1990): "Threshold externalities in economic development", in: *Quarterly Journal of Economics*, Vol. 105, Issue 2, S. 501-526.

[11] Barro, Robert J., und Xavier Sala-i-Martin (2004): *Economic Growth*, 2. Auflage, Cambridge: MIT Press.

[12] Barth, Michael C, William McNaught und Philip Rizzi (1993): "Corporations and the Aging Workforce", in: Philip H. Mirvis (Hrsg.): *Building the Competitive Workforce: Investing in Human Capital for Corporate Success*, New York: Wiley, S. 156-200.

[13] Bauer, Philipp und Regina T. Riphahn (2005): "Timing of school tracking as a determinant of intergenerational transmission of education", in: *Economics Letters*, Vol. 91, S. 90-97.

[14] Becker, Gary S. (1964): *Human Capital*, New York: Columbia University Press.

[15] Benhabib, Jess und Mark M. Spiegel (1994): "The Role of Human Capital in Economic Development - Evidence from aggregate Cross-Country Data", in *Journal of Monetary Economics*, Vol. 34, Nr. 2, S. 143-173.

[16] Ben-Porath, Yoram (1967): "The Production of Human Capital and the Life Cycle of Earnings", in: *Journal of Political Economy*, Vol. 75, S. 352-365.

[17] Berthold, Norbert und Cornelia Schmid (1997): „Der Generationenvertrag – ein Auslaufmodell?" in: *List Forum für Wirtschafts- und Finanzpolitik*, Vol. 23, Heft 2, S. 143-167.

[18] Besendorfer, Daniel, Christoph Borgmann und Bernd Raffelhüschen (1998): "Ein Plädoyer für intergenerative Ausgewogenheit: Rentenreformvorschläge auf dem Prüfstand", in: *Ifo-Studien: Zeitschrift für empirische Wirtschaftsforschung*, Nr. 44, S. 209-231.

[19] Black, Sandra E., Paul J. Devereux und Kjell G. Salvanes (2005): "Why the apple doesn't fall far: Understanding the intergenerational transmission of human capital", in: *American Economic Review*, Vol. 95, Nr. 1, S. 437-449.

[20] Blanchard, Olivier J. und Stanley Fischer (1989): *Lectures on Macroeconomics*, Cambridge MA: MIT Press.

[21] Blundell, Richard, Martin Browning und Costas Meghir (1994): "Consumer Demand and the Life-Cycle Allocation of Household Expenditures", in: *Review of Economic Studies*, Vol. 61, S. 57-80.

[22] Bonin, Holger, Wolfgang Clemens und Harald Künemund (2003): "Die demographische Entwicklung in Deutschland: Rückblick und Ausblick", in: Matthias Herfurth, Martin Kohli und Klaus F. Zimmermann (Hrsg.): *Arbeit in einer alternden Gesellschaft*, Opladen: Leske und Budrich, S. 21-41.

[23] Booth, Alison L. (1995): "Layoffs with Payoffs: A Bargaining Model of Union Wage and Severance Pay Determination", in: *Economica*, Vol. 62, Nr. 248, S. 551-564.

[24] Booth, Alison L. (1996): *The Economics of the Trade Union*, Cambridge: Cambridge University Press.

[25] Booth, Alison L. und Jeff Frank (1996): "Seniority, Earnings and Unions", in: *Economica*, Vol. 63, Nr. 252, S. 673-686.

[26] Borjas, George J. (2004): *Labor Economics*, 3. Auflage, New York u.a.: McGraw-Hill.

[27] Börsch-Supan, Axel (1998a): "Übergangsmodelle vom Umlage- zum Kapitaldeckungsverfahren in der deutschen Rentenversicherung", in: Barbara Seel (Hrsg.): *Sicherungssysteme in einer alternden Gesellschaft*, Frankfurt am Main/New York: Campus, S. 198-213.

[28] Börsch-Supan, Axel (1998b): "Zur deutschen Diskussion eines Übergangs vom Umlage- zum Kapitaldeckungsverfahren in der gesetzlichen Rentenversicherung", in: *Finanzarchiv*, Vol. 55, Heft 3, S. 400-428.

[29] Börsch-Supan, Axel (1999): "Das deutsche Rentenversicherungssystem: Probleme und Perspektiven", in: Eberhard Wille (Hrsg.): *Entwicklung und Perspektiven der Sozialversicherung*, ZEW Wirtschaftsanalysen, Band 33, Baden-Baden: Nomos, S. 21-68.

[30] Börsch-Supan, Axel (2000): "A Model Under Siege: A Case Study of the German Retirement Insurance System", in: *Economic Journal*, Vol. 110, Nr. 461, S. F24-F45.

[31] Börsch-Supan, Axel (2003): "Labor Market Effects of Population Aging", in: *Review of Labour Economics and Industrial Relations*, Vol. 17, Special Issue, S. 5-44.

[32] Börsch-Supan, Axel, Ismail Düzgün und Matthias Weiss (2006): "Altern und Produktivität: Eine neue Sichtweise der Arbeitsproduktivität", in: *Personalführung*, 07/2006, S. 74-81.

[33] Börsch-Supan, Axel, Alexander Ludwig und Joachim Winter (2006): "Aging, pension reform, and capital flows: A multi-country simulation model", in: *Economica*, Vol. 73, Nr. 292, S. 625-658.

[34] Börsch-Supan, Axel, Florian Heiss, Alexander Ludwig und Joachim Winter (2003): "Pension Reform, Capital Markets and the Rate of Return", in: *German Economic Review*, Vol. 4, Heft 2, S. 151-181.

[35] Börsch-Supan, Axel, Reinhold Schnabel, Simone Kohnz und Giovanni Mastrobuoni (2004): "Micro-Modeling of Retirement Decisions in Germany" in: Jonathan Gruber und David A. Wise (Hrsg.): *Social Security Programs and Retirement around the World: Micro-Estimation*, Chicago: University of Chicago Press, S. 285-343.

[36] Boskin, Michael J. und Michael D. Hurd (1978): "The Effect of Social Security on Early Retirement", in: *Journal of Public Economics*, Vol. 10, S. 361-377.

[37] Boucekkine, Raouf, David de la Croix und Omar Licandro (2002): "Vintage Human Capital, Demographic Trends, and Endogenous Growth", in: *Journal of Economic Theory*, Vol. 104, S. 340-375.

[38] Breyer, Friedrich (1989): "On the Intergenerational Pareto Efficiency of Pay-as-you-go Financed Pension Systems", in: *Journal of Institutional and Theoretical Economics*, Vol. 145, S. 643-658.

[39] Breyer, Friedrich (1990): *Ökonomische Theorie der Alterssicherung*, München: Vahlen.

[40] Brown, James N. und Orley C. Ashenfelter (1986): "Testing the Efficiency of Employment Contracts", in: *Journal of Political Economy*, Vol. 94, Nr. 3 (Supplement), S. S40-S87.

[41] Bryant, W. Keith und Cathleen D. Zick (2006): *The Economic Organization of the Household*, 2. Auflage, Cambridge: Cambridge University Press.

[42] Burda, Michael C. (1990): "Membership, Seniority and Wage-setting in Democratic Labour Unions", in: *Economica*, Vol. 57, Nr. 228, S. 455-466.

[43] Burda, Michael C. und Antje Mertens (2001): "Estimating wage losses of displaced workers in Germany", in: *Labour Economics*, Vol. 8, S. 15-41.

[44] Cahuc, Pierre und Andre Zylberberg (2004): *Labor Economics*, Cambridge und London: MIT Press.

[45] Card, David (1999): "The Causal Effect of Schooling on Earnings", in: Orley Ashenfelter und David Card (Hrsg.): *Handbook of Labor Economics*, Vol. 3A, Kap. 30, Amsterdam, Elsevier Science.

[46] Card, David und John E. DiNardo (2002): "Skill-Biased Technological Change and Rising Wage Inequality: Some Problems and Puzzles", in: *Journal of Labor Economics*, Vol. 20, Nr. 4, S. 733-783.

[47] Carlin, Wendy J. und David W. Soskice (1990): *Macroeconomics and the Wage Bargain - A Modern Approach to Employment, Inflation and the Exchange Rate*, New York: Oxford University Press.

[48] Carruth, Alan A. und Andrew J. Oswald (1987): "On Union Preferences and Labour Market Models: Insiders and Outsiders", in: *Economic Journal*, Vol. 97, S. 431-445.

[49] Conde-Ruiz, J. Ignacio und Vincenzo Galasso (2004): „The macroeconomics of early retirement", in: *Journal of Public Economics*, Vol. 88, S. 1849-1869.

[50] Crawford, Vincent P. und David M. Lilien (1981): "Social Security and the Retirement Decision", in: *Quarterly Journal of Economics*, Vol. 95, Nr. 3, S. 505-529.

[51] Creedy, John und Ian M. McDonald (1991): "Models of Trade Union Behaviour: A Synthesis", in: *Economic Record*, Vol. 67, S. 346-359.

[52] Debus, Martin und Jochen Michaelis (2006): "Ausbildung, Erwerbsphase, Renteneintritt - demografischer Wandel und optimale Zeitallokation im Lebenszyklus", in: *Jahrbücher für Nationalökonomie und Statistik*, Vol. 226, Heft 6, S. 611-628.

[53] de la Croix, David und Philippe Michel (2002): *A Theory of Economic Growth - Dynamics and Policy in Overlapping Generations*, Cambridge: Cambridge University Press.

[54] Deutsches Institut für Wirtschaftsforschung (DIW) (2000): "Migration und Arbeitskräfteangebot in Deutschland bis 2050", in: *DIW Wochenbericht*, Nr. 48, S. 809-817.

[55] Disney, Richard (1998): *Can We Afford to Grow Older?* Cambridge und London: MIT Press.

[56] Drazen, Allan und Nils Gottfries (1994): "Seniority Rules and the Persistence of Unemployment", in: *Oxford Economic Papers*, Vol. 46, S. 228-244.

[57] Ehrenberg, Ronald G. und Robert S. Smith (2006): *Modern Labor Economics: Theory and Public Policy*, 9. Auflage, Boston: Pearson Addison-Wesley.

[58] Eichhorst, Werner (2006): "Beschäftigung Älterer in Deutschland: Der unvollständige Paradigmenwechsel", in: *Zeitschrift für Sozialreform*, Vol. 52, Nr. 1, S. 101-123.

[59] EU Kommission (2005): Long-term labour force projections for the 25 EU Member States: A set of data for assessing the economic impact of ageing, Economic Papers der EU Kommission, Nr. 235.

[60] Europäische Zentralbank (2006): "Demografischer Wandel im Euro-Währungsgebiet: Projektionen und Konsequenzen", in: *EZB Monatsbericht*, Oktober 2006, S. 51-69.

[61] Eurostat (2006): *Bevölkerungsstatistik 2006*, Luxemburg.

[62] Evans, David J. (2005): "The Elasticity of Marginal Utility of Consumption: Estimates for 20 OECD Countries", in: *Fiscal Studies*, Vol. 26, Nr. 2, S. 197-224.

[63] Evans, David J. und Haluk Sezer (2004): "Social discount rates for six major countries", in: *Applied Economic Letters*, Vol. 11, S. 557-560.

[64] Farber, Henry S. (1986): "The Analysis of Union Behavior", in: Orley C. Ashenfelter und Richard Layard (Hrsg.): *Handbook of Labor Economics*, Volume II, Kapitel 18, Aldershot: Elgar, S. 1039-1089.

[65] Farber, Henry S. (1993): "The Incidence and Costs of Job Loss: 1982-91", in: *Brookings Papers on Economic Activity*, Nr. 1, S. 73-132.

[66] Farber, Henry S. (2003): "Job Loss in the United States, 1981-2001", in: *Research in Labor Economics*, Vol. 23, S. 69-117.

[67] Farber, Henry S. (2005): "What do we know about job loss in the United States? Evidence from the Displaced Workers Survey, 1984-2004", in: *Economic Perspectives*, 2Q, S. 13-28.

[68] Feldstein, Martin (1974): "Social Security, Induced Retirement, and Aggregate Capital Accumulation", in: *Journal of Political Economy*, Vol. 82, Nr. 5, S. 905-926.

[69] Fellner, William (1947): "Prices and Wages under bilateral Monopoly", in: *Quarterly Journal of Economics*, Vol. 61, S. 503-532.

[70] Fenge, Robert (1995): "Pareto-efficiency of the Pay-as-you-go Pension System with Intragenerational Fairness", in: *Finanzarchiv*, Vol. 52, S. 357-363.

[71] Fertig, Michael und Christoph M. Schmidt (2004): "Gerontocracy in Motion? European Cross-Country Evidence on the Labor Market Consequences of Population Ageing" in: Robert E. Wright (Hrsg.): *Scotland's Demographic Challenge*, Stirling-Glasgow: Scottish Economic Policy Network.

[72] Fitzenberger, Bernd, Karsten Kohn und Qingwei Wang (2006): The Erosion of Union Membership in Germany: Determinants, Densities, Decompositions, IZA Discussion Paper No. 2193.

[73] Franz, Wolfgang (2006): *Arbeitsmarktökonomik*, 6. Auflage, Berlin und Heidelberg: Springer.

[74] Franz, Wolfgang und Heinz König (1984): "Intertemporale Allokation des Arbeitsangebots und Persistenzverhalten", in: Horst Siebert (Hrsg.): *Intertemporale Allokation*, Frankfurt am Main: Lang.

[75] Frerichs, Petra und Wolfgang Pohl (2004): "Mitgliederentwicklung - Organisationsstrukturen - Werte und Orientierungen" in: Petra Frerichs et al. (Hrsg.): *Zukunft der Gewerkschaften - Zwei Literaturstudien*, Arbeitspapier Nr. 44 der Hans Böckler Stiftung, S. 9-112.

[76] Galor, Oded und Daniel Tsiddon (1994): "The Distribution of Human Capital and Economic Growth", in: *Journal of Economic Growth*, Vol. 2, Nr. 1, S. 93-124.

[77] Goerke, Laszlo und Manfred J. Holler (1997): *Arbeitsmarktmodelle*, Berlin und Heidelberg: Springer.

[78] Gokhale, Jagadeesh und Bernd Raffelhüschen (1999): "Population Aging and Fiscal Policy in Europe and the United States", in: *Economic Review*, Vol. 35, Nr. 4, S. 10-20.

[79] Gravelle, Hugh und Ray Rees (2004): *Microeconomics*, 3. Auflage, Harlow u.a.: FT Prentice Hall.

[80] Grossman, Gene M. (1983): "Union Wages, Temporary Layoffs, and Seniority", in: *American Economic Review*, Vol. 73, Heft 3, S. 277-290.

[81] Grund, Christian und Niels Westergard-Nielsen (2005): Age Structure of the Workforce and Firm Performance, IZA Discussion Paper No. 1816.

[82] Grundgesetz für die Bundesrepublik Deutschland, in der Fassung der Bekanntmachung vom 23.05.1949 (BGBl. 1949, 1), zuletzt geändert durch G vom 28.8.2006, BGBl. I S. 2034).

[83] Guasch, J. Luis und Andrew Weiss (1981): "Self-Selection in the Labor Market", in: *American Economic Review*, Vol. 71, Heft 3, S. 275-284.

[84] Hall, Robert E. und David M. Lilien (1979): "Efficient Wage Bargain under Uncertain Supply and Demand", in: *American Economic Review*, Vol. 69, Heft 5, S. 868-879.

[85] Heckman, James J. (1976): "A Life-Cycle Model of Earnings, Learning, and Consumption", in: *Journal of Political Economy*, Vol. 84, S. 11-44.

[86] Hirte, Georg (2002): "Welfare and Macroeconomic Effects of the German Pension Acts of 1992 and 1999: A Dynamic CGE Study", in: *German Economic Review*, Vol. 3, Heft 1, S. 81-106.

[87] Hirte, Georg und Reinhard Weber (1997): "Pareto Improving Transition from a Pay-as-you-go to a Fully Funded System – is it Politically Feasible?", in: *Finanzarchiv*, Vol. 54, S. 303-330.

[88] Homburg, Stefan (1988): *Theorie der Alterssicherung*, Berlin und Heidelberg: Springer.

[89] Hutchens, Robert M. (2001): Employer Survey, Employer Policies, and Future Demand for Older Workers, Paper Prepared for a Roundtable on the Demand for Older Workers, The Brookings Institution, March.

[90] Jerger, Jürgen und Jochen Michaelis (1999): "Profit Sharing, Capital Formation and the NAIRU", in: *Scandinavian Journal of Economics*, Vol. 101, Nr. 2, S. 257-275.

[91] Kemnitz, Alexander und Berthold U. Wigger (2000): "Growth and social security: the role of human capital", in: *European Journal of Political Economy*, Vol. 16, S. 673-683.

[92] Killingsworth, Mark R. (1982): "Learning by Doing and Investment in Training: A Synthesis of two Rival Models of the Life Cycle", in: *Review of Economic Studies*, Vol. 49, S. 263-271.

[93] Killingsworth, Mark R. (1983): *Labor Supply*, Cambridge: Cambridge University Press.

[94] Korenman, Sanders und David Neumark (2000): "Cohort Crowding and Youth Labor Markets: A Cross-National Analysis" in: David G. Blanchflower und Richard B. Freeman (Hrsg.): *Youth Employment and Joblessness in Advanced Countries*, NBER Comparative Labor Market Series, Chicago und London: University of Chicago Press, S. 57-105.

[95] Krueger, Alan B. (1993): "How Computers Changed the Wage Structure: Evidence from Microdata, 1984-1989", in: *Quarterly Journal of Economics*, Vol. 108, Februar, S. 33-60.

[96] Krueger, Alan B und Mikael Lindahl (2001): "Education and Growth: Why and for Whom?", in: *Journal of Economic Literature*, Vol. 39, S. 1101-1136.

[97] Landmann, Oliver und Jürgen Jerger (1999): *Beschäftigungstheorie*, Berlin und Heidelberg: Springer.

[98] Layard, Richard und Stephen Nickell (1990): "Is Unemployment Lower if Unions Bargain over Employment?", in: *Quarterly Journal of Economics*, Vol. 105, S. 773-787.

[99] Layard, Richard, Stephen Nickell und Richard Jackman (1991): *Unemployment - Macroeconomic Performance and the Labour Market*, New York: Oxford University Press.

[100] Lazear, Edward (1977): "Education: Consumption or Production?", in: *Journal of Political Economy*, Vol. 85, Nr. 3, S. 569-597.

[101] Leontief, Wassily (1946): "The Pure Theory of the Guaranteed Annual Wage Contract", in: *Journal of Political Economy*, Vol. 54, S. 76-79.

[102] Lindbeck, Assar und Dennis J. Snower (1989): *The Insider-Outsider Theory of Employment and Unemployment*, Cambridge und London: MIT Press.

[103] Lindbeck, Assar und Dennis J. Snower (2001): "Insider versus Outsider", in: *Journal of Economic Perspectives*, Vol. 15, Nr. 1, S. 165-188.

[104] Lingens, Jörg (2004): *Union Wage Bargaining and Economic Growth*, Berlin und Heidelberg: Springer.

[105] Lucas, Robert E. (1988): "On the Mechanics of Economic Development", in: *Journal of Monetary Economics*, Vol. 22, S. 3-42.

[106] MaCurdy, Thomas E. und John H. Pencavel (1986): "Testing between Competing Models of Wage and Employment Determination in Unionized Markets", in: *Journal of Political Economy*, Vol. 94, Nr. 3 (Supplement), S. S3-S39.

[107] Mankiw, Gregory N. and David N. Weil (1989): „The Baby-Boom, the Baby-Bust and the Housing Market", in: *Regional Science and Urban Economics*, Vol. 19, S. 235-258.

[108] Mavromaras, Kostas G. und Helmut Rudolph (1997): "Wage Discrimination in the Reemployment Process", in: *Journal of Human Resources*, Vol. 32, Nr. 4, S. 812-860.

[109] McDonald, Ian M. und Robert T. Solow (1981): "Wage Bargaining and Employment", in: *American Economic Review*, Vol. 71, Nr. 5, S. 896-908.

[110] Michael, Robert T. (1973): *The effect of education on efficiency in consumption*, NBER Occasional Paper, New York: Columbia University Press.

[111] Michaelis, Jochen (1989): *Optimale Finanzpolitik im Modell überlappender Generationen*, Frankfurt: Lang.

[112] Michaelis, Jochen (1998): *Zur Ökonomie von Entlohnungssystemen*, Tübingen: Mohr Siebeck.

[113] Michaelis, Jochen und Michael Pflüger (2000): "The Impact of Tax Reforms on Unemployment in a SMOPEC", in: *Journal of Economics*, Vol. 72, S. 175-201.

[114] Mincer, Jacob (1958): "Investment in Human Capital and Personal Income Distribution", in: *Journal of Political Economy*, Vol. 66, Nr. 4, S. 281-302.

[115] Mincer, Jacob (1997): "The Production of Human Capital and the Life Cycle of Earnings: Variations on a Theme", in: *Journal of Labor Economics*, Vol. 15, S. S26-S47.

[116] Murphy, Kevin M. und Finis Welch (1990): "Empirical Age-Earnings Profiles", in: *Journal of Labor Economics*, Vol. 8, Nr. 2, S. 202-229.

[117] Murphy, Kevin M. und Finis Welch (1992): "The Structure of Wages", in: *Quarterly Journal of Economics*, Vol. 107, Nr. 1, S. 285-326.

[118] Muthoo, Abhinay (1999): *Bargaining Theory with Applications*, Cambridge: Cambridge University Press.

[119] Nash, John (1950): "The Bargaining Problem", in: *Econometrica*, Vol. 18, S. 155-162.

[120] Nickell, Stephen (1993): "Cohort Size Effects on the Wages of Young Men in Britain, 1961-1989", in: *British Journal of Industrial Relations*, Vol. 31, Nr. 3, S. 459-469.

[121] OECD (2005): *Alterung und Beschäftigungspolitik: Deutschland*, Paris: OECD.

[122] Oreopoulos, Philip, Marianne E. Page und Ann H. Stevens (2006): "The Intergenerational Effects of Compulsory Schooling", in: *Journal of Labor Economics*, Vol. 24, Nr. 4, S. 729-760.

[123] Oswald, Andrew J. (1982): "The Microeconomic Theory of the Trade Union", in: *Economic Journal*, Vol. 92, September, S. 576-595.

[124] Oswald, Andrew J. (1985): "The Economic Theory of Trade Unions: An Introductory Survey", in: *Scandinavian Journal of Economics*, Vol. 87, Nr. 2, S. 160-193.

[125] Pissarides, Christopher A. (1989): "Unemployment Consequences of an Aging Population: An Application of Insider-Outsider Theory", in: *European Economic Review*, Vol. 33, Mai, S. 355-366.

[126] Pissarides, Christopher A. (2000): *Equilibrium Unemployment Theory*, 2. Auflage, Cambridge: MIT Press.

[127] Pohjola, Matti (1987): "Profit Sharing, Collective Bargaining and Employment", in: *Journal of Institutional and Theoretical Economics*, Vol. 143, S. 334-342.

[128] Polachek, Solomon W. (1995): "Earnings Over The Life Cycle: What Do Human Capital Models Explain?", in: *Scottish Journal of Political Economy*, Vol. 42, Nr. 3, S. 267-289.

[129] Polachek, Solomon W. und W. Stanley Siebert (1993): *The Economics of Earnings*, Cambridge: Cambridge University Press.

[130] Poterba, James M. (2001): „Demographic Structure and Asset Returns", in: *Review of Economics and Statistics*, Vol. 83, Nr. 4, S. 565-584.

[131] Raffelhüschen, Bernd (1989): *Anreizwirkungen des Systems der sozialen Alterssicherung*, Frankfurt am Main: Lang.

[132] Raffelhüschen, Bernd (1999): "Generational Accounting in Europe", in: *American Economic Review*, Papers and Proceedings, Vol. 89, Nr. 2, S. 167-170.

[133] Raffelhüschen, Bernd (2002): "Zur Reform der gesetzlichen Rentenversicherung – eine unendliche Geschichte", in: *Zeitschrift für Wirtschaftspolitik*, Vol. 51, Heft 3, S. 319-327.

[134] Rürup-Kommission (2003): Nachhaltigkeit in der Finanzierung der Sozialen Sicherungssysteme, Bericht der Kommission des Bundesministeriums für Gesundheit und Soziale Sicherung, Berlin.

[135] Robinson, Helen (2003): "Are you experienced? British evidence on age-earnings profiles", in: *Applied Economics*, Vol. 35, S. 1101-1115.

[136] Schmidt, Christoph M. (1993): "Ageing and unemployment", in: Paul Johnson und Klaus F. Zimmermann (Hrsg.): *Labour Markets in an Ageing Europe*, Cambridge: Cambridge University Press, S. 216-252.

[137] Schnabel, Claus (1993): "Bestimmungsgründe der gewerkschaftlichen Mitgliedschaft", in: *Hamburger Jahrbuch für Wirtschafts- und Gesellschaftspolitik*, 38. Jg., S. 205-224.

[138] Schnabel, Claus und Joachim Wagner (2006a): "Who Are the Workers Who never Joined a Union? Empirical Evidence from Western and Eastern Germany", in: *Industrielle Beziehungen*, Vol. 13, Nr. 2, S. 118-131.

[139] Schnabel, Claus und Joachim Wagner (2006b): The Persistent Decline in Unionization in Western and Eastern Germany, 1980-2004: What Can We Learn from a Decomposition Analysis?, IZA Discussion Paper No. 2388.

[140] Schnabel, Reinhold (1998): "Rates of Return of the German Pay-As-You-Go Pension System", in: *Finanzarchiv*, Vol. 55, Heft 3, S. 374-399.

[141] Shapiro, Carl und Joseph E. Stiglitz (1984): "Equilibrium Unemployment as a Worker Discipline Device", in: *American Economic Review*, Vol. 74, Heft 3, S. 433-444.

[142] Sheshinski, Eytan (1978): "A Model of Social Security and Retirement Decisions", in: *Journal of Public Economics*, Vol. 10, S. 337-360.

[143] Shimer, Robert (2001): "The Impact of Young Workers on the Aggregate Labor Market", in: *Quarterly Journal of Economics*, Vol. 116, S. 969-1007.

[144] Simon, Carl P. und Lawrence Blume (1994): *Mathematics for Economists*, New York und London: Norton.

[145] Sinn, Hans-Werner (2000): "Why a Funded Pension System is Useful and Why It is Not Useful", in: *International Tax and Public Finance*, Vol. 7, S. 389–410.

[146] Sinn, Hans-Werner (2004): "The pay-as-you-go pension system as fertility insurance and an enforcement device", in: *Journal of Public Economics*, Vol. 88, S. 1335-1357.

[147] Sinn, Hans-Werner und Marcel Thum (1999): "Gesetzliche Rentenversicherung: Prognosen im Vergleich", in: *Finanzarchiv*, Vol. 56, S. 104-135.

[148] Sinn, Hans-Werner und Silke Uebelmesser (2002): "Pensions and the path to gerontocracy in Germany", in: *European Journal of Political Economy*, Vol. 19, S. 153-158.

[149] Skirbekk, Vegard (2004): "Age and Individual Productivity: A Literature Survey", in: Gustav Feichtinger (Hrsg.): *Vienna Yearbook of Population Research*, Wien: Verlag der Österreichischen Akademie der Wissenschaft, S. 133-153.

[150] Sozialgesetzbuch - Zweites Buch - Grundsicherung für Arbeitssuchende (SGB II), in der Fassung der Bekanntmachung vom 24.12.2003 (BGBl. I S. 2955), zuletzt geändert durch Artikel 10 G vom 2.12.2006 BGBl. I S. 2742.

[151] Sozialgesetzbuch - Drittes Buch - Arbeitsförderung (SGB III), in der Fassung der Bekanntmachung vom 24.03.1997 (BGBl. I S. 594), zuletzt geändert durch Artikel 7 G vom 7.12.2006 BGBl. I S. 2814.

[152] Sozialgesetzbuch - Sechstes Buch - Gesetzliche Rentenversicherung (SGB VI), in der Fassung der Bekanntmachung vom 19.02.2002 (BGBl. I S. 754, 1404, 3384), zuletzt geändert durch Artikel 2 Abs. 20 G vom 2.12.2006 BGBl. I S. 2748.

[153] Spagat, Michael (2006): "Human capital and the future of transition economies", in: *Journal of Comparative Economics*, Vol. 34, S. 44-56.

[154] Statistisches Bundesamt (2006): *Bevölkerung Deutschlands bis 2050: 11. koordinierte Bevölkerungsvorausberechnung*, Wiesbaden.

[155] Ulph, Alistair und David Ulph (1990): "Union Bargaining: A Survey of Recent Work", in: David Sapsford und Zafiris Tzannatos (Hrsg.): *Current Issues in Labour Economics*, Basingstoke u.a.: Macmillan, S. 86-125.

[156] Wagner, Thomas und Elke J. Jahn (2004): *Neue Arbeitsmarkttheorien*, 2. Auflage, Stuttgart: Lucius & Lucius.

[157] Wigger, Berthold U. (2002): *Public Pensions and Economic Growth*, Berlin und Heidelberg: Springer.

[158] Yellen, Janet L. (1984): "Efficiency Wage Models of Unemployment", in: *American Economic Review*, Vol. 74, Heft 2, S. 200-205.

[159] Zimmermann, Klaus F. (1991): "Ageing and the labor market: Age structure, cohort size and unemployment", in: *Journal of Population Economics*, Vol. 4, Nr. 3, S. 177-200.

[160] Zimmermann, Klaus F., Thomas K. Bauer, Holger Bonin, René Fahr und Holger Hinte (2002): *Arbeitskräftebedarf bei hoher Arbeitslosigkeit: ein ökonomisches Zuwanderungskonzept für Deutschland*, Berlin und Heidelberg: Springer.

Aus dem Buchbestand der UBBT ausgeschieden
Univ. Bayreuth
Univ. Bibliothek

SOZIALÖKONOMISCHE SCHRIFTEN

Herausgegeben von Professor Dr. Dr. h.c. Bert Rürup